소크라테스 회상

소크라테스 회상

크세노폰 지음 / 최혁순 옮김

B 범우

차례

▨ 이 책을 읽는 분에게 · 7

제Ⅰ권 · 11
제Ⅱ권 · 65
제Ⅲ권 · 127
제Ⅳ권 · 198

해 설 · 266

■ 이 책을 읽는 분에게

현대는 물음의 시대이다. 우주 개발의 문제에서부터 인간의 사소한 문제에 이르기까지 일체가 물음으로 싸여 있다. 한편 교육과 정치마저도 문답, 다시 말해서 토론을 그 가장 유력한 방법으로 삼고 있다.

물음에는 묻는 법을 배워야 할 필요가 있다. 인류 최초의 위대한 물음의 전문가, 물음을 거듭하면서 상대방을 궁지에 몰아넣는 이른바 사고(思考)의 사냥꾼, 이러한 소크라테스의 지혜를 배우는 일은 오늘날 우리에게 매우 의미있는 일이라고 생각된다. 소크라테스가 인류의 온갖 문제, 예를 들면 선과 악·미추(美醜)·정치가의 자격·친구의 의미·출세 방법·집 짓는 법, 아테네의 기녀(妓女)가 사내를 사로잡는 방법 등에 대하여 어떤 교묘한 방법으로 물음을 전개했는가를 회상과 전문(傳聞)의 형태를 빌어 소설처럼 서술한 것이 이 책이다. 산파술, 즉 소크라테스적 아이러니라고 일컬어지고 있는 실례가 이 한 권의 책에 수없이 산재해 있다.

"친구에게 거짓말하는 것은 부정이냐?"
"부정입니다."
"그럼 앓고 있는 친구에게 약을 먹이기 위해 거짓말하는 것도 부정이냐?"
"부정이 아닙니다."
"그렇다면 거짓말하는 것은 부정이기도 하고 부정이 아니기도 하다. 거짓말하는 것은 옳으냐 그르냐?"
"이제 저로서는 알 수 없습니다."
"그럼 좋다. 자네는 지금껏 거짓말하는 것이 정의인지 부정인지 모르면서 알고 있다고 스스로 생각하고 있었단 말이지?"
"네, 그렇습니다."

이와 같이 누구든지 무지(無知)를 자각하게 되며 마지막에는 "너 자신을 알라"는 교훈을 받게 된다. 그러나 무지의 자각이란 곧 반은 알고 반은 모르는 것을 말한다. 자기의 무지를 깨달았다는 대답은 바로 또 하나의 물음을 잉태한다. 물음을 잉태한 대답은 대답이라고 할 수 없다. 철학은 여기서 비롯된다.

평민〔데모스〕이 무엇인지 모르고서는 평민 정체〔데모크라시〕를 알 수가 없다.

"평민이란 무엇이냐?"
"가난한 사람입니다."
"가난한 사람이란 무엇이냐?"
"필요한 돈이 모자라는 사람을 가리킵니다."
"부자라도 현재 돈의 부족을 한탄하고 있다. 그렇다면 부자도 가난한 사람이냐?"
"그러한 의미에선 가난한 사람입니다."

"그럼 데모크라시란 가난한 사람의 정체(政體)냐, 아니면 부자의 정체냐?"

"모르겠습니다."

이 경우 문제는 말의 애매성 때문에 일어난다. 말의 문제, 여기서도 철학은 비롯된다. 소크라테스는 이렇게 가르친다.

"좋은 지식은 말의 덕택이다. 잘 가르치는 사람은 말을 잘 활용하는 사람이며, 학식 있는 사람일수록 말을 잘하는 것이다."

즉 말을 잘한다는 것은 이성적으로 말하는 것을 가리킨다.

그럼에도 불구하고 크세노폰은 철학자가 아니었다. 소년 시절에 소크라테스에게서 사사(師事)했으나 그의 반생은 직업 군인이었다. 군에서 물러나 조용히 전원(田園)에서 살며 기원전 354년 76세로 죽을 때까지 몇 권의 책을 썼는데, 그는 그 점에서 천성적으로 뛰어난 사색가였고 작가였다. 소크라테스의 애제자 플라톤이 몇 편의 대화편 속에서 보여준 그런 소크라테스 상(像)과 이 〈소크라테스 회상〉 속의 소크라테스 상과는 매우 차이가 많다.

〈소크라테스 회상〉 속의 소크라테스는 통속적이며, 그래서 이 책은 읽기가 쉽다. 읽기는 쉽지만 "현명한 사람이 한 말에 관한 어리석은 사람의 기록은 정확하지 못하다. 그러므로 크세노폰의 말이 철학상의 어려운 점에 관해 언급할 경우, 우리는 그것을 받아들일 수 없다"고 버트란드 러셀은 이 책을 비평하고 있다. 다시 말해서 크세노폰의 이 책과 동시에 플라톤의 〈대화편〉을 읽을 필요가 있다.

〈소크라테스 회상〉은 신들을 인정하지 않고 청년을 부패시켰다는 죄로 문초를 받게 된 소크라테스를 위한 변명에서 시작되는데, 그것은 플라톤의 격조 높은 〈소크라테스 변명〉과 〈크리톤〉에 비하여 너무나도 산문적이다. 만일 〈소크라테스 회상〉이 있는 그대로의 소크라테스를 그린 것이라면, 플라톤은 있어야 할 소크라테스 사상을 그렸다고 할 수 있다. 그러나 역사적인 소크라테스에 관한 한 그 가장 값진 것이 70년 동안의 변론 생활과 극적인 죽음, 즉 그의 '인간'에 있다면 인간 소크라테스를 알기 쉽게 그린 이 〈소크라테스 회상〉도 고전적 기록으로서 영원히 남을 것이다.

이 책의 번역에 있어서 나는 머챈트(E.C. Marchant)가 엮은 〈Xenophon, Memorabilia (Loeb)〉 19판을 텍스트로 사용하였으며 펭귄 클래식 영역본(1974년판)을 참고하였다. 독자의 이해를 돕고자 주(註)도 많이 달아 놓았다.

끝으로 양서 출판이 어려운 가운데서도 계속 고전 출간에 기여하고 있는 범우사 윤형두 사장의 노고에 경의를 표한다.

옮 긴 이

제 I 권

제 1 장

소크라테스를 기소(起訴)한 사람들은* 대체 어떠한 말로써 그가 국가에 대하여 죽을 죄를 짓고 있다고 아테네 시민들을 설득시켰는지, 나는 적잖이 이상하게 생각하였다. 소크라테스에 대한 소장(訴狀)은 대체로 다음과 같은 것이었다.

"소크라테스는 국가가 인정하는 신(神)을 신봉(信奉)하지 않고, 새로운 신격(神格)을 수입한 죄를 짓고 있다. 또 청년들을 부패시킨 죄도 짓고 있다."

그러면 먼저, 그가 국가가 인정하는 신들을 신봉하지 않았다는 것은 어떠한 근거에서 나온 말인가. 왜냐하면, 그가 여러 번 그의 집**에서, 또 국가 공공(公共)의 제단(祭壇)에서

---

* 시인 멜제토스, 인민당의 영수 아뉘토스, 정치 연설가인 뤼콘 세 사람이었다.
** 'aulê'를 가리킨다. 그리스의 가옥 구조에서 'aulê'는 주거(住居)의 부분과 벽으로 둘러싸인 공지(空地)로 번역하면 '앞뜰' 혹은 '안뜰'이 된다. 여기를 통해 주거로 되어 있는 방으로 들어간다. 이 울레의 한복판에 'Zeus Herkeios(안뜰의 신 제우스, 집의 신 제우스)'의 제단이 놓여 있다. 가정에서의 제사가 여기서 행해진다.

희생(犧牲)의 제사(祭祀)를 지낸 것은 누구나 알고 있는 사실이고, 또 점(占)을 친 사실도 잘 알려져 있었기 때문이다. 소크라테스가 "신령(神靈, daimonion)이 그에게 신탁(信託)을 내린다"라고 말한 사실은 널리 훤전(喧傳)되고 있었다.

생각건대 새로운 신격을 수입했다는 비난을 받은 것은 무엇보다도 여기에 원인이 있다. 그러나 점을 믿고 새·인어(人語)·전조(前兆) 또는 희생*에게 신의 뜻을 묻는 다른 사람들과 비교해서, 그는 하등 그들 이상으로 새로운 것을 수입하고 있지는 않다. 왜냐하면 이 사람들도 결코 새나 지나가는 사람이 점치는 자에게 필요한 지식을 가지고 있다고 생각하고 있는 것은 아니고, 신이 이것을 통하여 그것을 가르치는 것으로 생각하고 있었던 것으로, 소크라테스가 생각한 것도 또한 이러한 것이었다. 다만 일반인들은 새나 지나가는 사람들에 의해서 제지(制止)를 받았다든가, 권유를 받았다든가 하는 것에 대하여, 소크라테스는 자신이 생각한 그대로를 이야기함으로써 신령이 신탁을 내린다고 말한 것이다. 그

---

* 하늘에 나타나는 새의 방향에 따라서 길흉을 점친다. 'phêmai'를 '인어(人語)'라 옮겼다. 길에서 사람의 소리, 또는 말에서 장래의 일을 예지(豫知)한다. 그래서 신탁도 'pháme phêmai'라고 한다. 사람의 소리를 통해서 신의(神意)가 나타나기 때문이다. 그러나 여기의 '페마이'가 길 가는 사람의 말, 또는 소리임을 바로 뒤에 '새로 지나가는 사람'이라는 말이 나오는 것으로도 명백하다. 전조(前兆)란 천둥·번개불·지진·구름의 모양·만남 동물·인간 등에서 그 장래를 보는 것을 말한다. 희생은 희생으로 바친 동물의 내장 모양으로 점친다.

리고 신령의 신탁에 따라서 여러 제자들에게, 혹은 그렇게 하라든가, 또는 그것을 해서는 안 된다라고 들려주었다. 그리고 그의 충고에 따른 자는 덕을 보고 따르지 않았던 자는 후회하기에 이르렀다. 더구나 그가 친구들에게 바보 천치나 혹은 사기꾼으로 보이기를 원했다고 누가 말할 수 있겠는가. 실제로 신의 가르침이니 뭐니 하고 들려주어, 만약 그것이 정말 그렇게 되지 않았더라면, 그는 바보와 사기꾼으로 보였을 것이 틀림없다. 하물며 만약 자기의 말이 사실이라고 믿지 않았더라면, 분명히 그는 충고를 하지 않았을 것이다. 그리고 이러한 일들은 신 이외의 무엇에 의지하여 믿을 수 있다는 말인가. 신을 신뢰하는 자가 어찌하여 신의 존재를 믿지 않을 수 있었단 말인가.

실제로 또 그는 친한 사람들에게 대하여 다음과 같이 하고 있었다. 즉, 꼭 하지 않으면 안 될 일은 자기가 생각하는 가장 좋은 방법으로 그것을 행하도록 권하고, 또 결과가 어떻게 될지 명백하지 않은 일은 신탁소(神託所)에 사람을 보내서 가부를 묻도록 했다. 그는 집, 혹은 시(市)를 올바르게 다스리려고 하는 자는 신탁이 필요하다고 말했다. 왜냐하면 목수 일이라든가, 대장장이 일이라든가, 경작(耕作)이라든가, 사람들의 감독(監督)이라든가, 이와 같은 일들의 심사(審査)라든가, 또는 산법(算法)·경영·군대 통솔 등의 기술은 모두 배울 수 있는 일이고, 인지(人智)를 가지고 파악할 수 있다고 생각한다. 그러나 이 일들의 속 깊이 숨어 있는 제일 큰 문제는 신 자신이 유보(留保)하고, 단 하나도 인간에게는 분명하지 않다는 사실이다.

사실 밭에 모종을 훌륭하게 키운 자도 누가 그 열매를 수확하게 될지는 명백하지 않고, 집을 훌륭히 지은 자도 누가 살게 될 것인가는 알 수 없다. 군을 통솔하는 자도 군사를 이끄는 것이 이익이 될지 어떨는지 알 길이 없고, 나라를 다스리는 자도 국가를 지도하는 것이 이익이 될지 어떨는지는 알 수가 없다. 행복을 바라고 미인(美人)을 아내로 맞이한 자도 그 아내로 해서 어려움을 겪게 될지 헤아릴 길 없고, 국가의 권문(權門)과 연고(緣故)를 맺은 자도 그들 때문에 나라를 쫓겨나게 되는지 예견할 수 없다. 그는 이러한 일을 조금도 신비스러운 일로 생각하지 않고, 일체 인지를 가지고 헤아릴 수 있다고 생각하고 있는 사람들을 정신이상자라고 말했다. 또 신이 인간에게 자신의 지혜로 판단할 수 있도록 해 주고 있는 일에 대하여 점을 치는 자들 역시 정신이상자인 것이다.

예를 들면 누군가가 마차의 마부로, 마차를 몰아 본 경험이 있는 자를 고용하는 편이 좋은가, 그렇지 않으면 경험이 없는 자를 고용하는 편이 좋은가, 혹은 배의 선원으로 조타(操舵)의 기술이 있는 자를 고용할 것인가, 그렇지 않으면 그것이 없는 자를 고용할 것인가, 혹은 계산이라든가, 측량이라든가, 평형(平衡)이라든가에 의하여 알 수 있는 일을 여쭈어 본다고 하자. 그는 이러한 일을 신에게 묻는 것을 신덕(神

德), 키를 조종하는 것을 모독하는 행위라고 말한다. 요컨대 신이 지식에 의해서 행하도록 해준 것은 배우지 않으면 안 되고, 인간에게 분명하지 않은 일은 점을 통하여 신들에게 여쭈어 보지 않으면 안 된다. 신들은 칭찬할 만한 자에게는 신탁을 내리시기 때문에.

게다가 또 그는 언제나 집 밖에서 지냈다. 새벽부터 산책을 하거나 도장(道場)에 나가고, 시장(市場)이 붐비는 오전중은 시장에 있으며, 그 후는 종일 언제나 사람이 많이 모이는 곳에 있었다. 그리고 대개는 담론(談論)을 하여 누구나 그의 이야기를 들을 수 있었던 것이다. 더구나 누구 한 사람, 소크라테스가 불경(不敬)스럽게 존신(尊神)에 벗어나는 일을 하고 있는 것을 본 사람도 이야기를 들은 사람도 없다. 그는 '만유(萬有)의 성질*에 대해서도 많은 다른 사람들처럼 의론하기를 원하지 않았고, 다른 학자들처럼 '우주(宇宙, Cosmos)'의 성질을 묻거나, 개개의 천체(天體) 현상을 지배하는 필연(必然)을 묻거나 하는 일 없이, 오히려 이러한 문제를 캐고 드는 인간의 언어도단(言語道斷)을 지적했다. 우선 그는, 이 자들이 인간학(人間學)을 벌써 완전히 마스터했다고 생각하여 이와 같은 문제를 캐고드는 것인지, 그렇지 않으면 인간의 일은 그대로 덮어 둔 채 신계(神界)의 일에 골몰하므로써 사람의 본분을 다했다고 생각하고 있는 것이냐고 물었다.

---

* 본래 소크라테스도 우주 및 자연을 연구의 대상으로 삼았다. 제1권 4 참조.

나아가서 그는, 이 사람들은 이러한 일이 인간으로서는 발견 불가능한 일이라는 것을 모르고 있는 것일까, 게다가 이와 같은 문제를 논하는 데 있어 대가(大家)를 자처하는 사람들이 의견의 일치를 결코 보지 못하고 서로 마치 미친 사람과 같은 모양을 노정(露呈)하고 있지 않는가라고 이상하게 생각하였다. 어떤 미친 사람은 무서운 것을 무서워하지 않는데, 어떤 자는 아무렇지도 않은 일을 무서워한다. 어떤 사람은 많은 사람이 보는 앞에서 무슨 말을 하고 무슨 짓을 했든 간에 조금도 부끄럽다고 생각하지 않는데, 어떤 사람들은 사람이 붐비는 곳에 나가기조차 꺼린다. 또 어떤 사람들은 신역(神域)이거나 제단(祭壇)이거나 또 그 이외의 어떠한 신성물(神聖物)에도 경의를 표하지 않는데, 어떤 사람들은 근처에 흩어져 있는 돌이나 나무나 짐승에게까지도 경의를 표한다.

'만유의 성질'을 골똘히 생각하는 자들도, 어떤 자는 실재(實在)*는 하나뿐이라고 하고 어떤 자는 그 수가 무한하다고 한다. 어떤 자는 만물(萬物)은 영원히 유동(流動)한다고 하고,

---

* '실재(to on)'가 하나라는 설은 밀레토스파의 원조 탈레스(B.C 640?~546), 피타고라스파의 원조 피타고라스(B.C. 570?~475?)의 학설이다. 실재가 무수하다는 설은 원자론 철학의 시조인 레우킵포스(B.C. 5세기) 및 그의 제자로 원자론 철학의 대표적인 존재인 데모크리토스(B.C. 460?~370?)의 학설. 만물은 유전하며 멈추지 않는다는 설은 이오니아의 유명한 철인 에페소스의 헤라클레이토스(B.C. 540?~?)의 학설. 만물은 움직이지 않는다는 설은 그리스의 엘레아 태생의 제논(B.C. 490~430)의 학설.

어떤 자는 단 한 가지도 전혀 움직이지 않는다고 한다. 어떤 자는 만물은 생(生)하고 멸(滅)한다고 보고, 어떤 자는 생하는 일도 없고 멸하는 일도 없다고 본다. 그러나 그는 이 사람들에게 다시 묻는다. 인간의 성질을 연구하는 자들은 그들이 배워 아는 바를 결국 자기 자신과 남을 위해서 쓰고, 그 희망하는 것을 행하려고 생각하는 것과 같이, 신적(神的)인 사상(事象)을 탐구하는 자들도 일단 이들이 어떠한 필연에 의하여 생겼는가를 알았을 때에는, 이것에 의하여 원하는 대로 바람이나 물이나 계절(季節)이나, 그 밖에 무엇이든 필요하다고 생각하는 것을 낳게 하려고 하는 것인가, 그렇지 않으면 이러한 일은 원하는 것이 아니고 다만 이들 각각의 사상의 원인을 알기만 하면 족하단 말인가 라고.

이 문제들에 머리를 쓰는 사람들에 대하여 그는 이와 같이 말했다. 그런데 그 자신은 언제나 인간의 일을 문제로 하고, 경신(敬神)이란 무엇인가, 불경(不敬)이란 무엇인가, 미(美)란 무엇인가, 추(醜)란 무엇인가, 정의(正義)란 무엇인가, 부정(不正)이란 무엇인가, 사려(思慮)란 무엇인가, 광기(狂氣)란 무엇인가, 용기(勇氣)란 무엇인가, 겁나(怯懦)란 무엇인가, 국가란 무엇인가, 위정자(爲政者)란 무엇인가, 정부(政府)란 무엇인가, 통치자란 무엇인가, 그 밖에 이러한 제목(題目)을 논하고, 이것들에 관하여 아는 자는 군자(君子)*요, 모르는 자는 실로

---

* 'Kalos kágathos'의 번역. 자의(字義)대로 옮기면 아름답고 선한 사람, 정신

노예라고 불려도 할 수 없는 일이라고 생각했다.

하물며 그가 어떤 생각을 가지고 있는지 명확하게 알 수 없기 때문에 재판관들이 그를 잘못 판정했다고 하더라도 조금도 놀랄 것은 못 된다. 그러나 누구나가 알고 있는 일을 그들이 고려에 넣지 않았다면 실로 놀라지 않을 수 없다.

일찍이 그는 심의원(審議員)*이 되어 국법에 따라서 협의에 임하겠노라는 선서를 했는데, 때마침 국민회의의 의장이 되었을 때, 국민이 국법에 반하여 한 번의 투표로써 드라실로스 및 에라시니데스 등 아홉 명의 장군을 전부 사형시키기를 원하고 있었지만, 소크라테스는 감연(敢然)히 이에 반대했다. 말할 것도 없이 국민은 그의 태도에 격분하고, 수많은 유력자(有力者)는 그를 위협했던 것이다. 그러나 소크라테스에게는 선서를 지키는 것이 정의를 저버리면서까지 민중의 비위를 맞추거나 권력가의 위협에 굴하는 것보다 훨씬 중요한 것이었다. 왜냐하면 그는 신이 인간에게 유의(留意)하고 있다는 사실을 많은 사람들이 믿는 방법과는 달리 믿고 있었기 때문이다. 그것은 많은 사람들이 신은 어떤 일은 알고 있고 어떤 일은 모르고 있다고 생각하지만, 소크라테스는

생활과 실제 생활을 원만히 조화 있게 꾸려나가는 사람을 가리킨다. 보통은 교양 있는 자유인을 말할 때 쓴다.

* 심의회 혹은 국민평의회(Boulē)의 의원을 가리킨다. 아테네의 'Boulē'는 모두 5백 명으로 아테네 10구(區, Phylai)를 대표하는 '10위원회(Prytaneis)'에 의해 구성된다. 위원은 추첨으로 선출한다.

신은 우리들의 말·행위, 말 없는 생각 등 모든 것을 알고, 모든 곳에 계시며, 인간의 일 일체에 대하여 사람들에게 신탁을 내리신다고 생각하고 있었기 때문이다.

제 2 장

 더욱이 놀라지 않을 수 없는 일은 소크라테스가 청년들을 부패(腐敗)시켰다는 말을 듣고 이를 믿은 사람들이 있다는 사실이다. 소크라테스는 지금까지 기술(記述)한 일 외에도 정욕 및 탐욕을 자제(自制)하는 데 있어 가장 엄격한 사람이었다. 또한 추위나 더위나, 모든 어려움을 태연하게 감내(堪耐)한 사람이고, 게다가 중용(中庸)의 길에 잘 훈련되어 사소한 것을 얻고도 극히 용이하게 만족을 얻을 수 있었던 사람이다.

 자기 자신이 이러한 인물인데 어떻게 남을 무신(無神)·불령(不逞)·탐욕·음분(淫奔) 또는 게으름뱅이로 몰아붙이기만 할 수 있었겠는가. 그렇지는 않았다. 덕행(德行)을 행하려는 마음을 일으키게 하고, 마음먹고 자신을 수양한다면 이윽고 군자(君子)가 될 수 있다는 희망을 갖게 함으로써, 많은 사람들을 이러한 악덕으로부터 벗어나도록 했던 것이다. 물론 그는 이것을 가르치겠다고 말한 적은 한 번도 없다. 다만 자신이 솔선수범함으로써 그의 제자들이 스승을 본받아 그와 같은 인물이 될 것을 간절히 바라도록 만들었던 것이다. 또한 육체에 대해서도 자기 자신을 소홀히 함이 없었고, 남이 그렇게 하는 것을 용인하지도 않았다. 그러나 지나치게 먹고 일하는 것은 옳지 않다고 하였지만, 정신이 상쾌할 정도로 노동을 하는 것은 좋은 일이라 하였다. 왜냐하면 그러한 습관은 건강을 잘 유지하게 하고, 또한 정신의 수양에도 방해가 되지 않기 때문이라고 말했다.

그리고 그는 의복에도 신발에도, 또 그 밖의 일상 생활에 있어서도 유약(柔弱)하지도 않고 젠체하지도 않았다. 또 제자들을 돈에 사족을 못 쓰는 무리로 만들지도 않았다. 왜냐하면 그는 가르침을 받으려고 따라오는 자로부터 금전(金錢)을 받지 않았기 때문이다. 그는 그렇게 함으로써 자신의 자유를 확보하는 것이라고 믿었다. 그는 가르침의 사례금을 받는 사람들을 가리켜서, 자기 자신을 노예로 파는 자라고 주장했다. 사례금을 받는 자는 이것을 지불하는 자에게 어떤 일이 있어도 이야기를 하지 않으면 안 되기 때문이다. 그는 미덕을 가르친다는 자가 돈을 받고, 한 사람의 좋은 친구를 얻었음을 최대의 보수로 생각하지 않았으며, 마치 가르침을 받음으로써 선미(善美)의 덕에 달할 수 있었던 자가 이 위대한 선행(善行)의 주인공에게 은의(恩義)를 느끼지 못하고 있는 것처럼 염려하고 있는 것에 놀라고 있었다.

말할 것도 없이 소크라테스는 가르침을 베풀어 주겠다는 등의 말을 누구에게나 단 한 번도 해 본 적이 없다. 그는 다만 제자로서 그의 훈도에 따른 자는 한평생을 두고 그에 대하여 또는 서로서로에게 좋은 친구가 될 것으로 믿고 있었던 것이다. 이와 같은 사람이 어떻게 해서 청년을 부패시킬 수가 있었을 것인가. 덕(德)의 함양(涵養)이 바로 부패라고 한다면 또 모를 일이지만.

그러나 그의 고발자는, 그가 나라의 관리(官吏)를 추첨*으로 정하는 것은 어리석기 짝이 없으며, 선장이나 목수나 피리 부는 사람이나 그 밖에, 설사 실수한다 하더라도 그 미치는 해(害)는 국정(國政)을 그르치는 해보다 훨씬 덜한 일들에 대해서도 추첨을 통해서 하려고 하는 자는 없다고 설파함으로써 제자들에게 기존의 국법을 멸시하도록 만들었다고 말했다. 고발자가 말하기를, 이러한 논의는 청년들로 하여금 기존의 율법을 경시하도록 몰고 가며, 동시에 그들을 압제자로 만든다는 것이었다. 그러나 나는 지능(知能)의 연마에 정진하고 유익한 일을 시민에게 가르칠 수 있는 자가 되려고 밤낮을 가리지 않고 정려하는 사람들은 결코 압제자가 될 수 없다고 행각한다. 이 사람들은 압제에는 적(敵)과 위험이 붙어 다니지만, 이것에 반하여 설득은 위험을 무릅쓰는 일 없이 극히 화기애애한 가운데 같은 목적을 달성할 수 있다는 것을 잘 알고 있기 때문이다. 왜냐하면 압제를 당한 자는 약탈을 받은 것으로 알고 증오하고, 설득을 당한 자는

---

* 원어는 'kyamos', 즉 '콩'이다. 흰콩과 검은콩이 있어 흰콩을 얻은 자가 '추첨'에 당첨된 자이다. 평민정체인 아테네의 대소 관리 선출법이다.

은혜를 받은 것으로 알고 경애(敬愛)하기 때문이다.

그렇다면 압제는 지능을 연마하는 자와는 아무런 관계가 없고, 권력이 있고 사려가 좀 모자란 자의 일에 속한다. 게다가 감히 압제를 하려고 하는 자는 다수의 지지자를 요하지만, 설득력이 있는 자는 한 사람의 협력자도 필요 없다. 자신의 힘만으로도 충분히 납득시킬 수 있는 자신이 있기 때문이다. 이러한 사람들에게 사람을 죽이는 일은 염두(念頭)에도 넣을 수 없다. 왜냐하면 살아 있는 사람을 설득하여 자기 편으로 만들지 않고 오히려 죽이기를 원하는 자가 어디에 있단 말인가.

그러나 그의 고발자는 소크라테스와 교우(交友)가 있었던 크리티아스와 알키비아데스* 두 사람이 국가에 대하여 무한한 해독을 끼쳤다고 말한다. 크리티아스는 과두정치(寡頭政治) 시대에 있어서의 탐욕·압제·잔인의 거두(巨頭)였고, 알키비아데스 또한 평민정치(平民政治) 시대에 있어서 황음(荒淫)·오만·압제의 화신이었기 때문이다. 이 두 사람이 국가에 해독을 끼친 사실은 나도 변호하려고 하지 않는다. 그러나 나는 그들이 어떻게 해서 소크라테스의 동료가 될 수 있었는지에 대하여 설명하려고 한다. 이 두 사람은 모든 아테네 시민 중에서 가장 명예욕이 강했던 사람으로, 모든 일을 남김 없이 자

---

* 크리티아스는 펠로폰네소스 전쟁이 끝난 뒤 스파르타인이 아테네에 세운 '20집정(triakonta tyrannoi)'의 필두였다. 알키비아데스는 기원전 413년의 시칠리아 원정의 발기인.

기 손으로 하고 만인에게 군림하는 명성을 얻지 않고서는 마음이 편치 않았던 사람들이다. 그런데도 그들은 소크라테스가 최소한의 물자로써 자유로운 생활을 영위하고, 일체의 쾌락에 대하여 항상 자제를 잃지 않았으며, 그와 담화를 나누는 모든 사람들을 제멋대로 다루는 것을 보았다.

전술한 바와 같은 성질이었던 그들이 이 사실을 보고 소크라테스의 동료가 된 것은, 소크라테스의 생활 및 그가 가지고 있는 사려(思慮)를 배우기를 원해서였던가, 아니면 만약 그의 동료가 되면 이야기를 하는 데 최대의 기술을 얻을 수 있다고 믿어서였던가일 것이다. 만약 신이 그들에게 한평생 소크라테스와 같은 생활 양식으로 살 것인가, 아니면 죽을 것인가 둘 중 하나를 선택하기를 허가한다면, 나는 그들이 죽음을 선택했을 것이라고 생각한다. 그들이 취한 행동은 이것을 명백하게 해주고 있다. 그 까닭은 그들이 동배(同輩)를 앞질렀다고 생각하자마자 즉시 소크라테스의 곁을 뛰쳐나가 정치에 투신했는데, 이것이 바로 그들이 소크라테스를 찾은 이유였던 것이다.

혹은 이것에 대하여, 소크라테스는 제자들에게 정치를 가르치기 전에 먼저 사려를 가르쳐야 마땅했을 것이라고 말할 것이다. 나는 이것에 반대하지는 않겠다. 그러나 나는 모든 스승들이 그 제자들에게 자신이 가르치는 것에 대하여 자신이 어떤 식으로 실행하는가를 보임과 동시에, 또 논의에 의해서 설교하는 것을 흔히 본다. 그리고 소크라테스는 또 제자들에게 자신이 군자임을 보여주고, 미덕 또는 그 외의 인간사에 관하여 진실로 아름답게 이야기하며 들려준 것으로 나는 알고 있다. 게다가 저 두 사람도 소크라테스의 곁에 있을 동안은 사려 있는 인간이었던 것으로 알고 있다. 더욱이 그것은 소크라테스에게 벌을 받거나 혹은 매를 맞을까봐 두려워서가 아니라, 그 당시에는 그렇게 행동하는 것이 훌륭한 일이라고 믿고 있었기 때문이다.

혹은 학자를 자처하는 대부분의 사람들은 이렇게 말할지도 모른다. 정의(正義)를 행하는 자는 결코 부정하게는 될 수 없고, 사려 있는 인간은 오만하게는 될 수 없다. 또 그 외 무슨 일이든 습득 가능한 일에 대하여, 일단 이것을 배운 자는 또다시 무지(無知)하게 될 수는 없다라고. 나의 사고 방식은 좀 다르다. 왜냐하면 신체를 훈련하지 않은 자는 신체를 사용하는 일을 할 수 없는 것과 마찬가지로, 정신을 훈련하지 않은 자는 또한 정신을 쓰는 일을 행하지 못한다고 볼 수 있기 때문이다. 그들은 해야 할 일을 하지 못하고, 피해야 할 일을 피하지 못했기 때문이다. 그렇기 때문에 세상의 아버지들은 제아무리 사려 깊은 아이일지라도 아이들이 좋지 않은 사람을 가까이하지 못하게 한다. 뛰어난 사람들과의 교제는 미덕의 훈련이 되지만, 나쁜 사람과의 교제는 그 파괴라고 생각하기 때문이다. 시인(詩人)도 또한 이것을 증명한다.

한 시인*은 말한다.

> 선한 사람에게서는 선한 일을 배우게 되며,
> 나쁜 사람과 교제하면 가지고 있던 지혜마저도 잃고 말리라.

또 어느 시인**은 말한다.

> 선한 사람도 어떤 때는 천하고,
> 어떤 때는 귀인(貴人)일지니.

그리고 나는 이것에 증언(證言)을 부여한다. 왜냐하면 시문(詩文)은 음송(吟誦)을 태만히 할 때 이를 잊게 되는 것과 같이, 교훈의 말도 이를 소홀히 할 때에는 염두에서 소멸되고 마는 것을 흔히 볼 수 있기 때문이다. 교훈의 말을 잊을 때에는 심중(心中)에 사려를 동경하는 마음을 불러일으키는 것도 잊어버리고 만다. 이들을 잊었을 때 사려도 또한 잊게 되는 것이 무엇이 이상하단 말인가.

또한 나는 술을 즐기는 자 및 정사(情事)에 탐닉(眈溺)하는 자는 중요한 직무(職務)를 수행할 힘도, 쓸데없는 일을 피할 힘도 없어지는 것을 본다. 왜냐하면 이전에는 돈을 절약할

---

* 메가라 사람인 테오그니스를 가리킨다. 기원전 544~540년이 생애의 전성기.
** 작자 미상.

수 있었던 많은 사람들이 일단 정사에 빠져들자 그 능력을 잃고 말았기 때문이다. 그리고 재물이 바닥나면 예전에는 부끄러워서 도저히 할 수 없었던 돈의 융통 수단도, 지금은 이를 가리지 않는다. 그러므로 이전에는 사려 깊었던 자도 결국 사려를 잃고, 이전에는 올바른 행위를 할 수 있었던 자도 결국 그 능력을 잃고 마는 일이 왜 있을 수 없단 말인가. 실로 자신에게는 일체의 미(美), 일체의 선(善)이 모두 훈련인 것처럼 생각되는 법인데, 사려의 덕에 이르러서는 더욱더 그러하다. 왜냐하면 하나의 육체 속에 영혼과 육욕(肉慾) 따위가 자리잡고 있어 영혼을 보고 "사려는 그만두고 빨리 육체를 만족시켜라"고 설득하고 있기 때문이다.

사실 소크라테스의 곁에 있을 동안 크리티아스와 알키비아데스는 그의 힘을 얻어 아름답지 못한 욕기(慾氣)를 누를 수가 있었다. 그러나 크리티아스가 그를 떠나 테살리아(Thessalia)로 도망하고부터 그 땅에는 정의보다는 오히려 무법(無法)의 생활을 하는 자들의 동아리로 들어갔고,* 알키비아데스는 그 미모 때문에 신분이 높은 많은 부인들로부터 연모(戀慕)의 정을 한 몸에 받았으며, 아테네 및 맹방(盟邦) 도시의 세력으로 해서 많은 유력자들의 추종을 받고, 민중에게 존경을 받아 쉽사리 제1인자가 되었다. 결국 운동 경기에

---

* 크리티아스는 백성을 몹시 멸시했다. 마침내 백성에게 쫓겨 아테네에서 도망하여(기원전 411년) 테살리아로 갔다. 당시 테살리아는 무질서와 방종이 만연되어 있었다. 플라톤의 〈크리톤〉 53D 참조.

서 쉽게 승리를 얻은 선수가 연습을 소홀히 하는 것처럼, 그도 또한 자신의 훈련을 소홀히 한 것이다. 신변(身邊)의 사정이 이러했고, 또한 혈통에 교만해지고, 재물을 과시하며, 힘을 자부(自負)하고, 많은 사람이 아부하며, 게다가 이 모든 것에 덧붙여서 오랫동안 소크라테스와 떨어져 있었던 것이다.

결국 그들이 오만해진 것은 무엇 하나 이상할 것이 없다. 고발자가 말하는 것처럼, 그들에게 비행(非行)이 있었다고 해서 소크라테스에게 책임이 있단 말인가. 아직 나이 어리고 따라서 당연히 지혜도 천박(淺薄)하며 힘도 보잘것 없을 때, 소크라테스가 그들을 사려 있는 인간으로 만든 것은 하등 칭찬할 만한 가치가 없다고 고발자는 생각하는 것인가. 적어도 다른 일에서는 이런 식으로 비판을 받지는 않는다.

예를 들면 여기에 피리나 비파(琵琶), 또는 그 밖의 스승이 있어서 제자를 훌륭히 숙달시켰는데, 이들이 다른 스승에게 입문(入門)하여 솜씨가 서툴어졌을 때 먼저 스승에게 책임을 묻는 일이 있을 수 있겠는가. 어느 아버지가 어떤 친구와 교제하고 있는 동안은 분별(分別)이 있었는데, 다른 친구와 교제를 시작하고서부터는 나빠졌다고 해서 먼저 친구를 책망할 것인가. 오히려 나중 친구로 인해 나빠지면 나빠질수록 먼저 친구를 칭찬할 것이 아닌가. 그뿐인가, 아버지 자신이 사려 있는 인간이라면 아들들과 함께 살면서 아들들의 과오에 대한 책임으로 힐문당하지는 않는다. 소크라테스를 비판하는 데 있어서도 바로 이러하지 않으면 안 된다. 만약 자신에게 무슨 천한 일이 있었다면, 악인(惡人)이라고 생각한다 하더라도 할 수 없는 일이다. 그러나 자신은 언제나 사려 깊은 언행을 행하고 있는데, 그가 가지고 있지 않은 악덕에 대하여 책임을 물어 어찌하겠단 말인가.

그렇다고는 하지만 자신은 무엇 하나 착한 일을 하지 않았는데 그들이 착한 행위를 한 것으로 보고 칭찬하거나, 이와는 달리 비난당한다 해도 할 수 없는 일이다. 그런데 크리티아스가 에우튀데모스를 사랑하고, 그를 유혹하여 육체를 향락하는 호색한 사람이 하는 것처럼 그를 이용하려고 하는 것에 대하여, 특별히 훌륭한 인간으로 보이고 싶은 애인에게 흡사 거지가 물건을 구걸한다는 것은 자유인(自由人)답지 못하고, 군자가 행할 일이 못 된다고 그는 제지하려고 했었다. 그러나 크리티아스가 이러한 말에는 귀도 기울이지 않고 품행도 고치지 않았을 때, 소크라테스는 많은 사람이 모인 자리에서 특히 에우튀데모스도 있는 자리에서 "아무래도 크리티아스는 돼지의 성질을 가지고 있는 모양이다, 돼지가 돌에 몸을 비비는 것처럼 저 자는 에우튀데모스에게 비비고 싶어한다"라고 말했다고 전해진다. 이 때문에 크리티아스는 소크라테스를 증오했다. 그래서 카리클레스와 함께 삼십집정(三十執政)*의 한 사람이 되어 법률 제정에 참여했을 때,

---

*   펠로폰네소스 전쟁이 끝나자(기원전 404년 봄), 페이타이에우스의 요새는 붕괴되어 아테네와 페이타이에우스 사이의 장벽이 걷혔다. 아테네에는 군선(軍船) 12척의 보유만이 허용되는 등 시민들은 몹시 의기저상(意氣沮喪)했다. 여기에

이 일을 기억하고 있었던 그는 법률 가운데 "말의 기술을 가르치는 것을 금함"이라는 한 항목을 삽입하였다. 이것은 소크라테스를 비난하려고 해도 비난할 도리가 없었기 때문에, 당시 일반적으로 학자들에 대한 세상의 비난을 그에게 뒤집어씌워서 민중의 악평을 사게 하려 했던 것이다. 왜냐하면 나 자신도 소크라테스가 그런 일을 하는 것을 한 번도 들은 적이 없고, 또 누구든 이를 들었다고 말하는 자를 아는 바가 없기 때문이다.

사실은 얼마 가지 않아 명백하게 밝혀졌다. 그것은 삼십 집정들이 시민의 다수를, 그것도 결코 쓸모없는 자가 아닌 많은 사람들을 사형에 처하고, 또 많은 사람들을 불법한 행위에로 선동하고 있을 때, 어디에선가 소크라테스가 "소를 치는 사나이가 소의 수를 감소시키고 질을 저하시키면서 자기가 서투른 소몰이인 것을 인정하지 않는다면 기묘한 이야기

때 맞추어 국외로 망명해 있었던 과두정부과 사람들이 귀국했다. 여기에도 온건파와 과격파가 있었는데, 온건파를 이끈 자가 테라메네스였고 과격파를 이끈 자가 명문의 귀재(鬼才) 크리티아스였다. 국내에 머물러 있던 과두정부파도 있었다. 3자는 손을 잡았다. 그리고 전승국(戰勝國) 스파르타 장군 뤼산드로스의 지원을 얻어 과두정부 설립을 진행시켰다. 국민 집회가 열려, 당원 드라콘티데스가 법률의 개정을 들고 나왔고, 그것이 기초(起草)되고 있는 동안은 위원이 국무를 보아야 한다고 제의했다. 회의장에는 테라메네스가 미리 초청하여 출석시킨 점령 사령관 뤼산드로스가 방청하고 있었다. 회의는 한 마디의 반대 발언도 없이 30명의 기초 위원 임명을 승인했다. 이 30명의 이름이 크세노폰의 《헬레니카》에 열거되어 있다. 30명의 위원은 그대로 정부의 전권을 장악했다. 30위원은 그 압제(壓制)로 해서 'tryannoi'라는 이름을 갖게 되었다.

임에 틀림없는데, 하물며 국가의 지도자가 된 자가 시민의 수를 감소시키고 질을 저하시키고도 수치로 알지 않으며, 또 자기가 저열한 국가 지도자라는 것을 알지 못한다면 그야말로 기묘한 이야기다"라고 말했다. 이것이 크리티아스와 카리클레스의 귀에 들어가자 소크라테스를 소환하고 법문(法文)을 제시하며, 젊은이와 이야기해서는 안 된다고 명령했다.

그래서 소크라테스는 두 사람에게 물었다.

"지금 그 명령에 대하여 불명한 점을 질문해도 좋은가?"

두 사람이 좋다고 대답하자, 그는 말했다.

"그렇다면 좋네. 나는 언제나 국법에 따르려는 사람 중 하나일세. 그러나 몰라서 자칫 법을 범하는 일이 있어서는 곤란하니까, 분명하게 당신들에게 다짐해 두고 싶네. 당신들이 금지를 명한 말의 기술이란 올바른 논의를 피하지 않으면 안 될 것이고, 또 올바르지 못한 논의에 관한 것이라면 명백히 올바르게 논의하도록 노력하지 않으면 안 될 걸세."

그러자 카리클레스가 화를 벌컥 내면서 말하였다.

"자네가 모른다고 하니 명백하게 알 수 있도록 말해 주지. 소크라테스, 청년들과 일체 말을 하지 말게!"

이 말을 받아 소크라테스가 말했다.

"그러면 내가 명령받은 일을 충실히 지킬 수 있도록, 인간은 몇 살까지를 청년으로 보는지 한계를 정해 주게."

그러자 카리클레스가 대답했다.

"심의원(審議員)이 될 수 없는 나이를 말하네. 아직 지혜가 여물지 못했다는 이유로 심의원의 자격이 없는 삼십 세 이하 말일세. 자네는 삼십 세 이하의 사람과 이야기해서는 안 되네."

"무언가 사야 할 물건이 있을 때, 만약 그 상인(商人)이 삼십 세 이하라면 값을 물어 봐도 안 되는가?"하고 그가 말했다.

"그런 것은 괜찮아"라고 카리클레스가 대답했다.

"그러나 소크라테스 자네는 말이야, 뻔히 알고 있는 일을 자꾸 물어 보는 버릇이 있어. 그런 것을 묻지 말란 말이야."

"그렇다면 어떤 젊은이가 나에게 무엇을 물어 왔을 때, 알고 있는 일인데도 대답하면 안 되는가? 예를 들면 '카리클레스의 집은 어디인가요'라든가, '크리티아스는 어디 있습니까'라고 할 때는 말일세."

"그런 것은 상관없어"라고 카리클레스가 대답하자, 크리티아스가 참견을 했다.

"그러나 자네는 또 구두를 만드는 사람의 일, 목수의 일, 대장장이의 일도 이야기해서는 안 될 필요가 있어, 소크라테스. 왜냐하면 이러한 이야기들은 닳아 빠지도록 자네 입에 오르내렸다고 생각되기 때문에 말야."

"그렇다면 이들과 관련된 정의나 신념이나 그 밖의 다른 이야기도 안 되는가?" 하고 소크라테스는 말했다.

"그렇지" 하고 카리클레스가 말했다.

"그리고 소 치는 사나이의 이야기도 안 돼. 만약 그만두지 않는다면 조심하게, 자네로 해서 또 소의 수가 줄지도 모르니까."

 이것으로 만사는 분명해졌다. 저 소의 이야기가 그들에게 전해져서, 그것을 괘씸하게 생각하고 있었던 그들은 소크라테스에게 화를 내고 있었던 것이다.

 크리티아스가 소크라테스를 사귀게 되었던 까닭과 두 사람 사이의 관계가 어떠한 것이었던가는 이상 이야기한 바와 같다. 나는 감히 말하려고 한다. 애모(愛慕)를 느끼고 있지 않는 사람으로부터는 아무런 배움도 얻을 수 없다고. 크리티아스와 알키비아데스는 소크라테스와 사귀고 있었던 동안, 그에게 애모를 느끼고 사귀고 있었던 것은 아니었다. 애당초 그들은 국정에 관여할 것을 목적으로 움직이고 있었던 것이다. 아직 소크라테스의 문하(門下)에 있을 때부터 그들은 다른 누구와도 사귈려고 하지 않고, 다만 정치에 탁월한 사람들과 담론하려고만 애쓰고 있었다. 전하는 바에 의하면, 알키비아데스는 아직 스무 살도 채 되지 않았을 때에, 그의 후견인이고 국가의 제1인자였었던 페리클레스와 다음과 같은 문답을 했다고 한다.

 "이야기해 주십시오, 페리클레스. 당신은 나에게 법률이란 무엇인지 가르쳐 줄 수 있습니까?" 하고 알키비아데스는 말했다.

 "아아, 할 수 있고 말고"라고 페리클레스가 말했다.

 "그러면 꼭 좀 가르쳐 주십시오. 저는 세상 사람이 법률을 지키니까 기특하다고 칭찬을 듣고 있는 것을 보면, 법률이 무엇인지를 모르는 자는 이 칭찬을 들을 자격이 없다는 생각이 항상 듭니다."

"자네가 원하고 있는 일은 그다지 어려운 일이 아닐세, 알키비아데스. 자네는 법률에 대해서 무엇인가를 알고 싶다고 했는데, 법률이란 민중(民衆)이 회의에서 결정하고 문서로 작성한, 해야 할 일과 해서는 안 될 일을 명백히 규정한 모든 것을 가리키는 것이네."

"선(善)을 행하여야 한다고 생각하는 것입니까, 그렇지 않으면 악(惡)을 행하여야 한다고 생각하는 것입니까?"

"그거야 물론 선이지. 악은 아닐세."

"하지만 민중이 아닌 과두정치(寡頭政治)의 나라에서 보는 것처럼, 소수의 사람들이 모여서 이러이러한 일을 하여야 한다고 명문(明文)화한 것은 무엇입니까?"

"국가의 주권자가 숙고(熟考)해서, 그리고 이러이러한 행위를 하여야 한다고 명문화한 것은 모두 법률이라고 불린다네."

"그러면 민왕(民王)*이 국가의 주권자이고, 시민이 하여야

---

* 튀란노이(tyrannoi)란 그리스어는 우리 말로 옮기기 어려운 말이다. '튀란노이'는 기원전 7,6세기의 그리스의 여러 도시에서 등장했다. 그 앞서의 귀족정치를 대신하여 나왔고 다음에 나오는 평민정치에 앞선다. 그러나 '튀란노이'의 정치는 별다른 하나의 정체(政體)가 아니다. 튀란노이의 기원은 귀족 과두정치에 대한 불만이 민중 사이에 고조되었을 때, 이것을 원조함과 동시에 이용한 호족(豪族)이다. 요컨대 도시의 지배적 가계(家系) 사이의 확집(確執)이 민중 운동과 야합하여 현존의 정부를 쓰러뜨린다. 새로운 정부를 만들었지만 민중들은 정치에 어둡기 때문에 그들은 오히려 기꺼이 신정권을 자기들의 운동의 지도자였던 귀족에게 위임한다. 이리하여 일종의 군주가

할 일을 정하여 명문화한 것이 바로 법률입니까?"

"민왕이 명문으로 선포한 것도 법률이라고 불리네."

"압제(壓制)와 무법이란 무엇입니까, 페리클레스. 강자가 약자에 대하여 자기 멋대로 설득에 의하지 않고 강제적으로 강요하는 것은 아닐까요?"

"말하자면 그렇지"라고 페리클레스가 말했다.

"그렇다면 민왕이 국민을 설득하지 않고 행위를 강제하는 명문을 선포했다면 그것은 모두 무법입니까?"

"그렇군. 민왕이 설득에 의하지 않고 명문화한 것을 법률이라고 한 말은 취소하지."

"소수의 사람이 설득에 의하지 않고 다수의 사람을 강제하는 법문(法文)을 내면, 우리들은 이것을 압제라고 말해도 좋을까요, 안 될까요?"

"사람이 남을 설득하지 않고 행위를 강제하는 것은 명문이든 아니든 간에 모두 압제이지 법률은 아니라고 나는 생각하네."

"그렇다면 전민중(全民衆)이 자산가(資産家)들에게 대하여 설득하지 않고 강권으로 법문을 만들었다면, 이것도 압제이지

형성된다. 그러나 옛날 왕처럼 세습권에 의한 왕이 아닐 뿐더러 선거에서 뽑힌 원수(元首)도 아니다. 그 지위는 법률이나 관습으로 보장되어 있지 않다. 그래서 무력을 길러 자신의 지위를 지킨다. 따로 사회제도를 변경하거나 법률을 새로 제정하거나 하지 않고 현존하는 것을 이용하여 자기의 정책에 맞도록 처리했다. 5,4세기의 그리스인은 플라톤을 필두로 튀란노이 정치를 혐오했다. 소크라테스의 '튀란노이'에 대한 견해는 이 책에 실려 있다.

법률은 아니겠군요."

"알키비아데스, 사실 우리들도 자네 나이 또래에는 이러한 일에 재치를 번뜩였었지. 지금 자네가 염두에 두고 있는 것처럼 보이는 문제를 우리들도 염두에 두고 이론을 펴기도 했지."

그러자 알키비아데스는 말했다.

"아아, 페리클레스. 당신이 이러한 문제에 가장 재치를 번뜩이던 시절에 나도 함께 있었더라면 좋았을 것을."

마침내 크리티아스와 알키비아데스의 두 사람은 자신들이 정치에 관여하고 있는 어떤 사람들보다 뛰어나다고 생각하게 되자마자 당장 소크라테스로부터 발길을 돌리고 말았다. 한편으로는 전혀 그를 좋아하지 않았었고, 또 그를 찾아간다면 반드시 자기들이 저지른 실책을 문책할 것이 분명하였으므로 그것이 불유쾌하였던 것이다. 그들이 하고자 한 바는 정치였고, 정치 때문에 소크라테스에게 접근하였던 것이다.

그러나 소크라테스의 교우(交友)* 중에는 크리톤이 있고,

---

* 교우(homilētēs)는 또한 제자를 가리키기도 한다. 크리톤(Kriton)은 아테네의 부호로, 플라톤의 대화편 중 하나는 그의 이름을 표제로 삼았다. 소크라테스와 거의 동년배. 카이레폰(Chairephon)과 카이레크라테스(Chairekrates)는 아테네의 시민으로, 이 책 제Ⅱ권 제3장에 나온다. 헤르모게네스(Hermogenes)는 아테네 시민으로, 크세노폰의 《변명》에는 법정에서의 말을 저자에게 전해 준 인물로 묘사되어 있다. 심미아스(Simmias)는 테바이 사람으로, 스승 소크라테스가 죽을 때까지 곁에서 떠나지 않았다. 케베스(Kebes)는 테바이 사람으로, 처음에 피타고라스파의 철인 필로라오스에게 사사(師事)하였고, 후에 소크라테스의 제자가 되었다. 그는 플라톤

제1권 35

또 카이레폰·카이레크라테스·헤르모게네스·심미아스·케베스·파이돈다스, 그 외에도 몇 명이 있었다. 이들은 원로원 의원(議員) 또는 법무관으로 성공키 위해 소크라테스의 문하에 들어온 것이 아니라, 군자(君子)가 되고, 집안·가족·친척·친구·국가·시민에 대하여 훌륭히 본분을 다하기 위해 그를 따랐던 것이다. 그리고 이 사람들 중의 단 한 사람도, 젊어서나 노경(老境)에 이르러서도 비열한 짓을 한 자는 없고, 비난을 받은 자도 없었다.

그러나 고발자는 말한다. 소크라테스는 부친을 바보로 알도록 만들었다고.* 그는 자기의 제자들에게 그들이 아버지보다 현명해졌다고 생각하게 하고, "아버지는 미쳤습니다"라고 말씀드려 그 말이 통하면, 합법적으로 아버지를 쇠사슬에 매달 수 있다고 말했다. 그리고 이것을 논거(論據)로 해서, 무지한 자는 지혜 있는 자에게 쇠사슬로 얽매이는 것이 합법이라고 말했다. 그러나 소크라테스는 무지하다는 이유로 사람을 옥에 가두는 자는 자기보다 좀더 알고 있는 자에 의해서 당연히 옥에 갇히게 되지 않으면 안 된다고 생각하고 있었던 것으로, 이러한 생각에서 그는 자주 무지와 광기(狂氣)와의 상이점을 음미(吟味)하였던 것이다. 미친 사람은 이를 감금하는 것이 본인이나 친구들을 위해서도 이익이 되지만,

---

의 《파이돈》에 언급되어 있고 스승이 죽을 때까지 곁에 있었다. 파이돈다스(Phaidondas)는 불명.
* 플라톤의 《변명》 20장, 아리스토파네스의 〈구름〉 1407 이하 참조.

알아야 할 일을 모르는 사람들은 적절히 이것을 아는 자로부터 배워야 할 것이라고 그는 생각하고 있었다.

그러나 고발자는 말한다. 소크라테스는 비단 부친뿐만 아니라, 근친까지도 경시할 것을 제자들에게 가르쳤다고. 즉 그는 병자나 소송에 관계돼 있는 자에게는 아무런 도움도 되지 않아 병자에게 필요한 것은 의사이고, 소송에 도움이 되는 것은 변호를 자세히 알고 있는 사람이라고 말했다. 고발자는 다시 말한다. 그는 친구에 관하여 호의를 가졌어도 도울 만한 실력이 없다면 무가치하며, 또 필요로 하는 바를 잘 알고 그것을 설명할 수 있는 자만이 존경의 가치가 있다 라고 말했다고. 그리고 청년들에게 자기는 최고의 현자이고, 또 가장 남을 현명하게 만들 수 있는 사람이라고 설득하여 자기 문하생으로 하여금 남과 비교도 하지 못하게까지 만들었다 라고 말했다.

나는 그가 사실 부친이나 그 밖의 근친이나 친구에 대하여 이러한 말을 한 것을 알고 있다. 그뿐만 아니라 그는 더 나아가 이성이 존재하는 유일한 혼이 떨어져 나갔을 때, 집안 중에서 가장 반가운 사람의 신체일지라도 흙에 묻는다 라고 말했다. 또 살아 있는 동안 각자는 세상의 누구보다도 아끼는 자신의 몸에 소용없는 것이나 무익한 것을 스스로 제거하기도 하고, 또 남에게 제거시키도록 하기도 한다고 말했다. 사람들은 자신이 손톱이나 머리칼이나 굳은살을 제거하고, 의사에게 보여 괴로움과 아픔을 참으면서 수술을 받으며, 치료해 준 것을 감사하게 생각하고, 치료비를 물지 않으면 안 된다고 했다. 또한 침은 입안에서 무익할 뿐만 아니라 오히려 해롭기 때문에, 입에서 될 수 있는 대로 멀리 뱉아 버리는 것이라고 했다.

그가 이러한 말들을 했다고 해서 부친을 생매장하라든지, 자기 몸을 난도질하라든지 라고 가르친 것은 아니고, 이치를 모르는 자는 존경받을 만한 가치가 없음을 가르친 것뿐이며, 그렇게 함으로써 더욱 현명하고 더욱 유용한 인물이 되도록 노력하고, 아버지로부터, 혹은 형제로부터, 혹은 그 밖의 집안 사람으로부터 존경을 받고 싶으면 그들이 육친임을 믿고 소홀히 함이 없이 그들에게 도움이 되도록 노력할 것을 장려한 것이다.

그러나 고발자는 다시 말한다. 소크라테스는 가장 유명한 시인의 시구(詩句)에서, 가장 곤란한 부분만 골라내어 이것을 증거 삼아 제자들에게 악업을 행하고, 폭력을 휘두르는 인간이 되도록 가르쳤다고. 예를 들면 헤시오도스*의

일을 함은 부끄러움이 아니고, 다만 게으름만이 치욕이니라.

를 인용하여, 시인은 일이 부정한 일이든 파렴치한 일이든 간에 하나도 피하지 말고 이들을 행하라고 명한 것이라고

---

* 헤시오도스(Hesiodos)의 《일과 나날》 309 참조.

설명했다. 과연 소크라테스는, 일한다는 것은 본인의 이익이기도 하고 또 선(善)이지만, 게으름은 손해이기도 하고 악(惡)이라고 하지는 않았을까? 일한다는 것은 선이고, 게으름을 피운다는 것은 악이라는 것을 충분히 인정하고 있던 사람이다. 그러나 그는 무엇이든 선한 일을 하는 것을 일한다, 또는 일꾼이라고 말했고, 도박을 하거나, 무언가 나쁜 짓을 하거나, 손해될 짓을 하거나 하는 것은 게으른 자라고 부른 것이다. 이렇게 해석할 때, "일을 함은 부끄러움이 아니고, 다만 게으름만이 치욕이니라"에 아무런 결점도 없는 것이다.

더욱이 또 호메로스의 시구(詩句)*에서, 오디세우스가 다음과 같이 말하고 있는 곳을 몇 번씩이나 인용하고 있다고 고발자는 말한다.

> 왕이 신분이 높은 사람을 만날 때마다 곁으로 다가가서, 온화한 말로써 제지하였노라. "존하(尊下), 겁쟁이처럼 놀라는 것은 보기 흉하니, 자신부터 먼저 앉고 남아 있는 자들도 앉히도록 하십시오……." 하지만 천민들을 보고 그 울부짖음을 들을 때마다, 지팡이를 들고 큰 소리로 질타(叱咤)하였다. "존공(尊公), 왜 너는 너보다 훌륭한 사람들의 말을 듣지 않는가? 너는 겁쟁이 약졸(弱卒)이로다. 싸움에도 모의(謀議)에도 끼울 자가 못 되도다."

---

* 호메로스(Homeros)의 《오디세이아》 2장 183 이하, 198이하 참조.

그는 이것을 시인이 천민(賤民) 및 가난한 자를 후려치는 것을 상찬(賞讚)한 것으로 해설했다고 하는 것이다. 그러나 소크라테스는 그런 말을 하지 않았다. 왜냐하면 이런 사고 방식에 따른다면 그는 자신이 매를 맞지 않으면 안 될 것이라고 생각했을 것이다. 그가 말한 것은 말로나 행위로나 하등 사람의 소용에 닿지 않는 자, 군대이든 국가이든 인민 그 자체이든 필요한 때에 이것을 도울 힘이 없는 자는, 가령 대부호일지라도 아주 무능하고, 게다가 오만한 자는 모든 수단을 다하여 그것을 못 하게 하여야 할 것이라고 말했던 것이다.

그러나 이것들과는 정반대로 소크라테스는 백성을 생각하고 인류를 사랑한 사람임은 누구에게나 명백하다. 그는 시민 혹은 외지에서 온 많은 열성적인 제자를 거느리고 있으면서 단 한 번도 가르침에 대한 사례를 받은 적이 없고, 모든 자에게 자신의 재보(財寶)를 넉넉하게 나누어 주었다. 그 중에는 그로부터 거저 얻은 재보의 일부분을 비싼 돈으로 남에게 팔고, 더구나 그처럼 인민의 편에 서지 않은 사람도 있었다. 왜냐하면 이 사람들은 돈을 지불하지 못하는 사람들에게는 가르칠 것을 거부했었기 때문이다. 그런데 소크라테스는 또한 널리 세상 사람들에게 우리들의 도시의 영광을 더 첨가(添加)하였던 것으로, 이 점에서 명성을 얻은 바 있는 스파르타의 리카스를 훨씬 능가하는 것이었다. 리카스는 김

노파이디아이의 제전(祭典)* 동안 스파르타시에 체류하는 외객(外客)을 향응했지만, 소크라테스는 전생애를 통하여 자신의 재보를 기울여 이를 원하는 모든 사람들을 윤택하게 하였던 것이다. 왜냐하면 그는 자기에게 접근하는 사람들을 처음 왔을 때보다는 좋은 인간으로 만들어 돌려보냈기 때문이다.

내 생각 같아서는 이와 같은 인품을 가진 소크라테스는 국가로부터 죽음은커녕 오히려 영예(榮譽)를 받았어야 마땅하리라고 생각한다. 더구나 이것은 국법에 비춰 보더라도 알 수가 있다. 즉 국법에 의하면, 절도 혹은 노상 강도, 혹은 소매치기, 혹은 땅굴 강도, 혹은 인신 매매, 혹은 신전(神殿) 절도임이 명백한 자에게 과해지는 형벌이 사형이다. 그렇다면 소크라테스만큼 이런 죄와 인연이 먼 사람도 아마 없을 것이다. 또한 그 때문에 국가에 전황(戰況)이 불리해지거나 내란·반역, 혹은 그 밖에 어떠한 재난도 일어난 적은 없다. 동시에 사생활에 있어서도 누구의 재물을 빼앗거나 불행에 빠뜨린 적도 없을 뿐더러, 상기한 범죄의 어느 하나도 범한 적이 없었다.

---

* '소년나제(少年裸祭, Gymnopaidiai)'는 스파르타의 여름 제전으로, 나체의 소년들이 아폴론 찬가를 노래하면서 춤추었다고 전해진다. 경기가 행해졌고 튀레아 및 테르모뮈라이에서 쓰러진 용사를 기리는 노래를 불렀다고 한다. 종교적 제전이라기보다 군국 소년 교육의 제전이었는지도 모른다. Griechische Feste, M.P.Nilsson, S. 141f 참조.

그렇다면 어떻게 그를 고소할 수가 있었을까? 소장에 씌어진 것처럼 그는 신을 믿지 않기는커녕 만인에 앞장 서서 신을 봉제(奉祭)한 일은 누구나 아는 사실이고, 고발자가 비난한 것처럼 청년을 부패시키기는커녕 세상 사람이 알다시피 제자들 중에서 나쁜 생각을 품은 자에게는 이러한 생각을 버리게 하고, 최고의 미와 최대의 금도(襟度)를 함양하며, 이로써 국가 및 가정의 훌륭한 일원(一員)이 될 것을 고취했던 것이다. 이러한 행위의 소유자가 어찌하여 국가 절대의 영예를 받을 가치가 없는 것일까?

제3장

 사실 나는 소크라테스가 한편으로는 실행에 의하여 자신이 어떠한 인물인가를 과시하고, 한편으로는 대화를 교환함으로써 그 제자들을 보익(補益)했다고 믿기 때문에, 여기에 이들의 일에 대하여 기억에 있는 대로 써 내려가려고 한다.
 우선 신에 대한 그의 말과 행동은, 피티아*가 "희생은 어떻게 하여 바쳐야 하는가" 혹은 "조상은 어떻게 제사 지내야 하는가" 등의 질문에 답한 바와 전적으로 일치하고 있었던 것을 알 수 있다. 피티아는 "국가의 율법에 의하여 행한

---

* 아폴론 숭배의 중심지인 델포이의 '무녀(巫女)'를 가리킨다.

다면, 제대로 행하였다고 말할 수 있다"라고 말했지만, 소크라테스 자신은 이와 같이 했을 뿐만 아니라, 남에게 이렇게 행하도록 권유하여 다른 방법으로 행하는 사람들을 바보라고 생각하였다. 또 그는 신에게 기도할 때, 신들이 좋은 것을 가장 잘 알고 계시다고 생각하여, 다만 "좋은 것을 주시옵소서"라고만 할 뿐이었다. 황금·은·왕권(王權), 혹은 그 밖의 것을 달라고 기도하는 사람들은, 도박·싸움, 혹은 그 밖의 어떤 결과가 될지 전혀 알 수 없는 것을 기도하는 것과 하등 다를 바 없다고 생각하고 있었다.

그는 자기의 얼마 되지 않은 자산(資産)에서 조그마한 희생을 바치는 것을 막대한 자산에서 막대한 희생을 바치는 자에 비해 뒤떨어진다고는 결코 생각하지 않았다. 만약 신이 작은 희생보다도 큰 희생을 좋아하신다면, 신으로서 훌륭한 일이 못 되고— 그렇게 되면 악인이 바치는 것이 선인이 바치는 것보다도 오히려 신이 가납(嘉納)하시는 일이 종종 일어날 것이기 때문에—, 또한 신께서 악인이 바치는 희생을 선인이 바치는 것보다 오히려 가납하신다면, 이 세상은 살 가치가 없어지고 말 것이라고 말했다. 그렇지 않기 때문에 신들은 신앙이 두터운 사람들의 신에 대한 존숭(尊崇)을 더욱 좋아하실 것이라는 것이 그의 생각이었다. 그래서 그는 다음과 같은 시구(詩句)로 상찬하는 것이었다.

힘에 알맞게 할지어다, 불사(不死)의 신들에 대한 제물(祭物)을.*

  그리고 친구에 대하여도 외래(外來)의 사람에 대하여도, 또 그 밖의 생활 태도에 있어서도 "힘에 알맞게 할지어다"야말로 실로 아름다운 금언(金言)이라고 말했다. 또한 만약 그가 신으로부터 신탁이 있었다고 느꼈을 때, 그 신탁을 어기며 일을 행하기보다는 맹목적일 정도로 따랐을 것이 분명하다. 그리고 인간의 좋지 못한 평판을 듣지 않기 위하여 신의 신탁을 어기고 일을 행하는 세상 사람들의 우매함을 비난했다. 그는 신이 내리는 충고에 비해서, 인간이 하는 말을 일체 문제도 삼지 않았던 것이다.

  그는 생계(生計)에 대하여 무언가 인지(人智) 이상의 것이 나돈다면 모르되 보통이라면 평화로운 생활을 보내고, 그 비용에 곤란을 느끼지 않을 정도의 생활을 하도록 정신 및 육체를 훈련했다. 사실 그의 생활은 검소하기 짝이 없었기 때문에, 나는 소크라테스가 필요로 하는 비용만큼 벌지 못하는 사람이 세상에 있을지 의심스럽다. 그는 식사가 즐거울 정도에서 식사를 그치고, 언제나 식욕이 그의 조미료가 될 준비가 돼 있었다. 그는 목이 마르지 않으면 술을 마시지 않기 때문에 그에게는 언제나 미주(美酒)였다. 진수성찬의 초대를 받았을 때도 배불리 먹는 일을 삼가는, 보통 사람으로

---

* 헤시오도스의 《일과 나날》 336 참조.

서는 힘드는 일도 그에게는 극히 쉬웠다. 한편 그는 이렇게 절제하지 못하는 사람들에게 남이 배가 고프지도 않은데 먹을 것을 강요하고 목이 마르지도 않은데 마실 것을 강요하는 사람을 피하도록 충고했다. 그 이유는 이러한 일들이 배나 머리나 정신을 파괴하는 것이기 때문이라고 말했다. 그리고 반농담으로 "키르케*가 사람들을 돼지로 만든 것도 이렇게 많은 성찬을 먹이고서 만들었다고 생각한다. 그러나 오디세우스는 헤르메스의 충고에 따르는 한편 자신도 자제심을 가지고 포만감이 들 정도로는 먹지 않았기 때문에 돼지가 안 됐을 것이라고 생각한다"라고 말했다. 이런 식으로 그의 농담 속에는 언제나 이러한 문제의 진지한 교훈이 포함되어 있었던 것이다.

아름다운 사람에 대한 성욕에 대해서도 엄중히 이것을 피하도록 훈계하였다. 그 까닭은 이러한 일에 빠지면 사려(思慮)를 지니기가 쉽지 않기 때문이라고 말했다. 그리고 어느 날, 소크라테스는 크리톤의 아들 크리토불로스가 알키비아데스의 아름다운 아들에게 키스했다는 말을 듣고 크리토불로스가 있는 앞에서 크세노폰에게 이렇게 물었다.

"크세노폰, 자네는 크리토불로스가 대담한 짓을 하는 인간이라기보다는 사려 깊은 인간이고, 앞뒤 생각 없이 무턱대고 덤비는 사람이라기보다는 조심성 있는 사람이라고 생각

---

*   호메로스의 《오디세이아》 10장 281 이하 참조.

하고 있었던 게 아닌가?"

"그렇게 생각하고 있었고 말고요" 하고 크세노폰은 대답했다.

"그러면 이제부터는 크리토불로스를 비할 데 없이 가열하기 쉬운 무모한 사람이라고 생각하게나. 이 사나이는 칼날으로도 공중제비를 칠 테고 불 속에라도 뛰어들 테니까."

"하지만 대체 무엇을 보시고 그런 식으로 생각하십니까?" 하고 크세노폰은 물었다.

"이 사나이는 알키비아데스의 아들에게 키스 같은 것을 한 모양이던데, 얼굴이 아름다운 상당히 매력 있는 소년에게 말야."

"아니, 사실 그런 것이 무모한 행위라면 저도 어쩐지 그런 위험을 범할 것 같군요" 하고 크세노폰이 말했다.

"불쌍한 일이야. 미소년에게 키스하면 어떤 꼴을 당할 것 같은가. 자유로운 인간이 당장 노예가 되고, 많은 자산을 쓸데없는 쾌락에 탕진하며, 고상하고 유익한 일에 써야 할 많은 시간을 잃고, 미친 사람마저 문제로 삼지 않을 일에 열중하게 되지 않겠는가"라고 소크라테스는 말했다.

"헤라클레스[*]! 키스가 그토록 무서운 힘을 가졌다는 말씀이십니까?" 하고 크세노폰은 말했다.

---

[*] 전설의 영웅 헤라클레스는 민속 신앙에서는 나쁜 병을 제거하고, 재난을 제거해 주는 민속신으로 되어 있다. 이 헤라클레스를 때때로 감탄사로 쓰기도 한다.

"그것이 놀라운가? 자네는 반 오보르* 은화(銀貨)만한 크기이면서도 조금 입을 대기만 해도 사람에게 참기 어려운 고통을 주고, 제 정신을 못 차리게 하는 것을 모르는가?"

"그야 알고 있지요. 그렇게 물으시는 까닭은 무엇인가를 주입(注入)한다는 말씀 아닙니까?" 하고 크세노폰은 말했다.

"바보 같은 사람. 자네 눈에 보이지 않는다고 해서 미모(美貌)가 키스와 더불어 무언가 주입하지 않는다고 생각하는가. 자네가 미모방령(美貌芳齡)이라고 부르는 이 동물은 자네보다 훨씬 무섭고, 자네는 닿아야만 물지만 이 동물은 닿지 않고도 아무리 먼 곳에서 이를 보기만 해도 무언가를 발사해 보내며, 쉽게 미치게 하는 것을 모르는가(아마도 사랑의 신이 활의 명수라고 불리는 것은 미모가 멀리에서도 상처를 입히기 때문일 것이다). 하지만 크세노폰, 자네에게 충고하지. 언제나 미인을 보면 쏜살같이 도망해야 하네. 그리고 크스토불로스, 자네에게는 일 년 간 외국에 나가 있도록 충고하네. 아마도(이 상처가) 아물려면 그만한 세월이 필요할 것이네."

이와 같이 육욕에 대해 확고하지 못한 사람들의 경우에 대하여 육체가 더할 나위 없이 필요를 느낄 때에는 말썽이 나지 않을 자를 상대로 하여야 할 것이라고 소크라테스는 생각하고 있었다. 그리고 소크라테스가 보통 사람이 극히 추악한 얼굴의 늙은 사람을 피하는 것보다 더 쉽게 미모

---

* 가장 작은 은화로, 영국 화폐의 2펜스 반 정도에 해당함.

방령을 피했다는 것은 세상이 다 아는 사실이다. 음식물 및 육욕에 대한 그의 각오는 실로 이러했었고, 더구나 그는 이것들에 탐닉하는 많은 사람들에 비해 즐거움이 조금도 덜하지 않았으며, 고통도 극히 적다고 생각하고 있었다.

제4장

만약 두세 사람이 쓰거나 말한 것을 근거로 해서, 소크라테스는 인간에게 미덕을 고취(鼓吹)시키는 일에 있어서는 훌륭한 솜씨였지만, 사람을 인도(引導)하는 힘은 그다지 없었다고 생각하는 자가 있다면 어찌할까? 그 사람들은 그가 일체의 사물에 통달하고 있다고 생각하고 있는 자들에게 따끔한 맛을 보여주기 위해서 행한 신랄한 의미의 질문을 생각해 볼 뿐만 아니라, 그가 매일 그 제자들에게 들려주었던 말까지도 생각해 보고 그가 그 교우(交友)를 선도(善導)하는 힘이 있었던가 없었던가를 판단하여야 할 것이다.

우선 나는 그가 보통 난쟁이 아리스토데모스*라고 불리던 사나이와의 신에 관한 담론을 어느 날 그로부터 들은 대로 이야기하련다. 그는 이 사나이가 신에게 희생도 바치지 않고 기도도 하지 않으며, 또 점도 치지 않는 사람들을 조소하고

---

* 후에는 소크라테스에게 전적으로 경도(傾倒)한 인물.

있는 것을 알고 말했다.

"어떤가, 아리스토데모스. 자네가 감탄할 만한 지능을 가진 인간은 좀 있던가?"

"있습니다"하고 그는 말했다.

그러자 소크라테스가 말했다.

"그 이름을 말해 보게나."

"그러지요. 저는 호메로스의 서사시에 제일 감복(感服)하고 있습니다. 무가(舞歌, dîthyrambos)로는 멜라닙피데스(Melanippides), 극시(劇詩)로는 소포클레스, 조각으로는 폴리크레이토스, 회화로는 제욱시스입니다."

"자네는 혼이 없이 움직이지 않는 영상(影像)을 만드는 자와, 혼이 있는 생동하는 것을 창조하는 자와 어느 쪽이 더 감탄할 가치가 있다고 생각하는가?"

"그야 물론 산 것을 창조하는 쪽이 위지요. 우연에 의해서가 아니고 목적에 따라서 창조됐다면 말입니다."

"무엇 때문에 존재하는지 알 수 없는 물건과 명백히 소용이 닿는 물건 중 자네는 어느 쪽이 우연의 산물이고, 어느 쪽이 목적의 산물이라고 판별(判別)하는가?"

"그야 소용이 닿도록 되어 있는 물건이 목적의 산물이라고 말할 수 있습니다."

"그렇다면 자네는 처음 인간을 창조한 자가 인간에게 오관(五官)을 갖춰 준 것을 무언가 소용에 닿게 함이었다고 생각하지는 않는가? 눈에 비치는 것을 볼 수 있도록 눈을 만들고, 귀에 들어오는 것을 듣도록 귀를 만들어 주지 않았는가. 또 냄새는, 만약 코를 달지 않았더라면 우리들에게 아무런 감각도 주지 못했을 것이다. 달고 쓴 것을 위시하여 모든 입의 감각은, 만약 혀가 그 목적을 위해 만들어지지 않았더라면 어디에 있을 수 있었겠는가? 이 밖에도 더욱 심려(深慮)의 산물로 보이는 것이 있지 않을까? 즉, 눈은 약하기 때문에 눈꺼풀이 문짝의 역할을 하고, 눈을 쓸 일이 있을 때는 열리며, 자고 있을 때는 닫힌다. 바람이 불면 눈이 상하지 않도록 눈꺼풀에는 속눈썹이 심어져 있다. 머리로부터 굴러 떨어지는 땀방울이 들어가지 않도록 눈 위에 눈썹이 챙을 이루고 있다. 귀는 남김없이 목소리를 받아들이지만 소리로 막혀 버리는 일은 없다. 또 앞니는 모든 음식물을 자르는 역할을 하고, 어금니는 앞니로부터 받아 씹어 부수는 일을 한다. 그리고 무엇이든 좋아하는 물건을 집어넣는 입은 눈과 코 가까이에 놓여져 있어 이것과 반대로 나가는 물선은 꺼림칙하기 때문에 이것을 통하는 관(管)은 한쪽 곁으로 돌리고, 될 수 있는 대로 감관(感官)으로부터 멀리하고 있다. 이와 같이 앞일을 고려하여 만들어진 것이 우연의 산물인지 목적의 산물인지 의심할 여지가 있는가?"

"그야 물론 없습니다. 그렇게 보면 이것은 확실히 누군가 현명하고 자비로운 창조자의 일처럼 보입니다."

"자손을 낳으려는 나면서부터의 욕구, 어머니가 아이를 기르려는 태어나면서부터의 욕구, 양육되는 자의 강렬한 삶의 열망과 강렬한 죽음의 공포, 이런 것은 어떤가?"

"그것들도 누군가 생물을 존재시키기로 완전히 마음을 굳힌 자가 만들어 낸 것처럼 보입니다."

"그런데 자네는 자신에게 이성(理性)이라는 것이 있다고 생각하는가?"

"질문해 주십시오, 대답해 볼 테니까요."

"그러면 다른 어디에도 이성은 존재하지 않는다고 생각하는가? 자네는 흙이라는 수많은 존재의 지극히 적은 분량과 수많은 존재 인물의 극히 적은 수, 또 그 외에 대요소(大要素)의 지극히 적은 각 요소를 몸 속에 받아들여서 자네의 신체가 구성되어 있다는 것을 알고 있다. 더구나 정신만은 어디에도 없는데, 자네가 우연한 행운으로 날치기해 온 것이고, 이 광대무변(廣大無邊)은 하나의 무사려(無思慮)에 의해서 이렇게 정연(整然)하게 정돈되어 있다고 생각하는가?"

"그렇습니다, 그 주인이 보이지 않습니다. 그런데 현재 이 세상에 존재하고 있는 것의 창조주는 눈에 보입니다."

"마찬가지로 자네는 신체의 주인인 자신의 혼을 볼 수 없네. 그리고 같은 이치로 자네는 목적 없이 일체 우연에 의해서 일을 행하고 있다고 말할 수가 있네."

그러자 아리스토데모스가 말했다.

"저는 결코 신을 경멸하고 있는 것은 아닙니다, 소크라테스. 다만 신은 대단히 위대하기 때문에 저의 봉사 따위는 필요 없으시리라고 생각하고 있는 것입니다."

"그렇다면 신이 그 위대함을 가지고 자네에게 봉사해 주시는 만큼 자네도 한층 신을 존숭(尊崇)하여야 할 것이 아닌가?"

"사실 그렇습니다만, 저는 신이 인간의 일을 조금이라도 생각해 주시고 있다고 믿게 되면 신을 소홀히 여기지는 않을 것입니다."

"그러면 신이 인간의 일을 생각하고 있지 않다고 생각하는가? 첫째로, 신은 모든 생물 중에서 인간만을 똑바로 서게 하셨다. 신은 인간을 직립(直立)케 하여 한층 멀리까지 볼 수 있게 하고, 위쪽에 있는 물건을 한층 잘 볼 수 있게 했으며, 잘 다치는 일이 없도록 하셨다. 둘째로, 다른 기어다니는 것들에게는 발이라는 단순히 걷는 일밖에 못 하는 것을 주었는데, 인간에게는 게다가 손이라는 것을 주셔서 이 손으로 해서 우리들은 그들보다도 행복한 일체의 것을 만들어 내는 것이다. 더욱이 모든 생물은 혀를 가지고 있지만 오직 인간의 혀만이 입 안의 여러 장소에 닿아 음성을 내이 여러 가지 생각을 서로 전할 수 있도록 했다(또 성적 쾌락도 다른 생물에는 일정한 계절에 국한되지만, 우리들에게는 단절됨이 없이 늘그막에 이를 때까지 이것을 허용하고 있다).

그런데 사실 이것이 가장 중요한 일이지만, 신은 단순히 육체에 대한 걱정만으로 만족하시지 않고 가장 우수한 영혼을 사람에게 심어 주신 것이다. 무엇보다도 다른 어떠한 생물에게 혼이 있다고 하더라도 이 광대하고 장려(壯麗)한 만상(萬象)을 조영(造營)한 신들의 존재를 알 수가 있는가? 인간

외에 어떠한 종속이 신들에게 제사 지내는가? 그리고 어떠한 혼이 인간의 혼 이상으로 굶주림·목마름·추위·더위에 대한 준비를 하거나, 병을 고치고 체력을 단련하거나, 지식의 획득에 노력하거나, 혹은 듣고 보며 배우는 일을 정확하게 기억하며 행하는 일을 할 수 있는가? 다른 생물과 비교해서 인간은 신처럼 생활하고, 그 태생에 있어서 신체도 혼도 훨씬 탁월하다는 것을 자네는 한눈으로 알 수 없다는 것인가? 만일 소에게 인간의 이지(理智)와 같은 것이 있다 하더라도 생각하는 일을 행할 수 없을 것이고, 또 손이 있다 하더라도 이지가 없다면 아무 소용도 없을 것이네. 자네는 이 무상(無上)의 가치 있는 것을 둘 다 얻어 가지고 있으면서, 신이 자네의 일을 생각해 주지 않는다고 생각하고 있는가? 그렇다면 무엇을 해주면 자네는 신들이 자네 일을 생각해 준다고 알겠는가?"

"당신의 말처럼, 신들이 이것을 해서는 안 된다. 이것을 해서는 못 써 하고 충고를 보내 준다면 믿겠습니다."*

"아테네의 백성이 점을 쳐서 신에게 여쭈어 보고, 신들은 이들에게 신탁을 내려 주실 때, 자네는 신들이 자네에게도 신탁을 내리시고 있는 것이라고 생각하지 않는가? 또한 신이 헬라스의 백성에게 전조(前兆)를 보내서 경고를 내리시거나 전세계에 신탁을 내리실 때 자네를 제외하고 생각하지

---

* 소크라테스에게 금시(禁示)를 속삭였다고 하는 '다이모니온'을 가리킴.

않으셨단 말인가? 사실상 신에게 그런 힘이 없다면 과연 어떻게 신들은 길흉화복(吉凶禍福)을 내리시는 힘이 있다는 신념을 인간에게 심을 수 있다고 생각하는가? 그리고 인간은 시대를 걸쳐 오랫동안 속아 왔기 때문에, 결국 이러한 사실을 알아차리지 못했다고 생각하는가? 또 인간 사회의 가장 장구하고 가장 현명한 국가 및 국민은 신들을 가장 독실하게 공경하고, 지혜가 가장 원숙한 연배들을 신들은 가장 조심스럽게 여기는 것을 자네는 보지 못했는가? 좋은 친구여, 자네 마음은 자네의 신체 속에 있으면서 이것을 멋대로 좌지우지하고 있다는 것을 자네는 이해하게. 그리고 또 만유(萬有) 속에 사는 이성도 자신이 좋은 대로 삼라만상(森羅萬象)을 처리한다고 생각하지 않으면 안 되네. 또 자네의 눈은 꽤 먼 거리까지 볼 수가 있는데, 신들의 눈으로 만유를 한눈에 바라보는 일이 불가능하다고 생각해서는 안 되네. 자네의 혼은 우리 나라의 일도, 이십트의 일도, 시힐리아이 일도 생각할 수가 있는데, 신의 예지(叡智)로 만유를 일시에 사념(思念)하는 능력이 없다고 생각해서는 안 되네. 실로 자네가 남을 위해 노력해 보아야 그것에 보답하려는 사람을 알 수 있고, 은의(恩義)를 베풀어 보아야 은의를 갚으려는 자를 알 수 있으며, 지혜를 빌려고 해보아야 비로소 지혜 있는 사람임을 깨닫는 것처럼, 신들을 섬겨 보아야 비로소 신이 인지로서는 알 수 없는 일에 대하여 자네에게 신탁을 내리실지 어떨지를 알 수 있는 것일세. 그리고 한 번에 일체를 바라보고 들으며, 모든 면에서 한 번에 일체를 유의(留意)하시는 위대함과 원만자재(圓滿自在)하다는 것을 자네는 깨닫게 될 것이네."

이러한 이유로 해서 나는 그가 단순히 그 교우들에게 사람이 보고 있는 곳에서 불경한 일, 부정한 일, 비열한 일을 피하라고 한 것뿐만 아니라, 그들에게 자신들이 하는 일은 단 하나도 신의 눈을 숨길 수 없다는 사실을 믿게 하였으며, 또 고독한 때에도 이들의 유혹을 피할 수 있는 인간으로 만들기 위하여 행한 것이라고 생각하고 있는 것이다.

제5장

또한 극기(克己)도 인간의 아름답고 귀한 재산이라면, 과연 그가 사람들을 이것에 이르도록 인도(引導)했는지 어떤지, 그가 이야기한 다음의 말에 의하여 우리들은 생각해 보기로 하자.

"제군, 만약 전쟁이 일어나 우리들이 대장을 고르고, 그 사람에 의해 가장 확실히 우리들 자신이 구함을 받으며, 적을 패망시키고자 원했을 때, 우리들은 왕성한 식도락가나 술이나 색욕이나 잠의 노예(奴隷)로 알려져 있는 사람을 고르겠는가? 어떻게 이와 같은 사나이가 우리를 구하고 혹은 적을 격파하리라고 믿을 수 있겠는가? 또 우리는 임종시(臨終時)에 자신의 사내아이의 교육이나 계집아이의 보호, 또는 재산의 보호를 위탁(委託)하려고 원했을 때, 무절제한 사람을 맡길 만하다고 신뢰할 수 있겠는가? 우리들은 칠칠치 못한 노예에게 가축의 무리나 곡물 창고나 일의 관리를 맡길 수 있겠는가? 이러한 하인을 거저 준대도 받을려고 하겠는가? 그렇다면 만약 우리들도 또 스스로 이와 같은 사람이 되지 않도록 노력하는 것이 지당(至當)하지 않겠는가? 욕심 많은 인간이 남의 재물을 빼앗아 마치 자신이 부자인 것처럼 보이는 식으로, 극기심(克己心) 없는 사나이가 남에게 손해를 끼치고서도 자기에게 이득이 되지 않는다면, 이로 인한 최대의 해악은 단순히 자신의 집을 멸망케 하는 것뿐만 아니라 더 나아가 자신의 신체와 혼을 멸망케 하는 것이요, 남에게 해를 끼침과 동시에 자기 자신에게도 그 이상의 해를 입히고 있는 것이다. 교제에 있어서도, 친구보다는 요리나 술을 더 좋아하고 부인보다 연석(宴席)에서 상대하는 매춘부를 더 중이한다고 알려져 있다면, 누가 이런 남자와 교제하기를 좋아할 것인가? 실로 만인이 극기(克己)를 미덕의 근저(根底)로 생각하고, 이것을 우선 혼 속에 붙박는 일이 필요하지 않을까? 왜냐하면 이것이 없다면 누가 선(善)을 배우고 또 올바르게 실행할 수 있을 것인가? 또 그 누구라도 쾌락의 노예가 된다면 몸과 혼을 천박하게 망치지 않을 수 있을 것인가? 나는 신에게 맹세코 자유인은 이와 같은 쾌락의 노예인 사람에게는 더 좋은 주인을 내려 주시도록 신들에게 매달려서라도 기원(祈願)하여야 할 것이라고 생각한다. 이러한 사람은 이렇게 함으로써만이 구제받을 수 있기 때문이다."

이와 같이 이야기했을 뿐만 아니라, 그는 스스로 실행함으로써 한층 극기의 사람임을 증명하였던 것이다. 그는 단순한 육체의 쾌락에 대하여 자신을 억제했을 뿐만 아니라, 또 금전의 쾌락도 억제할 수 있었다. 그는 남이 준다고 해서 돈을 받은 자는 스스로 상전을 만들게 되어 어떠한 노예 봉사보다도 천한 노예 생활로 들어서게 되는 것이라고 생각하고 있었기 때문이다.

제6장

그와 학자인 안티폰*과의 담론도 그를 위해서 빠뜨려서는 안 될 것이다. 어느 날, 안티폰은 소크라테스의 제자들을 자기 문하로 데리고 가려고 생각하여 소크라테스한테 와서 일동이 있는 앞에서 다음과 같이 말하였다.

"소크라테스, 나는 애지자(愛智者, philosophos)는 행복해지지 않으면 안 된다고 생각하고 있네.. 그런데 자네를 보면, 바로 애지자 때문에 정반대의 결과를 얻고 있는 것 같네. 여하

---

* 당시의 소피스트로 꿈·판단을 성취한 인물. 아리스토텔레스도 이 사람을 소크라테스의 반대자로 보고 있다.

튼 자네는 노예일지라도 주인에게 이러한 취급을 받으면 도망하고 말 것 같은 생활을 하고 있네. 음식은 더 이상 할 수 없을 만큼 검소하고, 의복은 단지 검소할 뿐만이 아니라 여름이나 겨울이나 단벌 신세로 신발·내의 없이 지내고 있네. 그리고 또 돈이란 받아서 기쁘고, 또 받으면 한층 생활이 넉넉해지는 법인데, 자네는 돈도 받지 않네. 여하튼 다른 선생들은 자기의 제자를 자신의 모방자(模倣者)로 만들어 내는데, 자네의 경우를 볼 것 같으면, 제자들에게 불행을 가르치는 선생이라고 생각하게 하네."

그러자 소크라테스는 이 말에 답해서 말하였다.

"안티폰, 자네는 내가 대단히 비참한 생활을 하고 있는 것처럼 생각하고 있는 모양이군. 사실 옷차림으로 보면, 나와 같은 생활을 할 바에는 차라리 죽는 편이 낫다고 생각하고 있을 것이네. 그러면 자네가 나의 생활의 어디가 고통스러울 것이라고 생각하는지 둘이서 생각해 보세. 돈을 받은 사람들은 돈을 받은 이상 싫어도 일을 해주지 않으면 안 되지만, 나는 돈을 받지 않기 때문에 싫은 자에게는 가르칠 필요가 없단 말일세. 자네가 내 식사를 조악(粗惡)하다고 하는 것은, 자네가 먹는 것보다 건강상 못 하고 영양이 못 한 것을 먹고 있기 때문인가, 그렇지 않으면 자네가 조달(調達)받는 것이 내 것보다 맛이 좋기 때문인가. 그렇지 않으면 내 식료품은 자네 것보다 가지 수가 적고 값도 비싸며 쉽사리 손에 넣기 어렵기 때문이란 말인가? 음식을 정말 먹을 줄 아는 사람은 진미가효(珍味佳肴)가 필요없고, 정말 맛이 있게 마시는 자는 남의 진귀한 술을 욕심 낼 필요가 조금도 없다는 것을 모르는가? 자네도 알다시피 옷이란 더위와 추위를 막기 위해 갈아입는 것이고, 신발은 발을 다쳐 보행의 방해가 되지 않도록 신는 것일세. 그런데 자네는 언제 내가 추워서 집 안에 틀어박혔고, 더위를 피해 누구와 나무 그늘을 다퉜으며, 또한 발이 아파서 마음대로 걸어가지 못하는 것을 본 적이 있는가? 태생이 극히 허약한 신체의 소유자도 단련하면, 단련을 게을리하는 튼튼한 자보다도 강해지고 훨씬 어려움을 용이하게 견딜 수 있다는 것을 자네는 모르는가? 나는 언제 어느 때 어떠한 필요가 생길지라도 모두 이러한 어려움을 견딜 수 있다는 것을 자네는 모르는가? 식욕(食慾)이나 졸음이나 환락의 노예가 되는 것을 피하는 데, 이것보다 더 즐거운 일이 있고 더 좋은 묘약이 있다고 자네는 생각하는가? 그것은 이를 절제하고 있는 동안만 즐거운 것이 아니라, 그것이 영원히 쓸모있을 것이라는 희망을 줌으로써 더욱 즐거움이 되는 것일세. 또한 자네가 잘 알고 있는 일이지만, 아무 일도 잘 되지 않는다고 생각하는 자에게는 즐거움이란 없네. 이에 반해서, 농경(農耕)이나 배 장사나, 그 밖에 자기가 하는 어떤 일이라도 훌륭하게 번성하고 있다고 생각하는 자는, 훌륭하게 하고 있다는 생각에서 마음으로부터 즐거운 법일세. 그렇다면 이러한 모든 것으로 해서 자신도 전보다 더 좋은 사람이 되고, 친구도 점점 좋은 사람으로 만들면서 교제할 수 있다는 생각보다 더 즐거운 일이 또 있을 수 있다고 자네는 생각하는가(나는 적어도 언제나 그렇게 생각하고 있다)? 그리고 또 친구 혹은 국가를 구원(救援)하지 않으면 안 될 경우, 지금 나처럼 살고 있는 사람과 자네가 행복하다고 판단하는 생활을 하고 있는 사람 중 어느 쪽이 이에 응할 여유를 더 보유하고 있겠는가? 비싼 식료품이 없으면 살 수 없는 자와 있는 것으로 때우는 자 중 어느 쪽이 전쟁터의 간난(艱難)을 더 쉽게 견딜 수 있겠는가? 쉽사리 손에 넣을 수 없는 물건을 욕심 내는 자와 손에 잡히는 대로 생활할 수 있는 자가 포위당했을 때 어느 쪽이 먼저 항복하겠는가? 안티폰, 자네는 행복이란 사치와 호사(豪奢)인 줄 알고 있는 모양이네. 나는 욕심이 없으면 신과 똑같다고 생각하네. 그리고 욕심을 내는 것이 최소한으로 적을 경우가 신에 가까운 법이네. 그리고 신과 같은 것은 최대의 선(善)이지만, 신에 가까운 것은 최대의 선에 가장 가까운 것이네."

또 어느 날, 안티폰이 소크라테스와의 다른 담론에서 말했다.

"소크라테스, 나는 자네가 과연 올바른 사람이라고 생각하기는 하지만, 현명한 사람이라고는 도저히 생각할 수 없네. 자네 자신도 그것을 깨닫고 있는 모양이네. 왜냐하면 자네는 누구에게서나 교제의 사례금을 받지 않고, 더구나 만약 자네가 의복이든 집이든 또 그 밖의 무엇이든, 자네가 가지고 있는 것이 돈이 된다고 생각한다면 아무에게나 거저 주지 않을 뿐더러, 값어치 이하로 팔지도 않을 걸세. 만약 자신의 교제가 조금이라도 가치가 있다고 생각한다면, 이것이라고 해서 돈을 안 받을 것은 없지 않은가? 자네는 욕심 때문에 남을 속이지 않으므로 올바른 사람임에 틀림없지만, 그러나 가치가 있는 일을 하나도 모르기 때문에 현명한 사람은 아닐세."

소크라테스는 이에 답하여 말했다.

"안티폰, 우리들 사회에서 미모(美貌)와 지혜(智慧)를 남에게 줄 때, 어느 쪽도 똑같이 아름답게도 추하게도 줄 수가 있다고 생각하고 있네. 왜냐하면 미모를 돈으로 아무에게나 판다면, 이것을 매춘이라고 부르네. 그러나 애인이 있어서 그가 군자임을 알 때, 그와 친밀한 관계를 맺는 것은 훌륭한 일이라고 생각되는 것일세. 지혜도 역시 마찬가지로서, 이것을 매춘과 똑같이 누구에게나 돈으로 파는 자는 학문쟁이라고 부르네. 그리고 우리들은 자기가 보아서 좋은 천부(天賦)적 자질을 가지고 있다고 생각하는 자에게 자신이 알고 있는 좋은 일을 모두 가르치고, 이를 자기의 친구로 하는 사람은 착한 시민에 걸맞는 행위를 행하는 자라고 생각하네. 그리고 안티폰, 나는 또한 사람이 좋은 말이나 좋은 개나 새를 애호하는 것과 마찬가지로, 보다 더 좋은 친구를 사랑하고, 자기가 좋은 일을 하고 있다면 이를 전수(傳授)하며, 또 그들이 미덕을 행하는 데 도움이 되리라고 생각되는 사람들에게도 추천하여 그 친구가 되게 하네. 그리고 옛날의 현인들이 두루마리 책에 써서 남겨준 보배를 펴서 친구들과 함께 읽고, 만약 무언가 좋은 것을 발견하면 우리는 이것을 발췌하여 서로 보익(補益)할 수 있는 것을 무상의 이득이라고 생각하네."

나는 그의 말을 듣고 그는 실로 지행지복(至幸至福)한 사람이고, 또한 그의 이야기를 듣는 사람들을 군자의 길로 인도하는 사람인 것을 느꼈던 것이다.

또 어느 날, 안티폰이 그에게 향하여 "자네는 정치에 대해서 알고 있는지 모르겠지만, 자신은 정치에 관여하지 않으면서 남을 정치가로 만들어 낸다고 생각하는 것은 어떻게 된 셈인가?"라고 물은 적이 있었는데, 그는 이렇게 대답했다.

"안티폰, 나 혼자서 정치에 관여하는 것과 될 수 있는 대로 많은 사람이 정치에 유능한 사람이 되도록 힘 쓰는 것 중 어느 쪽이 더 정치에 참여하는 것이 될까?"

제 7 장

우리는 또 그가 거짓을 못 하게 타이름으로써 그 교우(交友)들이 미덕의 함양(涵養)에 노력하게 했는지 어떤지를 생각해 보자. 그는 평소 명성(名聲)에 이르는 길은 어떤 면에서 자기를 훌륭하게 보이고 싶은 일, 즉 탁월한 자가 되는 길 이외에 달리 길은 없는 거라고 말하고 있었기 때문이다. 그는 이 말이 진실임을 다음과 같이 말하여 가르쳤다.

"그렇다. 우리들은 피리의 명수가 아닌 자가 명수로 행세하기 위해서 무엇을 하지 않으면 안 되는가를 생각해 보자. 이 사람은 기술 이외에 피리의 명수 흉내를 내지 않으면 안 된다. 우선 명수는 훌륭한 옷을 입고 많은 수행원을 데리고 다니기 때문에, 그도 그러하지 않을 수 없다. 그렇지만 연주는 절대로 해서는 안 된다. 연주하기만 하면 당장 정체가 폭로되어 단순히 서투른 피리쟁이일 뿐만 아니라 사기꾼인 것이 알려져 웃음거리가 되고 만다. 그렇다면 많은 비용을 쓰면서도 벌이는 한 푼도 못 벌고 나쁜 평판을 얻는 이런 고생스럽고도 손해 가는 짓을 웃기는 인생이라고 말할 수 있지 않은가? 마찬가지로 만약 명장군 또는 명선장이 아닌데도 불구하고 그렇게 보이려고 하는 자가 있다면, 그는 어떤 꼴을 당하는가 보라. 만약 이러한 일을 훌륭히 할 수 있다고 생각하여 사람들을 믿게 하지 못한다면 실로 비참할 것이고, 또 만약 믿게 할 수 있다고 하더라도 그 이상의 재난이 또 어디 있을 것인가? 왜냐하면 아무런 소양도 없는 자가 선장 혹은 전투의 대장이 된다면, 망하고 싶지 않은 사람들을 망하게 하고 자신도 수치를 당하며 영락(榮落)할 것은 명약관화하기 때문이다."

그는 또 부(富)·용기, 혹은 힘이 없는데도 있는 것처럼 보이는 것도 무익한 일임을 설명해 들려주었다. 그는 말했다.

"이러한 사람들은 자신이 평소에 할 수 있다고 공언했던 능력 이상의 일을 맡아 일을 하지 못했을 경우, 그야말로 용서받지 못하는 것이다. 어떤 사람이 남을 납득시켜 돈, 혹은 도구를 빌어 간 후 그냥 자기 것으로 만들고 만다면, 상당한 사기꾼으로 부르지 않을 수 없다. 그러나 그것보다 더한 사기꾼은 그만한 능력도 없으면서 국가를 지도하는 힘이 있다고 기만하여 그렇게 믿게 했던 인간이다."

그는 이와 같이 이야기함으로써 그 제자들로 하여금 기만 행위를 못 하게 했다고 나는 생각한다.

제Ⅱ권

제1장

 그는 다음과 같이 이야기함으로써 제자들에게 식사·술 방탕·졸음에 대한 극기(克己), 주위나 더위나 간난(艱難)에 대한 인내의 함양을 고취했다고 나는 생각한다. 그는 제자 중의 한 사람이 이러한 일에 대하여 자제(自制)하지 못하는 것을 알고 말했다.
 "아리스팁포스* 하나 묻고 싶은데, 만약 자네가 두 사람의 소년을 맡아서 한 사람은 통치자에 걸맞게, 한 사람은 그러한 야심 따위를 결코 품지 않도록 교육하지 않으면 안 된다고 한다면 자네는 그들을 어떤 식으로 교육하겠는가? '가나다'부터 시작하는 것처럼 먹는 것부터 둘이서 생각해 볼까?"
 아리스팁포스는 대답했다.
 "과연 먹는 것이 제일 처음이군요. 먹는 것이 없으면 아무도 살아 있을 수 없으니까요."

---

* 북아프리카의 도시 퀴레네의 사람. 수사학을 가르쳤고 꽤 사치스러운 생활을 즐긴 인물인 듯하다. 소크라테스의 명성을 듣고 아테네로 와서 그의 제자가 되었다. 스승이 처형될 무렵까지 그 곳에 체류했다.

"좋아. 그럼 어느 시간이 오면 당연히 두 사람 다 먹고 싶은 욕망이 일어나지 않겠는가?"

"당연히 일어납니다."

"그러면 긴급한 용무의 수행이 위부(胃腑)를 만족시키는 일보다 먼저 하는 습관을 어느 쪽에 붙여야 하겠는가?"

"그야 물론 통치자가 되도록 교육받는 자입니다. 그가 다스리고 있는 동안 국무(國務)가 지체하는 일이 있어서는 안 되기 때문입니다."

"그리고 두 사람이 술을 생각할 때도 이 청년은 목이 마른 것을 참을 수 있도록 습관 지워져야 하겠지?"

"옳은 말씀입니다"하고 그는 말했다.

"밤이 깊어서 자고, 아침 일찍 일어나 필요하다면 졸음을 쫓는 능력은 어느 쪽에 붙여 주어야 하는가?"

"이것도 같은 청년입니다."

"그러면 필요한 일을 행하는 데 방해가 되지 않도록 정욕(情慾)을 누르는 자제력은 어떤가?"

"이것도 같은 사람입니다."

"그리고 힘든 일을 피하지 않고 자진해서 이것에 당하는 힘은 어느 쪽에 붙여 주어야 할까?"

"이것도 통치자가 되도록 교육받는 자입니다."

"그러면 적을 정복하는 데 필요한 지식을 남김없이 배우는 일은 누가 하는 것이 적당한가?"

"그야 말할 것도 없이 통치자로서 교육받는 자입니다. 왜냐하면 그 지식이 없으면 다른 교육도 아무런 소용이 없게 될 것입니다."

"자네는 이와 같이 교육된 자가 적에게 잡히는 일이 다른 동물보다 적을 것이라고 생각되지 않는가? 왜냐하면 사실 어떤 동물은 위부를 유혹하는 미끼에 낚여서 잡히고, 그 중에는 매우 겁이 많으면서 그래도 걸신이 들어서 미끼에 걸려 들어 잡히는 것도 있다. 또 어떤 것은 목을 축이기 위해 왔다가 잠복대에 걸리기도 하지."

"사실입니다."

"또 그 외의 것들은 색정(色情)으로 인해서 잡히네. 예를 들면 메추라기나 자고새가 수컷의 울음 소리에 연정과 욕정에 이끌려 위험하다는 생각을 잊고 그물에 들어가 잡히고 마는 것처럼, 그렇지 않은가?"

그는 이것에도 동의했다.

"인간이 가장 무지한 금수와 같은 꼴을 당한다는 것은 수치라고 생각하지 않는가? 예를 들면 간통자는 간통을 하면 국법에 의한 벌로 올가미에 걸리거나 잡혀서 모욕을 당할 위험성이 있는 것을 알고 있으면서도 여전히 여자의 방에 들어간다. 이만한 불행과 치욕이 간통자에게 덮여져 있고, 더구나 색욕으로부터 벗어날 안전한 수단이 얼마든지 있는데도 여전히 위험을 범하고 있는 것은 확실히 미친 짓이 아니겠는가?"

"정말 그렇게 생각합니다"라고 그는 말했다.

"인간에게 중요한 많은 일, 예를 들면 전쟁이라든가 농경이라든가 그 밖에 여러 가지 중요한 일이 노천에서 행해지고 있는데, 많은 사람이 추위 및 더위를 극복하기 위하여 신체를 단련하지 않고 있는 것은 대단한 태만이라고는 생각하지 않나?"

그는 이 말에도 동의했다.

"그러면 통치자를 희망하는 자도 이것에 태연히 견딜 수 있는 수업이 필요하지 않을까?"

"바로 그렇습니다."

"그렇다면 이 모든 것을 자제할 수 있는 사람이 통치자에 걸맞는 자라고 한다면, 우리가 이와 같이 행할 수 없는 사람들을 통치자를 지망하지 않는 자라고 간주하는 것에 대해 자네는 어떻게 생각하는가?"

그는 이 말에도 동의했다.

"그러면 자네는 이 두 사람이 각각 어느 부류에 속하는가 알고 있으니까 말인데, 지금까지 자신을 어느 쪽의 부류에 넣는 것이 적당한가 생각해 본 적이 있는가?"

"네, 저는 제 자신을 통치자측에 결코 넣지는 않을 것입니다. 왜냐하면 자신의 욕구를 충족시키는 것만도 큰일인데, 다른 시민들의 요구까지 충족시키는 일을 짊어지는 따위는 바보나 하는 짓이기 때문입니다. 게다가 자신이 원하는 일은 거의 전부 단념하면서까지 국가의 우두머리로서 일을 하다가, 국가가 원하는 일을 전부 해내지 못하면 결국 그 책임을 자신이 지고 힐문당해야 하니 이것이야말로 최상급의 바보가 아니겠습니까? 국가는 그 지배자를 대우하는 데 마치 내가 나의 하인들을 대하는 것과 같은 취급을 하려고 합니다. 저는 하인에게 제가 필요로 하는 물건을 풍부히 공급하게 하고, 그러면서도 하인들에게 그 물건에 하나도 손을 대지 않기를 요구합니다. 국가도 위정자가 국가를 위해서 있는 대로 좋은 물건을 공급하게 하고, 그러면서도 위정자에게는 이것들의 모두를 멀리 하기를 원하고 있습니다. 그러므로 저는 많은 골치 아픈 일을 지기를 좋아하고 남에게도 지우고 싶어하는 사람들을 지금 이야기한 것과 같이 교육해서 통치자의 부류에 넣을 것입니다. 그러나 제 자신은 될 수 있는 대로 편하게 또 유쾌하게 생애를 보내기를 원하는 사람들의 부류에 넣겠습니다."

그의 말에 대하여 소크라테스가 말했다.

"그러면 통치자와 피치자 중 어느 편이 편한 생애인지 이것도 생각해 볼까?"

"네, 생각해 보지요"하고 그가 말했다.

"우선 우리들이 알고 있는 국민부터 말하면, 아시아에서는 페르시아인이 다스리는 자요, 슈리아인·흐류기아인·류디아인이 다스림을 받는 자이다. 그리고 유럽에서는 스큐티아인이 다스리고 마이오티아인이 다스림을 받고 있다. 리비아[*]에

---

* 북아프리카 지중해 연안의 국가.

서는 카르타고인이 다스리고 리비아인이 다스림을 받고 있다. 이 두 부류의 백성 중 어느 쪽이 유쾌한 생애라고 생각하는가? 또한 자네 자신도 그 중의 한 사람인 그리스인으로서 지배 계급과 피지배 계급 중 어느 쪽이 즐겁게 지내고 있다고 생각하는가?"

"아니, 저는 노예의 부류에 저를 결코 넣지는 않겠습니다. 그것보다도 그 쌍방의 중간에 해당하는 길이 있을 줄 압니다. 저는 그 중간에 해당하는 길을 택할 것입니다. 그것은 지배 계급도 노예 계급도 아닌, 자유를 향해 걷는 길로 그것이 행복에 이르는 최상의 길이라고 생각합니다."

"과연 그렇군. 그 길이 지배 및 예속에 해당하지 않는 것처럼 인간의 세계에도 행할 수 있는 것이라면 얼마간 의의는 있겠지. 그렇지만 사람이 사는 세상에 살고 있는 이상, 만약 자네가 다스리는 것도 다스림을 받는 것도 원하지 않고 위정자를 섬기는 것도 싫다면, 이렇게 강자가 약한 자를 공사간에 울리고 노예와 마찬가지로 부리는 기술을 체득하고 있는가를 자네는 알고 있는가? 그렇지 않으면 사람이 씨를 뿌리고 모를 심는 것을 자네는 알아차리지 못하고 있는가? 그들은 보리를 베고 나무를 찍어 쓰러뜨리듯이 모든 수단을 가지고 자기들의 말을 들으려고 하지 않는 약자를 학대하고, 드디어는 강자와 싸우기보다는 그 노예가 되기를 선택할 때까지 굴복시키는 것을 알고 있는가? 게다가 또 사생활에 있어서도 과감하고 강력한 자가 과감하지 못한 무력한 자를 압박하고 착취하는 것을 자네는 모르는가?"

"하지만 저는 그런 꼴을 당하지 않도록 나라 안에 틀어박혀 있지 않고 사방의 나라로 돌아다니며 그들의 손님이 되고 있습니다."

그의 말에 소크라테스가 말했다.

"그것은 과연 교묘한 수로군. 사실 시니스와 스케이론과 프로크루스테스*가 죽고 나서는 아무도 여행인에게 위해를 가하는 사람은 없어졌으니까. 그러나 요즈음 정치를 하는 사람들은 나라에 법률을 반포하여 자기들에게는 위해가 미치지 않도록 하고 게다가 소위 친족에다 친구들까지 합세하

---

* 그리스의 전설에 나오는 유명한 노상 강도로 아테네의 영웅 테세우스에 의해 퇴치되었다. 시니스는 코린토스 지방에 살고 있던 강도로서 포세이돈의 아들, 또는 폴뤼페모스와 쉴제아 코린토스의 딸의 아들이라고도 한다. 힘이 세어 나무를 자유로이 휠 수가 있었다고 하는데, 두 그루의 소나무를 구부려 그 사이에 길손을 매달고 이것을 놓아 찢어 죽였다고도 하며, 자신과 함께 길손에게도 나무를 휘게 한 다음 자기는 손을 놓아 나무가 퉁기는 힘으로 길손을 공중에 쏘아올려 죽였다고도 전해진다. 그리하여 그는 '소나무를 구부리는 사나이'라고 불리기도 했다. 테세우스가 아테네로 여행하는 도중 이스트무스에서 그를 그와 같은 방법으로 죽였다. 스케이론(스키론)은 펠롭스, 또는 포세이돈의 아들이라고 하며 코린토스 사람. 메가라 해안의 가파른 암벽 위에 있는 스키론 바위에 자리를 잡고 앉아 통행인을 붙잡아서 자기 발을 씻게 하고는 바다에 차 던져 거북이의 먹이가 되게 했는데, 테세우스가 그를 같은 방법으로 퇴치했다. 프로크루스테스는 엘리우시스 지역에 살고 있던 강도로 나그네를 자기 침대에 강제로 눕게 하고 키가 침대보다 작을 때는 잡아 늘이든가 늘림돌로 늘리고, 침대가 짧을 때는 몸 끝을 잘라내어 침대에 맞추어서 나그네를 괴롭혔다. 'Procrustean'이란 단어는 그의 이름에서 유래하게 되었다. 테세우스는 그를 같은 방법으로 퇴치했다.

여 자기 편으로 만들며, 그러고도 도시마다 성벽을 둘러싸고 무기를 수입하여 위해를 가하려는 자를 막는 한편 더 나아가 국외적으로도 동맹을 맺고 있다. 그러나 이렇게까지 하고도 위해를 입고 있는 것이다. 그러나 자네는 이러한 여러 가지의 방위 수단은 하나도 갖추지 못했고, 위해를 입기 가장 안성맞춤인 여행길에 긴 세월을 소비하며, 어떤 도시를 가든 전시민의 누구보다도 지위는 낮고, 해를 입히기 가장 손쉬운 대상인데도 객지 사람이라고 해서 위해를 입지 않는다고 생각하는가? 혹시 도시가 자네가 가고 오는 길의 안전을 보증하는 포고령이라도 발포해 주리라고 생각하여 안심하고 있는가? 그렇지 않으면 어느 세상에서나 일을 하기 싫어하고 더구나 사치한 생활을 좋아하는 인간을 집에 두고 싶어하는 사람이 있으랴 하는 생각에 잡혀서 노예가 된다 해도 어떤 주인도 좋아하지 않을 인간이라고 믿기 때문에 괜찮다는 말인가? 우리는 이것도 생각해 보지. 대체 주인은 이런 하인을 어떻게 부릴 것인가? 정욕은 굶김으로써 가라앉히려 들지 않겠는가? 도둑질은 물건이 있는 곳에 쇠를 걸어 못 하게 하면 되지 않겠는가? 도망은 얽어매어 방지할 수 있고, 게으른 근성은 매를 때려 쫓아 버릴 수 있다. 자네는 이러한 사나이가 하인 속에 있다면 어떻게 하겠는가?"

"모든 징벌을 가하겠습니다, 할 수 없이 얌전히 노예 일을 할 때까지. 하지만 소크라테스, 인간이 제왕도(帝王道)에 대해 교육받는 것을 당신은 행복의 길이라고 생각하고 계시는 모양입니다만, 사실 굶고 얼고 목마르고 자지 못하고 그 밖의 모든 고생을 즐거이 해야 하는 것이라면, 억지로 고생을 하지 않으면 안 될 사람들과 무엇이 다릅니까? 저는 똑같은 육체가 이러한 많은 고생을 즐거이 당하거나 싫어하지만 당할 때 이들 사이에 무슨 차이가 있는지 모르겠습니다. 다만 고통을 견디고 싫어하는 놈이 바보라는 사실을 빼고서는."

"뭐야, 아리스팁포스"하고 소크라테스는 말했다.

"자네에게는, 이것들을 즐거이 하는 것과, 싫은데 당하는 것과는 그만한 상이(相異)가 있다고 생각되지 않는가? 즉, 즐거이 굶는 자는 먹으려면 언제든가 먹을 수 있고 즐거이 목마름을 견디고 있는 자는 마시려면 언제든지 마실 수가 있다. 그 밖의 일도 모두 이러하지만, 이와 같은 고통을 강제당하고 있는 자는 이제 그만두려고 생각해도 그만 둘 수가 없다. 그리고 또 즐거이 고생하는 자는 좋은 희망이 있기 때문에 노동이 즐겁다. 예를 들면 사냥꾼은 짐승을 포획하고 희망 때문에 즐겁게 고생한다. 더욱이 이러한 보수는 아직 고생의 보수로는 가치가 적은 것에 속한다. 그러나 좋은 친구를 얻으려고 하거나, 적을 멸망시키려고 하거나, 또는 신체 및 정신을 강건하게 하여 이로써 자신의 집을 훌륭하게 다스리고 친구의 힘이 되며, 국가를 위해서 진력하려고 하여 각고정려(刻苦精勵)하는 사람들은 이러한 대보수를 위해서 즐거이 노역을 참는 것을 어찌 생각하지 않을 수 있겠는가? 그들은 자기 자신에게 만족하고 남으로부터는 상찬을 받으며, 선망의 대상이 되면서 마음 편한 생애를 보내는 것이다. 게다가 또, 안일이나 직접적인 쾌락은 체육의 스승의 말이지만, 육체에 건전함을 초래하는 것이 아니라면 또한 정신에 하등의 쓸 만한 지식을 주는 것도 아니다."

뛰어난 사람들이 말하다시피, 견인불발(堅忍不拔)의 면려(勉勵)야말로 선미(善美)의 행위에 도달하게 하는 것이다. 그리고 헤시오도스*도 어딘가에서 말하고 있다.

악은 아무리 크더라도 쉽게 손에 넣을 수 있다. 길은 편하고 바로 곁에 있다. 그러나 덕(德)의 앞에는 불사의 신들이 담을 쌓았다. 가는 길은 멀고 또 험하며, 처음은 굴곡이 심하다. 그러나 일단 정상에 달하면, 전에는 고생스러웠지만, 지금은 진실로 편하게 걷는다.

그리고 또 에피카르모스**의 이러한 증언이 있다.

　　신은 우리들에게 모든 좋은 것을 노역이라고 말할 수 있는 값으로 파신다.

그리고 다른 곳에서 또 말한다.

---

* 헤시오도스의 《일과 나날》 285 이하 참조.
** 그리스 최고(最古)의 희극 작가로 대체로 B.C. 530년~440년경의 인물. 시칠리아의 메가리에서 출생했다. 35편 내지 52편의 작품을 남겼다.

바보여, 부드러운 것을 바라지 말라. 그러면 굳은 것도 얻지 못할지니.

그리고 현자(賢者) 프로디코스*는 〈헤라클레스 선택〉을 저술하여 많은 사람들에게 읽히고 있지만, 그 저서에서 프로디코스는 덕에 대하여 똑같은 생각을 밝히고 있다. 내가 기억하고 있는 한에서는 대체로 다음과 같이 이야기하고 있다. "헤라클레스가 어린이에서 바야흐로 청년이 되려고 할 무렵, 그는 자기의 몸과 마음을 주관하여 앞으로 인생을 출발하는 데 미덕의 길에 의할까, 그렇지 않으면 악덕의 길에 의할까를 생각하기 시작할 때인데, 그는 조용한 장소로 가서 두 개의 길 중 어느 쪽을 걸을까 당혹(當惑)해 하면서 앉아 있었다네. 그런데 그 곳에 두 사람의 키가 큰 부인이 나타나서 그에게로 다가왔지. 한 사람은 용모가 아름답고 고귀한 풍으로 화려하게 장식하지 않았지만, 몸은 청결하고 눈은 부끄러움을, 용자(容姿)는 조심스러움이 넘친 채 순백의 옷을 입고 있었다네. 또 한 사람은 풍만하고 부드러운 살결에 흰 얼굴을 윤기 있고 붉게 보이려고 화장을 했으며, 자태는 실제보다 우아하게 보이게 하고 눈을 크게 뜨고 젊음의 매력이 돋보이도록 옷을 입었으며, 그리고 끊임없이 자신의

---

* 소크라테스와 동시대의 이름난 소피스트로 케오스 섬에서 태어났다. 그의 유명한 신화 《헤라클레스의 선택》을 크세노폰이 여기에 인용하고 있다.

옷매무새를 고치며 누가 자기를 보고 있지나 않나 하고 돌아다보며 또 끊임없이 자기 그림자를 보고 있었지. 두 사람이 헤라클레스에게 가까이 왔을 때, 전자는 같은 보조(步調)로 걸어왔지만, 후자는 먼저 오려고 뛰어와서 헤라클레스에게 말했다네.

'헤라클레스, 나는 당신이 인생의 어떤 길을 갈까 하고 망설이고 있는 것을 알고 있소. 나를 친구 삼아 함께 간다면 나는 당신을 가장 즐겁고 가장 편한 길로 안내하여 전혀 인체에 고통을 받지 않고 오직 모든 즐거움을 하나도 남김없이 맛보도록 해주겠소. 당신은 전쟁이나 귀찮은 일은 생각하지 말고, 다만 어떻게 진미미주(珍味美酒)를 찾아낼까, 또는 무엇을 보고 무엇을 듣고 무엇을 맡고 무엇을 닿는 것이 즐거운가, 혹은 어떤 소년을 사랑하는 것이 가장 기분이 좋은가, 혹은 어떻게 하면 가장 부드러운 잠자리에서 잘 수 있는가, 혹은 어떻게 하면 이 모든 것을 수고를 하지 않고 손에 넣을 수 있는가만을 생각하며 지내면 되는 것이오. 그리고 또 이러한 환락(歡樂)을 위해 자본이 부족한 경우가 생기더라도 내가 당신의 몸을 내 멋대로 부려서 당신을 고민케 하고 이것을 얻도록 유도하지나 않을까 하고 걱정할 필요는 없소. 다만 당신은 남이 일하여 만들어 놓은 것을 쓰고, 조금이라도 이익이 되는 일에는 주저없이 손을 대기만 하면 되는 것이오. 왜냐하면 나는 나를 따르는 사람에게는 모든 이익을 거둬 들이는 권능을 부여하기 때문이오.'

헤라클레스는 이 말을 듣고 물었네.

'부인, 당신의 존함은 어떻게 되십니까?' 하자, 여인은 말했네.

'나의 친구들은 나를 〈행복〉이라고 부르오. 그러나 나를 싫어하는 사람들은 입버릇 나쁘게 〈악덕〉이라고 부르오.'

그러는 사이에 또 한 사람의 여자가 헤라클레스에게 이르러서 말했네.

'나도 당신에게로 왔소, 헤라클레스. 나는 당신의 양친을 알고 있고, 당신이 교육받고 있을 동안 당신의 성질에 대해 잘 알고 있소. 만약 당신이 나와 함께 간다면, 당신을 매우 고매하고 장엄한 공적을 남기는 뛰어난 인물이 되고, 덕택에 나도 더욱 더 남에게 존경을 받고 점점 명성을 높일 수 있을 것이라고 나는 기대하고 있소. 나는 즐거움의 서곡(序曲)을 이야기하여 당신을 기만하지는 않겠소. 신은 이 현실을 배치(配置)하시고 진실을 있는 그대로 이야기하실 뿐 세상의 선(善)하고 아름다운 것 어느 하나도 인간이 노력하지 않는 데 주시지는 않기 때문이오. 만약 신의 은총을 바란다면 신을 존숭하지 않으면 안 되오. 만약 친구에게 신애(信愛)를 받고 싶다면 친구에게 선을 베풀지 않으면 안 되오. 만약 어느 도시로부터 존경을 받고 싶다면 그를 위하여 노력하여야 하오. 만약 전 헬라스*인으로부터 당신의 덕이 높음을 칭

---

* 헤라클레스는 전 그리스(헬라스)의 영웅이며, 이 점에서 다른 영웅들과 다르다.

송받고 싶으면 헬라스의 행복을 위해 노력하지 않으면 안 되오. 만약 당신의 토지에서 풍작을 바란다면 그 토지를 경작하지 않으면 안 되오. 가축의 무리로 해서 부(富)를 얻으려고 생각한다면 가축을 잘 돌보지 않으면 안 되오. 전쟁으로 위대해지려고 마음 먹는다면, 우선 당신은 전술 그 자체를 잘 알고 있는 사람으로부터 배우고, 이의 올바른 운용에 대하여 연습을 쌓지 않으면 안 되오. 그리고 또 신체를 강건하게 하려고 한다면 신체를 정신의 지배하에 두고 노역(勞役)과 땀으로써 이를 단련하지 않으면 안 되오.'

그러자 '악덕'이 참견하여 말했네.

'헤라클레스, 이 여자가 이야기하는 기쁨에의 길이 얼마나 험하고 먼 것인지 당신은 아는가? 그러나 나는 행복에의 편하고 가까운 길로 당신을 안내하겠소.'

그러자 '미덕'*은 말했네.

'한심한 여자여, 너에게 무슨 좋은 점이 있다 말할 수 있는가? 또 즐거움이라는 것도 그것을 위해 아무것도 하지 않고 무슨 즐거움을 알 수 있다는 말인가? 너는 즐거움을 원하는 마음이 일어나는 것조차 기다리지 않는 사람이다. 갖고 싶은 마음이 일어나는 것조차 기다리지 않는 사람이다. 갖고 싶은 마음이 일어나지 않는데 모든 것을 가지고,

---

* 이 여인은 이름을 밝히지 않았지만 앞의 한 여인의 이름이 '악덕(Kakia)'이므로 이 여인은 '미덕'임은 말할 나위도 없다.

아직 배고프지 않는데 마시며, 맛있게 먹기 위해 요리사를 고용하고, 맛있게 마시기 위해 비싼 술을 사들이며, 한여름에 눈[雪]*을 구하려 동분서주하고, 편하게 자기 위해서 이불만으로 부족하여 휘포바트라**까지 장치하는 까닭은 근로를 위해서가 아닌 할 일이 없어 잠을 자려고 하기 때문이다. 육욕은 필요를 느끼기 전에 욕정을 불러일으키고, 모든 궁리를 다해서 남자를 여자 대신으로 쓴다. 너는 이렇게 자기 친구를 교육하여 방탕하게 놀아나며 밤을 새우면서 귀중한 낮시간은 자며 지낸다. 불사의 몸이면서 신은 돌아보지 않고 착한 사람으로부터는 바보 취급을 당한다. 우리가 들을 수 있는 기쁨 중에서 가장 즐거운 자신에 대한 칭찬을 너는 들은 적이 없고, 볼 수 있는 기쁨 중에서 가장 기분 좋은 것을 볼 수가 없다. 왜냐하면 지금까지 단 한 번도 아름다운 일을 해본 적이 없기 때문이다. 누가 너의 말을 믿을 것인가? 누가 너의 부탁을 받아들일 것인가? 또 제정신을 가진 사람이면 어느 누가 너의 신도(信徒)의 무리 속에 몸을 던지겠는가? 이 무리는 젊어서부터 신체 무력하고 늙어서는 정신이 공허(空虛)하다. 한가로이 사치스러운 생활로 청년기를 보내고, 노후엔 일이 고통스럽고 진척되지도 않아 보잘것 없이 되어 최후를 맞는다. 옛날에

---

* 포도주를 식히기 위해 쓴다.
** 침대 밑에 장치하여 침대를 흔들리게 하는 것.

한 일은 수치를 남기고, 지금 하는 일에도 고생을 하지 않으려고 하며 청년시절에는 쾌락을 좇아 결국 궁색한 노후를 맞는다. 그러나 나는 신들과 더불어 살고 좋은 사람들과 더불어 산다. 나는 신들의 일이든 사람의 일이든 훌륭한 일이라고 생각되는 것은 모두 행한다. 신들에게서나 사람에게서나 존경받을 만한 일을 했기 때문에 나는 모든 것에 우선해서 존경을 받는다. 장색들에게는 좋은 동료이고, 주인들에게는 신뢰할 수 있는 집지기이며, 하인들에게는 친절한 보호자, 평화시에는 좋은 협조자, 전쟁시에는 용감한 아군과 우정을 나누는 가장 좋은 상대이다. 나의 친구에게는 먹을 것 마실 것에 대한 감미롭고 솔직한 즐거움이 있다. 왜냐하면 그들은 그것이 필요하게 될 때까지 기다리기 때문이다. 그들은 일하지 않는 사람들보다 기분 좋게 잠자고 잠을 깼을 때도 짜증을 내지 않으며, 잠 때문에 해야 할 일을 태만히 하는 일도 없다. 젊은이는 연장자들의 칭찬을 듣고 기뻐하며, 연장자는 젊은 사람들의 존경을 받고 득의양양하며, 지난날의 공적을 즐겁게 추억하며 현재의 행복에 즐거움을 맛본다. 왜냐하면 그들은 나로 인해, 신들에게는 친구가 되고, 친구에게는 사랑을 받으며, 조국에게는 존경을 받기 때문이다. 그리고 최후를 맞이해서도 그들은 망각되고 불명예스럽게 눕는 것이 아니라 모든 사람에게 기억되고 찬가를 부르며 그의 덕을 칭송하기 때문에 영원히 살게 되는 것이다. 뛰어난 양친의 아들, 아아, 헤

라클레스*. 이 길을 따라 노력한다면 복지(福祉)의 국민 행복에 이를 수가 있을 것이오.'

이상이 대체로 프로디코스가 말하는 헤라클레스의 '미덕'에 관한 교육의 이야기이네. 다만 이 이야기를 하는데, 그는 지금 내가 이야기한 것보다 훨씬 더 현란(絢爛)한 말로써 한 것이네. 그러나 어쨌든 아리스팁포스 자네는 이러한 일을 잘 명심해서 장래에 자녀의 생활에 대해 마음을 쓰도록 하는 것이 중요하네."

제 2 장

어느 날, 그는 자기의 장남인 람프로클레스**가 어머니에게 화를 내고 있는 것을 보고 말했다.

"어디 이야기해 보렴, 얘야. 너는 은혜를 모르는 자라고 불리는 인간이 있다는 것을 알고 있느냐?"

"알고 있고 말고요"하고 소년은 말했다.

"그러면 왜 그런 이름이 붙었는지 알고 있느냐?"

"네, 알고 있습니다. 은혜를 입고도 감사해 하지 않는 사람을 은혜를 모르는 자라고 부릅니다."

---

* 헤라클레스의 아버지는 신화이든 신앙이든 모두 하늘의 신 제우스로 보고 있다. 어머니는 알크메네이다.
** "그는 두 아내를 거느렸다"고 아리스토텔레스가 전한다.

"그러면 은혜를 모르는 자는 부정한 인간 속에 들어간다고 생각하지 않느냐?"

"그렇다고 생각합니다."

"그러면 우리 편인 사람을 노예로 팔고 사는 것은 부정한 것으로 생각하고, 적을 팔고 사는 것은 정당시되는 것처럼, 망은(忘恩)도 우리 편에 대하여는 부정하고 적에 대하여는 정당한 것인지 어떤지 너는 지금까지 생각해 본 적이 있느냐?"

"네, 생각해 봤습니다. 그리고 저는 어떤 사람으로부터 은혜를 입어도 그것이 친구이든 적이든 감사를 표하지 않는다는 것은 옳지 않다고 생각합니다."

"만약 그렇다면 망은은 불을 보는 것보다도 더 명백한 부정이 아니겠느냐?"

그는 그렇다고 했다.

"그러면 만약 사람이 보다 큰 은혜를 입고 감사를 표하지 않는다면 보다 큰 부정이 아니겠느냐?"

그는 이것도 찬성했다.

"그런데 우리는 자식이 부모로부터 받은 은혜보다도 더 큰 은혜를 받은 자를 달리 발견할 수 있을까? 부모 덕택으로 자식은 비로소 이 세상에 존재할 수 있었고, 부모의 덕택으로 신이 인간에게 내려 주신 실로 많은 아름다움을 보고 실로 많은 좋은 일에 한몫 끼일 수가 있는 것이다. 이 보배는 우리가 실로 절대적인 가치를 느끼고 있는 것으로서, 어느 누구이든 간에 이것을 잃는 것을 천지 간의 무엇보다도 겁을 내는 것이다. 그리고 국가가 최대의 범죄에 대한 벌로 사형을 둔 것도 그것 이상의 재앙은 없다는 공포로 인해서 범죄를 막으려고 생각한 까닭이다. 그리고 또 인간은 정욕 때문에 자식을 만드는 것이라고는 설마 너도 생각하지 않겠지. 이를 만족시키기 위한 것으로는 가로(街路)에 충만되어 있고 또 그것을 위한 집도 얼마든지 있기 때문이다. 누구에게나 명백한 것처럼, 우리들은 어떠한 여자가 더 좋은 아이를 낳는가를 생각하고, 이것과 더불어 자식을 만드는 것이다. 그리고 남자는 자신과 협력하여 자식을 만드는 상대를 부양하고 언제인가 태어날 자식을 위해서 그 생애의 이익이 되리라고 생각되는 모든 준비를 하며, 더구나 그것을 할 수 있는 한 많이 준비하는 것이다. 여자는 임신하여 자신의 생명의 위험도 무릅쓰면서까지 그 무서운 짐을 지고 자신의 영양을 나누어 주어가며, 모든 고생을 참고 최후까지 견디어 아이를 낳게 된다. 그 후 아무런 은의(恩義)를 받고 있는 것도 아닌데 양육하고 돌봐 주며, 누구로부터 은혜를 입었다고 알 까닭도 없고 무엇이 하고 싶다고 알릴 줄도 모르는 아이를 위한 일이라면 자신이 짐작해서 이것을 충족시켜 주려고 애쓰고, 오랜 세월 동안 밤낮으로 육신을 아끼지 않고 기르지만 어떤 보답을 받을까 하고 생각조차 하지 않는 것이다. 그리고 부모는 양육하는 것만으로 그치는 것이 아니라 자식이 배울 수 있는 나이가 되면 자기들이 알고 있는 인생을 위해서 필요한 것을 가르치고, 남이 자기들보다도 뛰어났다고 생각되면 비용을 들여서 그 사람에게 보내서 배우게 하여 자기들의 자식이 될 수 있는 대로 훌륭한 아이가 되도록 있는 힘을 다하는 것이다."

이 말에 대하여 그의 아들이 말했다.

"하지만 아무리 어머니가 이것을 다해 주고, 또 그 이상의 일을 해주었다고 하더라도 저런 지독한 성질엔 참을 수가 없습니다."

그러자 소크라테스가 말했다.

"그러나 너는 야수의 잔혹(殘酷)함과 모친의 잔혹함 중, 어느 쪽이 참기 어렵다고 생각하느냐?"

"저는 모친 쪽이라고 생각합니다. 어머니 같은 분은……."

"그럼 지금까지 너는 어머니에게 물리거나 채이거나 한 적이 있느냐? 야수에게 그렇게 당한 사람은 많지만 말이다."

"그야 그렇지만 세상에 있는 것을 다 얻는다 하더라도 서에게 듣기 싫은 이야기를 하는 것은 질색이거든요."

"그러나 너는 어릴 때부터 아름답지 못한 말을 하고 장난을 하기도 하며 밤낮을 가리지 않고 너의 어머니를 얼마나 귀찮게 굴었는지 아느냐? 또 네가 병을 앓아 너의 어머니에게 얼마나 심려를 끼쳤는지 아느냐?"

"그러나 저는 어머니를 욕되게 하는 일은 한 번도 말한 적이 없고 한 일도 없습니다."

"그렇다면 어때, 네가 어머니의 말을 듣고 있는 것은 배우가 연극 속에서 서로 욕을 하며 싸우는 것보다 고통스럽다고 생각하느냐?"

"그러나 배우는 상대가 자기를 벌할 목적으로 힐문하고 있는 것도, 해를 끼칠 목적으로 위협하고 있는 것도 아니라고 생각하니까 간단히 참을 수 있다고 생각합니다."

"그러나 너는 어머니의 말이 하등 나쁜 뜻에서 하는 말이 아닐 뿐만 아니라, 네가 다른 사람보다 훨씬 잘되기를 바라는 마음에서 하는 것임을 안다면 그래도 화를 낼 수 있겠느냐? 그렇지 않으면 어머니가 너에게 악의를 품고 있다고 생각하느냐?"

"그렇게는 생각하지 않습니다."

그러자 소크라테스가 말했다.

"그러면 네 어머니는 너에게 호의를 품고 있고 네가 병에 걸리기라도 하면 빨리 낳도록 있는 힘을 다하여 간호하며, 네가 무엇 하나 부자유스러워하지 않게 하려고 노력하고, 게다가 너에게 좋은 일이 있도록 신에게 기도하고 하는데, 그래도 너는 네 어머니가 싫다면 너는 선한 일을 하지 못하는 것이나 같다. 한번 말해 보렴. 너는 누군가 달리 섬겨야 할 사람이 있는지 없는지, 장군에게도 또 그 밖의 지배자에게도 따르지 말자든지, 시키는 일도 하지 말자 하고 작정을 하고 있는 것이냐?"

"물론 그렇지 않습니다."

"그렇다면 네가 불을 갖고 싶을 때 불을 만들어 주고, 네가 선한 일을 하려고 할 때는 협력자가 되어 주며, 또 불행하게도 실패했을 때에는 바로 가까이에서 조력해 줄 수 있는 사람에게 귀여움을 받고 싶으냐?"

"그야 그렇게 생각합니다."

"그리고 육로 혹은 해로의 여행 동반자라든가, 또는 어디선가 만나는 사람들이 너의 친구가 되건 적이 되건 간에 너에게는 전혀 상관이 없다고 생각하느냐? 그렇지 않으면 이 사람들의 호의를 얻는 것도 중요하다고 생각하느냐?"

"중요하다고 생각합니다."

"너는 이런 것들을 인정하면서도 너를 무엇보다도 사랑하고 있는 어머니에 대하여 고맙게 생각할 필요가 없다고 하느냐? 너는 국가에서 다른 망은(忘恩)은 문제 삼지 않고 벌도 주지 않으며 설사 은혜를 입고도 갚지 않는 자가 있어도 관대하게 보지만, 만약 부모의 은혜를 고맙게 여기지 않는 자가 있으면 이 때에는 벌을 주고 그러한 사람이 군림하는 것을 허용하지 않는다는 것을 아느냐? 왜냐하면 만약 이러한 인간이 희생당했다 하더라도 그가 국가를 위해 희생당한 것이 아니며 신의(神義)에 따른 것도 아니라고 여길 뿐만 아니라, 그 밖의 일을 이러한 인간이 행할 때에는 훌륭하게도 올바르게도 행해지지 않을 것이라고 보기 때문이다. 뿐만 아니라 돌아가신 부모의 묘를 잘 보살피지 않고 제사 지내지 않는 자가 있다면, 임관(任官)의 신원 조사*에서 이것을 조사하게 되는 것이다. 그렇다면 얘야, 만약 조금이라도 생각이 있다면, 조금이라도 어머니를 소홀히 했다면, 신에게 용서를 빌지 않으면 안 된다. 신도 너를 은혜를 모르는 놈이라고 생각하시고 너를 위해서 하시는 일이 싫어지면 곤란해. 그리고 또 세상 사람을 조심하지 않으면 안 돼. 세상 사람이 네가 부모를 소홀히 하는 것을 알고 너를 경멸하게 되어 결국 친구 하나 없이 고독하게 될지도 모른다. 왜냐하면 네가 부모의 은혜를 모르는 인간이라는 것을 알게 되면 누구 하나 너를 잘 대해 줬다 해서 너에게 감사를 받으리라고 생각할 사람은 없기 때문이다."

제3장

어느 날, 그는 모든 사람이 다 잘 아는 카이레폰과 카이레크라테스**라는 두 형제가 서로 사이가 나빠진 것을 알고 카이레크라테스를 만나서 말했다.

---

* 'dokimasia' 혹은 요즈음의 표현을 빌어 '적격 심사'라고도 옮길 수 있다. 아테네에서 행정관·사법관을 임용할 때 행하는 심사이다.
** 카이레폰은 소크라테스에게 경도(傾倒)한 제자. 그는 델포이의 신탁소에 가서 누가 그리스 제1의 현자냐고 물었는데, 소크라테스가 제1의 현자라는 답을 들었다. 플라톤의 《변명》 21A 참조.

"어떤가 카이레크라테스, 설마 자네는 재보를 형제보다도 귀중하다고 생각하는 사람들 가운데 한 사람은 아니겠지. 먼저 한쪽은 혼이 없는 물질이고 한쪽은 혼이 있는 사람이며, 한쪽은 도움을 요구하지만 한쪽은 도움을 줄 힘이 있네. 게다가 한쪽은 자네가 많이 가지고 있지만 한쪽은 오직 하나밖에 없네. 그리고 또 누구나가 형제의 재산은 자기 혼자의 것이 아니라는 이유로 형제가 있는 것이 손해라고 생각하네. 그런데도 불구하고 국가가 소유하고 있는 것은 자기 혼자의 것이 아니지만 국가가 소유하는 것을 손해라고 생각하지 않고, 오히려 이 경우엔 여러 사람과 같이 살면서 부족하지 않을이 만큼의 물건을 안전하게 소유하고 있는 편이 혼자서 생활하여 시민의 전재산을 위험하게 소유하고 있는 것보다는 낫다고 생각하네. 그러면서도 형제에 대하여 같은 이치임을 깨닫지 못한다고 한다면, 그것은 놀랄 만한 일이네. 그리고 돈 있는 사람들은 일손을 구하기 위해 하인을 사고, 조력을 필요로 해서 친구를 만드는 데는 관심을 쏟지만 형제에게는 소홀히 하네. 마치 시민들 중에서 친구를 얻을 수는 있지만 형제 중에서는 얻을 수 없다는 것처럼. 같은 부모 밑에서 태어난 우애의 정은 대단한 힘이고, 함께 자라났다는 사실만으로도 의의가 크네. 짐승들마저도 함께 키워진 것들은 일종의 그리움을 가지고 있지 않는가. 게다가 세상 사람들은 형제가 있는 사람들을 형제가 없는 사람들보다도 존경하고 이들과는 좀처럼 싸우려고 하지도 않네."

그러자 카이레크라테스가 말했다.

"우리들의 싸움은 그다지 심각한 것이 아닙니다. 그야 사실, 소크라테스, 내가 형의 말에 따르고 조그만 일로 사이가 벌어지지 않도록 하는 것이 필요할지도 모르겠습니다. 당신도 말씀하셨다시피 형제다운 형제는 좋은 것이니까요. 그러나 아무것이나 다 그런 것은 아닌지라, 전혀 거꾸로일 때에는 어쩔 수 없이 일에 손을 대 봤자 소용없는 일이 아니겠습니까?"

그러자 소크라테스가 말했다.

"카이레폰이 자네의 마음에 들지 않듯, 아무에게도 호감을 사지 못하는 사람인가, 카이레크라테스? 그렇지 않으면 그 중에는 대단히 좋아하는 사람도 있지 않는가?"

"옳습니다, 소크라테스. 그러니까 제가 형을 미워하게 되는 겁니다. 다른 사람은 기쁘게 해줄 수 있으면서 내가 곁에 가기만 하면, 꼭 소용이 있는 말보다 해로운 말만 하거든요."

"하지만 자네 말을 생각해 보면 부릴 줄 모르는 사람이 부리면 해를 가하는 법으로 형제라는 것도 역시, 부릴 줄을 모르고 부릴려고 하는 자에게는 해가 되는 것이 아닌가?"

"어째서 제가 형제를 다루는 법을 모르겠습니까? 저는 친절한 말을 걸어 오는 사람에게는 친절한 말을 해주는 것도, 친절한 행위로 대해 주는 사람에게는 친절한 행위로 대하는 것도 잘 알고 있습니다. 그러나 형은 하는 말까지도 나를 곤란하게 만들려고만 하기 때문에 나로서는 친절한 말도 나오지 않거니와 친절하게 대해 줄 수도 없습니다. 우선 그렇게 하려고 생각지도 않습니다."

그의 말을 듣고 소크라테스가 말했다.

"자네는 놀랄 만한 소리를 하는군, 카이레크라테스. 만약 자네에게 양을 지키는데 필요한 개가 있는데, 이것이 목자(牧者)들에게는 온순하지만 자네가 가까이 가면 으르렁거린다면, 자네는 이에 화 따위는 내지 않고 무언가 친절을 베풀고 그 개를 달랠 것이네. 그런데 자네는 형제다운 형제는 자기에게도 좋은 것이라고 하고, 또 친절한 말을 거는 것도, 친절히 대해주는 것도 알고 있다고 하면서도 형제가 자네를 위해서 될 수 있는 대로 그렇게 할 수 있도록 강구하려고 하지 않네."

"나에게는 어쩐지 카이레폰이 내게 좋은 형이 되도록 할 만한 지혜가 없는 것처럼 생각됩니다, 소크라테스."

"하지만 내가 생각하기에는 자네 형에게 대하여 복잡하고 신기(新奇)한 수를 궁리할 필요는 없다고 보네. 다만 자네 형의 마음을 사로잡고 자네 형으로 하여금 자네를 무엇보다도 존중하게 하려면, 자네가 이미 알고 있는 방법만으로 족하다고 생각하네."

"만약 제가 그런 주문(呪文)을 알고 있으면서 제가 그것을 깨닫지 못하고 있는 것이 있으면 즉시 이야기해 주십시오."

"그렇다면 대답해 보게. 만약 누군가 아는 사람에게 그 사람이 희생(犧牲)을 행할 때 자네를 초대해 주기를 바란다면 자네는 어떻게 하겠는가?"

"그야 물론 제가 희생을 행할 때, 이 쪽에서 먼저 그 사람을 초대하도록 하겠습니다."

"만약 자네가 타국(他國)에 갔을 때, 타국 사람들이 자네를 환대하도록 하려면 자네는 어떻게 하겠는가?"

"물론 이 문제도 타국 사람이 아테네에 왔을 때, 이 쪽에서 먼저 환대해서 맞이해야 하겠지요. 그리고 또 그 사람에게 내가 간 용무에 대하여 잘 진행이 되도록 걱정해 줄 것을 요청한다면 이것도 물론 이 쪽에서 먼저 그 사람에게 그와 같이 해주지 않으면 안 됩니다."

"자네는 실로 인간계(人間界)에 존재하는 일치의 주술(呪術)을 잘 알고 있으면서 그것을 오랫동안 감추고 있었군. 그렇지 않으면 자네가 먼저 형제에게 선을 베풀어서 수치가 되지는 않을까 하여 시작하는 것을 주저하고 있었던 것인가? 그러나 적에게는 먼저 해를 가하고 친구에게는 먼저 선을 베푸는 자가 최고의 칭찬을 받을 만한 자라고 생각할 수 있네. 만약 내가 카이레폰 쪽이 이러한 우애(友愛)를 위한 일을 하는 데 적합하다고 생각한다면, 나는 그를 설득해서 그의 쪽에서 자네와 화목하게 지낼 수 있는 일을 착수하도록 시도할 것이네. 하지만 지금 생각 같아서는 자네가 먼저 착수하는 것이 훨씬 성공할 것 같네."

그러자 카이레크라테스는 말했다.

"이상하지 않습니까. 그런 제안은 당신의 말씀 같지 않습니다. 손 아래인 저에게 먼저 그 일을 하라고 명령하시다니요. 사실 세상 사람들은 일반적으로 그 정반대라고 생각하고, 일을 하거나 말을 하는 데에도 웃사람이 먼저 하는 것으로 되어 있습니다."

"어째선가? 길에서 만나면 연하(年下)의 사람은 연상(年上)의 사람에게 길을 양보하고, 자리에 앉아 있었으면 일어나서 자리를 권하며, 부드러운 방석을 권하여 예의를 다하고, 먼저 말을 하도록 권하는 것으로 어디에서나 생각되고 있지 않은가. 자네는 좋은 사람이니 주저할 것 없이 자네 형제를 달래는 일에 착수하게. 그는 반드시 자네에게 호응할 것이네. 자네는 모르는가, 그가 얼마나 명예를 귀중히 여기고 얼마나 고상한지를. 미천한 인간의 마음을 얻는 데는 확실히 물건을 주는 것에 비할 것이 없지만, 고상하고 유덕(有德)한 사람은 신애(信愛)의 사귐으로써 더욱 잘 이것을 달성할 수 있는 것이네."

그러자 카이레크라테스는 말했다.

"하지만 제가 그렇게 해봐도 형이 전혀 고치려고 하지 않는다면 어떻게 하지요?"

"그 때에는 자네는 훌륭하고 우애가 돈독한 사람임을 과시할 수 있고, 자네의 형은 비굴하고 그러한 친절을 받을 만한 가치도 없는 인간이라는 것 이외에 무엇이 있겠는가? 그러나 나는 그런 일은 있을 수 없다고 생각하네. 왜냐하면 자네의 형은 자신이 이 힘 겨루기에 자네로부터 도전을 받았다고 알았을 때에는 반드시 불패의 정신으로 자네에게 이기려고 하여, 하는 일이나 말하는 태도 등 모두에 있어서 친절을 다할 것이라고 믿기 때문이네. 지금 자네들 두 사람의 모양을 비유해 본다면, 신에 의하여 서로 돕기 위해 만들어져 있는 두 개의 손이 그 본래의 의의를 저버리고 서로 방해하려 하고, 혹은 신의 뜻에 의해서 서로 협력하기 위해 만들어져 있는 두 다리가 이것을 잊고 서로 방해를 하고 있는 것과 마찬가지네. 이로움을 주도록 만들어진 것을 해가 되도록 쓴다는 것은 더없이 어리석은 일이 아니겠는가. 그뿐만이 아니라 형제라는 것은 신이 손이라든가, 발이라든가, 눈이라든가, 그 밖에 인간의 몸에 달아 준 무엇보다도 훨씬 더 상호 도움이 되도록 유대 관계를 맺어 주신 것이네. 왜냐하면 손은 한 발 이상 떨어진 곳에 있는 것을 동시에 잡을 수 없으며, 발은 한 발 떨어진 곳에 동시에 갈 수는 없네. 눈은 극히 멀리까지 달할 수가 있다고 생각되고는 있지만, 훨씬 가까이에 존재하는 것이라도 전방에 있는 것을 보는 동시에 후방에 있는 것을 볼 수는 없는 법이네. 그런데 형제 두 사람이 만약 화목하다면, 비록 아무리 멀리 떨어져 있다고 하더라도 동시에, 더구나 서로의 이익을 위해서 일을 행할 수 있을 것이네."

제 4 장

어느 날, 나는 그가 우정에 대하여 이야기하는 것을 들은 적이 있는데, 그 이야기는 나에게 친구를 사귀고 친구가 있는 보람에 대한 실로 유익한 이야기처럼 생각되었다.

"나는 많은 사람들이 현명한 좋은 친구는 모든 재보 중에서도 가장 귀한 것이라고 말하는 것을 듣지만, 그러나 많은 사람들이 그런 친구를 사귀는 것보다는 다른 일 쪽에 더 힘을 기울이는 것을 볼 수가 있다. 왜냐하면 그들은 가옥이나 토지나 노예나 가축이나 가재 도구를 열심히 힘써 일하여 획득하고, 현재 소유하고 있는 것을 잃지 않으려고 노력하는 것을 보지만, 대다수의 사람들이 더 귀중한 재보라고 입을 모았던 좋은 친구를 사귀는 것에 대하여 어떻게 노력하고 있으며, 사귀고 있는 친구를 잃지 않을까 하고 고려조차 하고 있지 않는 것을 본다. 그리고 친구 혹은 하인이 누가 병에 걸렸을 때, 하인에게는 의사를 부르고 병의 회복을 위해서 마음을 쓰지만, 친구가 그럴 때에는 버리고 돌아보지도 않는다. 또 사람이 죽었을 때, 노예의 경우는 아쉬워하고 손해라고 생각하지만, 친구의 경우는 전혀 아쉬워하거나 손해라고 생각하지 않는다. 그리고 다른 재물은 단 하나도 잊어버리거나 소홀히 하지 않는데, 친구가 도움을 요할 때는 모르는 체하고 있다.

게다가 많은 사람들이 다른 재물은 실로 많이 소유하고 있으며 그 수량을 알고 있지만, 친구는 극히 적은데도 불구하고 그

수를 모를 뿐만 아니라, 남이 물어 봐서 하나하나 세기 시작하면 일단 친구 속에 포함된 자를 또 취소하는 것을 볼 수 있다. 그들의 친구에 대한 생각은 이 정도다. 사실 그 어떠한 재보와 비교한다고 해도 좋은 친구보다 나은 것은 없지 않겠는가? 어떠한 말 어떠한 소가 한 사람의 친구만큼 쓸모가 있겠는가? 어느 노예가 이만큼 호의를 가지고 이만한 신의가 있겠는가? 혹은 어떠한 재물이 이만큼 만사에 도움이 되겠는가? 좋은 친구는 친구인 내가 재산을 모으려 한다든가, 공적인 경력을 쌓으려 한다든가, 또는 친구가 곤란을 겪고 있을 때 선뜻 나서서 떠맡고, 무언가 친절이 필요할 때는 즉시 친절을 베풀며, 걱정거리가 있어 망설이면 바로 함께 걱정하고 해결하려고 노력하며, 혹은 일부의 비용을 분담하고, 혹은 힘을 합쳐 일을 하고 혹은 상대를 함께 설득하고, 혹은 압력을 가한다. 그리고 성공했을 때는 한없이 경이하고 실의(失意)에 찼을 때에는 최대의 격려를 준다. 쌍수로 일을 해내고, 두 눈으로 보고, 두 귀로 듣고, 두 다리로 해낼 수 있는 각종의 편익에 대해 좋은 친구는 그 어느 것보다도 덜하지 않는다. 자주 보는 바와 같이 내가 해내지 못하고, 혹은 못 보고, 혹은 듣지 못하고, 혹은 이루어내지 못한 것을 친구는 나를 위해 해내는 것이다. 그럼에도 불구하고 과실을 얻기 위해 나무를 돌보려는 사람은 많은데, 가장 열매를 많이 맺는 보배인 친구는 많은 사람이 소홀히 하고 중동무이한 유의(留意)밖에 하지 않는다."

제5장

 어느 날, 나는 그가 또 다른 이야기를 하는 것을 들은 적이 있는데, 나에게는 그 이야기가 이야기를 들은 사람으로 하여금 자신이 친구에 대하여 얼마만한 가치가 있는지를 생각해 보도록 장려하는 것으로 생각되었다. 왜냐하면 그는 자기 제자 가운데 한 사람이 친구가 궁핍에 빠져 있는 것을 보고도 못 본 체하고 있는 것을 보고 그 친구와 많은 사람이 보는 앞에서 안티스테네스[*]를 보고 말했다.
 "안티스테네스, 노예에 값이 있는 것과 같이 친구에게도 각기 값이 있는 것일까? 왜냐하면 어떤 하인은 2므나[**]의 가치가 있지만, 어떤 자는 반 므나도 되지 않네. 그런데 어떤 자는 5므나의 가치가 있는가 하면, 또한 어떤 자는 10므나까지 되기도 하네. 니케라토스의 아들인 니키아스[***]는 은산(銀山)의 관리인을 1타라톤[****]으로 샀다고 하네. 그래서 나는 노예와 마찬가지로 친구에게도 각기 가치가 있는 것일까 하는 생각이 드는 걸세."

---

[*] 그리스의 철학자(B.C. 445~B.C. 365년). 아테네인을 아버지로 트라키아인을 어머니로 하여 태어났다. 그 때문에 아테네에서는 완전한 시민권을 갖지 못한 듯하다. 소크라테스에게 가장 깊이 경도한 제자이다.
[**] Mna는 100 drachmai. 영국 화폐의 4파운드 1실링 3펜스에 해당한다.
[***] 당시의 부자. 크세노폰의 〈재원편(財源篇)〉에 이 이름이 나온다.
[****] 은으로 금액을 셈하는 단위로 60므나에 해당하며, 영국 화폐의 약 240파운드.

"그야 있지요. 적어도 저는 2므나 정도가 아니라 더 줘서라도 내 친구가 되어 주었으면 하는 사람이 얼마든지 있습니다만, 어떤 사람들에게는 반 므나일지라도 친구로 삼기에는 그 돈이 아까울 정도의 사람도 있습니다. 어떤 사람은 10므나의 돈보다도 가치 있고, 또 어떤 사람은 이를 친구로 삼기 위해서 전재산을 기울이고 모든 고생을 다해도 좋다고 생각하는 사람도 있습니다."

"만약 그렇다면 사람은 각자 자신은 친구에게 과연 얼마만한 가치를 지니고 있는지 스스로를 돌아보고, 될 수 있는 한 소중한 가치가 있는 사람이 되도록 노력하여 친구가 자기를 배신하는 일이 적도록 하는 것이 중요한 것일세. 왜냐하면 나는 여러 번 친구였던 사람이 자신을 배신했다든가, 혹은 친구라고 생각하고 있던 인간이 돈을 받아 자기를 버렸다든가 하는 말을 듣기 때문이네. 여러 가지 이러한 일을 생각해 볼 때, 나는 마치 사람이 노예를 팔 때처럼 얼마건 간에 팔아치울 수도 있는 보잘것 없는 친구는 그 값어치 이상의 것을 얻을 수 있는 경우에는 그 친구마저도 팔아치울 생각이 들지나 않을까 하고 생각되는 것일세. 그러나 내가 보는 바로는 쓸모 있는 인간이라면 노예처럼 어떠한 일이 있어도 팔리는 일이 없고, 어떠한 일이 있어도 친구에게 배신당하지는 않아야 할 것이네."

제6장

그는 또 어떠한 친구를 사귀는 것이 좋은지 다음과 같이 이야기하여 음미(吟味)하도록 하는 데 좋은 교훈을 주었다고 나는 생각한다.

"말해 보게나, 크리토프로스*. 만약 우리들이 좋은 친구를 원한다면 어떤 방법으로 이들을 찾아야 하겠는가? 우선 음식과 술과 성욕과 졸음과 게으름을 피우지 않고 잘 참아 내는 사람을 찾아야 하지 않을까? 왜냐하면 이것들에 굴복하는 인간은 자신의 일도 하지 못할 뿐더러 친구를 위해서 진력하는 일도 할 수 없을 것이니까 말일세."

"물론 할 수 없습니다"하고 그는 말했다.

"그러면 자네는 이것들에게 지배당하는 인간은 피해야 한다고 생각한단 말이지?"

"그럼 어떤가. 낭비가이고 자기 돈으로는 부족해서 항상 가까운 사람이 어떻게 해주기를 바라고, 도와 주면 이것을 갚지 못하며, 무엇을 달라고 해서 안 주는 사람을 원망하는 인간을 자네는 성가신 친구라고 생각하겠지?"

"물론입니다."

"이들도 가까이해서는 안 되겠지?"

"물론 가까이해서는 안 됩니다."

---

* 크리톤의 아들.

"그럼 어떤가. 돈벌이는 잘하지만 너무 많은 돈을 벌고 싶어하여 모든 것을 살 때 일일이 지독하게 값을 깎으려 하고, 받기는 좋아하지만 주기는 싫어하는 사람은 어떤가?"

"저는 이런 사람은 앞서 말한 사람보다 더 질색입니다."

"그러면 돈벌이에 미쳐, 자신의 돈벌이 이외에는 아무것도 할 틈이 없다고 하는 사람은 어떤가?"

"이런 사람도 피하지 않으면 안 된다고 생각합니다. 이런 사람과 교제하다가는 큰 변을 당하니까요."

"그러면 싸움을 좋아하여 많은 사람을 자신의 적으로 만들려고 하는 사람은 어떤가?"

"물론 이런 사람도 질색입니다."

"그러나 설사 이러한 결점은 하나도 가지고 있지 않다 하더라도, 친절을 받고서도 아주 태연하고 그 친절을 베푼 것에 대해 보답하는 일 따위는 조금도 생각하지 않는 사람은 어떤가?"

"이런 사람도 올바른 사람이라고는 할 수 없습니다. 그렇다면 소크라테스, 우리는 어떤 사람을 친구로 삼아야 하겠습니까?"

"내가 생각하기에는 이런 사람들과는 정반대로 육체에 관한 쾌락을 잘 억제하고, 청렴하고 붙임성 있는 성품을 가지고 자신에게 은혜를 베푼 사람들에게 친절한 행위로 갚으려고 노력하며, 교제하는 사람들을 위하려고 노력하는 사람과 사귀어야 하네."

"그러면 이러한 일을 교제도 하기 전에 어떻게 해서 조사합니까, 소크라테스?"

"우리들은 조각 작품들을 음미할 때, 조각가들의 말을 근거로 감상하지 않고, 이전에 만든 조각이 훌륭했으므로 이 작품도 훌륭한 것이라고 생각하네."

"마찬가지로, 이전의 친구에게 친절을 다하고 있는 것이 명백한 사람은 이후의 친구에게도 친절을 다할 것이라는 말씀이군요."

"그렇지, 나는 어떤 사람 중 하나가 한 화제에 대하여 능수능란한 언변을 구사하는 것을 보면, 이 사람은 다른 화제에 대해서도 능수능란한 언변을 구사할 것이라고 생각하네."

"그렇습니다. 그런데 우리에게 우정을 나눌 만하다고 생각되는 사람을 어떻게 하면 친구로 만들 수 있을까요?"

"우선 신에게 여쭈어 보고서, 신이 그를 친구로 삼으라고 권해 주시는지 어떤지를 알지 않으면 안 되네."

"그리고 또, 우리도 친구로 삼는 것이 좋다고 생각하고, 신도 반대하지 않는 사람이라면 어떤 방법으로 접근해야 하는지 말씀해 주시지 않겠습니까?"

"처음부터 토끼처럼 쫓아다니고, 새처럼 속이며, 산돼지*처럼 완력을 써서는 안 되네. 싫다는 사람을 친구로 만든다는

---

*   산돼지(Kaproi) Ernesti판 및 Sauppe판의 교정. 사본은 적(Echthroi)으로 되어 있다.

것은 용이한 일이 아니기 때문이네. 그렇다고 노예처럼 잡아 묶어 둘 수도 없네. 왜냐하면 이런 꼴을 당한 자는 친구가 되기보다 오히려 적이 되기 쉽기 때문이네."

"그러면 어떻게 친구로 삼아야 하겠습니까?"

"남의 이야기*지만, 그렇게 하자면 주문(呪文)이 필요하다고 한다네. 이것을 배워서 자기가 원하는 사람을 향해 외면 그 사람을 자기 친구로 만들 수 있다고 하고, 또 주약(呪藥)이 있다고 하는데, 그 주약의 사용법을 알고 있으면 누구나 원하는 사람의 애정을 얻을 수 있다고 하네."

"그러면 어디서 그것을 배울 수 있을까요?"

"세이레네스**가 오디세우스에게 향하여 왼 주문으로서, 자네는 호메로스에게 들은 적이 있을 것이네. 그 첫 구절은 아무튼 이런 식이네. '이리로 오시오, 영예 찬란한 오디세우스. 아카이아의 위대한 영웅이여!' 라고 하는."

"그러면 세이레네스는 이 주문을 다른 사람들에게도 외서 주문에 걸린 사람들이 자기에게서 떨어져 나가지 않도록 붙잡아둔 것입니까, 소크라테스?"

"아니지, 다만 놓은 덕의 영예를 희구하는 자에게만 노래

---

* 플라톤의 《카르미데스》 517A. 소크라테스가 미소년 카르미데스에게 한 말.
** 세이레네스(세이렌)는 상반신은 여자이고 하반신은 새 모양을 한 해정(海精)으로서 아름다운 노래로 사람을 매혹시켜 죽게 했다는 바다의 괴물. 《오디세이아》에서는 스퀼라와 카팀디스 근방에 살고 있으며, 그 노랫소리를 들은 뱃사람은 빨려들 듯 세이레네스의 섬으로 상륙하여 죽음을 당했다고 전해진다. 《오디세이아》 12권 184 참조.

한 것이라네."

"그렇다면 누구에게 노래하더라도 듣는 사람이, 이것은 자기를 비웃고 있는 것이라고 생각하지 않을 노래로 하지 않으면 안 된다는 말씀이시군요?"

"그렇지. 왜냐하면 작고 못생기고 약하다는 것을 알고 있는 인간에게 크고 미남이고 힘이 세다고 하며 칭찬한다면, 그 말로 인하여 오히려 그에게 미움받게 되고, 결국 자신을 남으로부터 멀리 떨어지게 하는 결과를 초래하게 되네."

"소크라테스, 그 밖에 어떤 주문의 노래를 알고 계십니까?"

"나는 모르지만 페리클레스는 많이 알고 있는 듯하네. 나는 그가 거리에서도 노래하여 남으로부터 경애(敬愛)를 받고 있다는 말을 듣고 있네."

"테미스토레스*는 어떻게 해서 시민들로부터 사랑을 받습니까?"

"그것은 확실히 주문의 노래는 아니네. 그것은 어떤 고마운 물건**을 시민에게 걸어 주었던 것이라네."

"소크라테스, 당신의 말씀은 우리가 훌륭한 친구를 얻으려면 우리들 스스로가 말과 행위에 있어서 훌륭함을 보이지 않으면 안 된다고 말씀하시는 것처럼 생각됩니다."

---

*   고대 그리스의 정치가·군인(B.C. 528년~462년경). 아테네의 대정치가로 살라미스 대해전에서 페르시아 왕 크세르크세스의 대군을 쳐부순 것은 B.C. 480년이다.
** 부적을 가리킨다.

"그러면 자네는 나쁜 인간이면서도 훌륭한 친구를 얻을 수 있다고 생각하는가?"

"그것은 보잘것 없는 변설가(辯舌家)가 훌륭한 국민 연설가의 친구이기도 하고, 군을 통솔하는 데 능력없는 자가 극히 탁월한 장군들의 친구이기도 한 것을 흔히 보기 때문입니다."

"그렇다면 이것이 우리들이 문제 삼고 있는 일이지만, 만일 자네가 쓸모없는 인간이라고 할 때, 유능하고 쓸모있는 인물을 친구로 가질 수 있는 방법을 알고 있는가?"

"물론 모릅니다. 하지만 만약 나쁜 사람은 군자를 친구로 삼을 수 없다고 할 경우, 자기 자신이 군자와 같이 된다면 그것만으로 간단히 군자 같은 사람들의 친구가 될 수 있는지 어떤지 이것도 꼭 알고 싶습니다."

"크리토프로스, 내가 생각하기에 자네가 당혹함을 느끼고 있는 것은 훌륭한 행동을 하고 비열한 행위를 가까이하지 않는 사람들이 서로 친구가 되지 않고 서로 대립하며, 아주 하찮은 인간들보다 더 험악한 태도로 나오고 있는 것을 종종 보기 때문일 것이네."

"그것도 단순히 개인만이 그런 것이 아니고, 정도(正道)를 걷는 것을 귀중히 여기고 사악을 가장 싫어하는 국가가 종종 서로 적대(敵對)한다는 사실입니다. 그것을 생각하면, 친구를 사귀는 것에 대하여 실로 불안을 느낍니다. 악인은 서로 친구가 될 수 없습니다. 은의(恩義)를 모르는 자나, 동정심이 없는 자나, 욕심이 많은 자나, 신의가 없는 자나, 무절제한 인간이 어떻게 친구가 될 수 있겠습니까? 이렇게 볼 때, 악인이라는 것은 친구가 되기보다는 오히려 날 때부터 적이 되도록 되어 있는 것으로 생각됩니다.

그리고 당신이 말씀하시는 것처럼, 악인은 훌륭한 사람들과 우정을 맺는 일도 결코 할 수 없습니다. 비열한 행위를 하는 사람이 그러한 행위를 싫어하는 사람들과 어떻게 친구가 될 수 있겠습니까? 특히 열심히 덕을 쌓는 사람들까지 국가의 우두머리가 되려고 항쟁하고 서로 질투하며 미워한다면, 대체 어느 누구와 친구가 될 수 있고, 어떤 사람들에게 선의(善意)와 신의가 존재할 수 있겠습니까?"

"하지만 이러한 일들에는 서로 미묘하게 뒤얽힌 어떤 것이 있는 법이네. 크리토프로스, 인간의 마음 한 구석에는 친애하고자 하는 경향이 있네. 즉 사람은 서로를 필요로 하고 서로 동정하며, 일을 서로 돕고, 서로의 이익을 증진시키며, 그리고 이것을 알기 때문에 서로 고마움을 느끼는 것이라네. 그런데 한쪽으로는 또 항쟁하고자 하는 경향을 가지고 있네. 즉, 같은 물건이라도 남의 것을 아름답고 좋은 것으로 느끼고, 이것을 얻기 위해 싸우며, 서로 견해의 차이에서 대립하네. 불화(不和)와 분노는 항쟁으로 유도되고, 탐욕은 적의(敵意)를 낳으며, 질투는 증오를 낳게 되네. 그러나 신애(信愛)는 이 모든 것을 헤쳐 나아가 고아(高雅)하고 유덕한 사람들을 서로 맺어 주는 것이네. 그들은 미덕에 의해서 고생을 하지 않을 만한 적당한 소득을 유지하고 전쟁을 벌여 모든 것을 지배하는 왕자가 되기보다는 인간을 귀중히 여겨 굶주리고 목마르면 고통을 서로 나눠가지고 음식을 나눠 먹으며, 소년의 미를 사랑하면서도 자신을 절제하고 그렇게 해서는 안 될 사람들에게는 고통을 주지 않는 것이네.

그들은 또 금전에 대해서도 욕심 사납게 서로 빼앗으려 하지 않고 공정하게 서로 나눠 가질 뿐만 아니라, 또 서로 융통하여 도와 주기도 하네. 또 그들은 항쟁심을 고통 없이 억제할 수 있을 뿐만 아니라 이것을 조정해서 상호의 이익으로 유도하고, 분노가 후회스러운 일로 진행하는 것을 막을 수 있네. 자신의 재물을 친구들에게 자기 것처럼 쓰게 하고, 그 친구의 물건은 자기 것처럼 소중히 여겨 질투를 완전히 버리는 것이네. 고아하고 유덕한 사람은 정치적 명예가 달려 있다 하더라도, 이것을 공유한다면 서로의 해가 되지 않도록 할 뿐만 아니라 오히려 자기에게 유리하도록 이끌어 나가지 못할 까닭이 없다고 보네. 왜냐하면 재보를 탈취하고 사람들을 압도하며, 사치(奢侈)를 누리기 위해 존경받고 지배적 위치인 국가의 요직에 오르기를 원하는 자는 부정하고 비열하며, 또한 남과 화합하지 못하는 자라고 해야 할 것이네. 그러나 자기도 해를 입지 않고, 또 친구에게도 올바른 마음을 가지고 조력할 수 있도록 되기 위해서 국가에 있어서의 존경적 위치에 설 것을 원하고, 그리고 통치자가 되어서는 조국을 위해 무언가 좋은 일을 행하려고 노력하는 자가 있었다면, 그와 같은 인물이 또 다른 이와 같은 인물과 협동하지 못할 이유가 어디 있겠는가? 그는 군자(君子)와 친교를 맺었기 때문에 친구를 도울 기회가 줄어들거나, 군자인 협력자를 가졌기 때문에 국가에 선을 행하는 데 오히려 무력해진단 말인가? 더구나 어떤 시합에서, 만약 최강자들이 합세해서 약한 자에게 대항할 때는 모든 경기에서 승리하고 모든 상을 자기 손에 넣을 것은 명백한 일이네. 경기에서는 이런 일이 허용되지 않더라도, 고아하고 유덕한 자가 통치자가 되었을 경우에는 누구와 짜고 국가에 선을 행하더라도 이것을 막을 자는 없네.

그렇다면 최선의 인물을 친구로 삼아 정치에 정려(精勵)하고, 일의 협력자 및 조력자로 최선의 인물을 삼는다면 반대자로 삼지 않는 편보다 어째서 이익이 아닐 수가 있겠는가? 그러나 또 누구를 상대로 전쟁을 일으키려는 자는 자기 편을 필요로 하고, 더구나 군자가 적군일 경우에는 특히 대세(大勢)라는 아군이 필요한 것도 명백하네. 또한 자기 편이 되어 싸우려고 하는 사람들에게는 자진해서 용감이 싸우도록 잘 대우하지 않으면 안 되네. 더구나 다수인 열등자에 대해서보다도 소수인 최우수의 사람들에 대하여 호의를 베푸는 편이 훨씬 낫네. 왜냐하면 천한 사람들은 유능한 사람들보다 훨씬 좋은 대우를 요구하는 것이기 때문일세. 그러나 용기를 내게, 크리토프로스. 훌륭한 인물이 되도록 노력하게. 그리고 훌륭한 인물이 되면 고아하고 유덕한 인물을 끌어들여 자기 편으로 만들도록 하게. 그러면 나도 연애의 명수니까, 자네의 군자를 끌어들이는 데 조그마한 힘도 아끼지 않겠네. 왜냐하면 나는 잡고 싶다고 생각되는 사람이 있다면, 그들을 사랑함으로써 그들로부터 사랑을 받고, 그들을 그리워함으로써 그리움을 받으며, 그들과 사귀려고 원함으로써 그들에게 사귀고 싶다는 말을 듣게 되는 것처럼, 나의 전력을 쏟는 힘은 대단한 것이기 때문이네. 자네도 누군가와 우정을 맺으려고 생각한다면 역시 이렇게 하는 것이 자네에게 필요하다고 나는 생각하네. 그러니 자네는 누구와 친구가 되고 싶은지 숨김없이 나에게 말해 보게. 왜냐하면 나는 좋아하는 사람에게 호의를 받을 수 있도록 주의를 게을리하지 않으므로 사람의 마음을 사로잡는 면에서는 경험이 있다고 믿기 때문이네."

그러자 크리토프로스는 말했다.

"어, 소크라테스! 그것이 바로 제가 이전부터 배우고 싶다고 생각하고 있었던 가르침입니다. 특히 이와 같은 비전(秘傳)이 훌륭한 사람이나 자태가 아름다운 사람들까지 사로잡을 수 있다면 더욱 그렇습니다."

그러자 소크라테스는 말했다.

"하지만, 크리토프로스. 나의 비전에는 미인에게 손을 뻗쳐서 머물게 한다는 것은 없네. 나는 인간이 스퀼레*에게서

---

* 《오디세이아》 중의 카팁디스와 함께 좁은 해협에서 사는 바다의 괴물. 그 괴물은 세 겹의 이빨을 가진 여섯 개의 머리와 열두 개의 다리가 있었으며, 배가 다가오면 한꺼번에 다섯 사람의 선원을 잡아 먹었다. 《오디세이

도망하는 것은 이것이 손을 뻗치기 때문이라고 확신하고 있네. 그러나 세이레네스는 아무에게도 손을 뻗치지 않고 멀리서 모든 자에게 노래로 말을 걸기 때문에 누구나 발을 멈추고 노래를 듣게 되는데, 일단 그의 노래를 들은 사람들은 곧 매혹되고 마는 것이라네*."

크리토프로스는 말했다.

"저는 아무에게도 손을 뻗치려고 하지 않을 테니까, 당신이 알고 계시는 친구의 마음을 사로잡을 수 있는 좋은 방법을 가르쳐 주십시오."

그러자 소크라테스가 말했다.

"그러면 자네의 입술을 다른 사람의 입술에 갖다 대는 일도 하지 않을 작정인가?"

"안심하십시오. 아름다운 사람이 아니라면 아무에게도 입을 맞추지는 않을 테니까요."

"자네는 벌써 허튼 소리를 하는군, 크리토프로스. 왜냐하면 아름다운 사람은 이런 짓을 못 하게 한다네. 그러나 못생긴 사람은 자기의 혼이 아름답다는 것으로 착각하고 기꺼이 이런 짓을 하지."

그러자 크리토프로스가 말했다.

"아름다운 사람에게 키스하고, 선한 사람에게는 한층 더

아》 12권 85 이하에 나온다.
* 《오디세이아》 12권 36~52 참조.

키스할 테니까 안심하시고 친구의 마음을 사로잡을 수 있는 비법을 전수하여 주십시오."

소크라테스는 말했다.

"그렇다면 크리토프로스, 만약 자네가 어떤 사람의 친구가 되고 싶어졌을 때, 자네는 내가 그에게 가서, 자네가 그를 칭찬하며 그의 친구가 되고 싶어한다고 이야기해 줘도 좋다는 말인가?"

"얼마든지 말씀해 주십시오. 자기를 칭찬하는 사람을 미워하는 사람은 아직 본 일이 없으니까요."

"만약 내가 다시 가서, 자네가 그를 칭찬하며 그에게 호의를 가지고 있다고 말한다면, 자네는 내가 욕을 하고 있다고 생각하지는 않겠나?"

"그렇기는커녕 오히려 저는 누가 저에게 호의를 품고 있다는 말을 들으면 그 사람에 대한 호의가 싹터 오릅니다."

"그렇다면 나는 이러한 것들을 자네가 친구가 되고 싶어하는 사람들 앞에서 자네에 관하여 말할 수 있겠네. 게다가 자네는 친구를 중요하게 여겨 좋은 친구만큼 자네가 좋아하는 것은 없고, 친구의 공적을 자신의 공적에 못지않게 자랑으로 여기며, 친구의 재보를 자신의 재보에 못지않게 소중히 여겨 친구가 이것을 얻도록 궁리하는 데 피로를 느낄 줄 모르고, 사나이의 덕(德)은 친절을 베푸는 데 있다고 보아 친구를 능가하며, 옳지 않은 일을 바로잡는 데 상대편을 능가하는 사람이라고 내가 그에게 말해 준다면 자네가 좋은 친구를 사귀는 데 있어서 매우 큰 힘이 되어 줄 것이라고 생각하는가?"

"그런데 어째서 그것을 저에게 물어 보십니까? 마치 당신이 저에게 관해서 함부로 이야기하지 못하는 것처럼 말입니다."

"사실 그렇단 말일세. 나는 아스파시아*로부터 들은 적이 있네. 이 사람이 말하기는, 능숙한 중매쟁이는 좋은 이야기만 해서 사람들의 혼사를 성립시키는 데 재주가 비상하지만, 그러나 나는 거짓말을 해서 권하고 싶지는 않네. 왜냐하면 사실을 알고 난 사람들은 속았다는 생각에 서로 사이가 나빠지고 중매쟁이까지 증오하게 되기 때문이네. 사실 나도 그렇다고 생각하네. 그러므로 내가 자네를 칭찬할 때에도 사실이 아닌 것은 하나도 말을 해서는 안 된다고 생각하는 것이네."

"당신이 저의 친구가 되어 주겠다는 것은 제가 친구를 얻을 만큼 자격이 있으면 원조한다는 정도의 친구군요, 그렇지 않다면 제 이익이 되도록 교묘하게 꾸며서 얘기해 주시려고는 생각하지 않으신다는 말입니까?"

"크리토프로스, 자네는 내가 거짓으로 자네를 칭찬하는 것과 자네에게 좋은 사람이 되도록 권하는 것 어느 쪽이 자네를 위하는 것이라고 생각하는가? 만약 어느 것이 자네를 위

---

* 밀레토스 사람. 그녀는 본래 '헤파이라(기생)'였었다. 그녀는 페리클레스에게 알려져, 페리클레스는 아내와 이혼하고 그녀와 동거했다(B.C. 445년에서 429년 동안). 깊은 교양과 비범한 재능을 지니고 있었다.

하는 것인지 명백하게 알 수 없다면 다음과 같이 생각해 보게. 예를 들면 내가 자네를 선주(船主)의 친구가 되도록 하려고, 자네가 우수한 선장이라고 이야기하며 거짓으로 칭찬을 해서, 그가 그것을 믿고 배를 다룰 줄도 모르는 자네에게 배를 맡긴다면, 자네는 자신과 더불어 배를 파선시키지 않을 수 있는 수단이 조금이라도 있는가? 아니면 국민회의에서 내가 자네를 우수한 장군이고 법관이며 정치가라고 거짓말을 해서 국가를 자네에게 맡기도록 설득했다고 한다면, 자네는 자신 및 국가가 자네의 통치로 말미암아 어떤 꼴을 당할 것인지 생각해 보았는가? 그렇지 않으면 또 개인적인 생활에 있어서, 내가 한두 사람에게 자네가 경제에 정통한 주의 깊은 사람이라고 거짓말을 해서 그들의 재산을 자네에게 맡기도록 설득하여 멀지 않아 자네가 그것을 맡았을 때, 자네는 남에게 손해를 주거나 동시에 웃음거리가 되지 않을까? 크리토프로스, 더 가깝고 더 확실하고 더 아름다운 길은 자신이 어떤 한 길에 우수하다고 인정되고 싶고, 사실 뛰어난 인간이 되도록 노력하는 일이네. 인간의 세상에서 이야기되고 있는 이 덕을 잘 생각하고 반성해 본다면 그 일체가 면학과 복습에 의해서 증대될 수 있는 것임을 자네는 알 수 있을 것이네. 크리토프로스, 적어도 나는 우리들이 그렇게 하지 않으면 안 된다고 믿고 있네. 만약 자네에게 무언가 반대의 의견이 있다면 들려주게."

크리토프로스는 말했다.

"아아, 소크라테스! 당신의 말씀에 반대한다는 것은 수치입니다. 왜냐하면 당신의 말씀을 반대하는 것은 아름답지도 않을 뿐더러 진실도 아닌 것을 말하는 것이 되기 때문입니다."

제 7 장

또 그는 친구들의 어려움, 즉 무지에 기인하는 것은 지혜를 빌려 주어 도와 주고, 궁핍에 기인하는 것은 각자의 힘에 따라서 서로 돕도록 가르쳐서 구하려고 했다. 이 일에 관해서도 내가 알고 있는 대로 그의 이야기를 기술하겠다.

어느 날, 그는 아리스탈코스*가 음침한 얼굴을 하고 있는 것을 보고 말했다.

"뭔가 마음에 걸리는 것이 있는 것 같군, 아리스탈코스. 하지만 자네는 그 무거운 짐을 친구들과 나눠 가질 필요가 있네. 혹시 우리들이 자네의 짐을 가볍게 해줄 수도 있을지 모르니까."

그러자 아리스탈코스는 말했다.

"아아, 소크라테스. 나는 이만저만 당혹해 하고 있는 것이 아닐세. 시(市)**에서 내란이 일어난 이래, 많은 자가 페이라

---

* 여기에 나올 뿐이고 상세한 것은 알 수 없다.
** 앗티카의 한 도시.

이에우스로 도주했기 때문에 뒤에 남아 있던 여자들이 자매·조카·사촌이니 하고 내게로 몰려 와서, 지금 내 집에는 노예 이외에 열네 사람이나 있다네. 사람 수는 늘어났는데 토지에서는 한 푼도 수확이 오르지 않네. 반대측 당이 토지를 압수했기 때문에 가작(家作)의 수확량이 오르지 않는 걸세. 또한 시중의 거주자가 줄어들었기 때문에 가재 도구를 살려고 하는 자가 없고 어디서 돈을 빌려고 해도 도리가 없네. 빌어서 때 맞춰 대기보다는 거리를 찾아 헤매서 발견하는 것이 빠를 정도네. 자기 집 사람들이 죽어가는 것을 방관하고 있어야 한다는 것은 정말 고통스러운 일이네. 소크라테스, 그러니 이런 세상에서 이렇게 많은 사람을 부양한다는 것은 불가능하네."

이것을 듣고 소크라테스는 말했다.

"케라몬은 많은 집안 사람을 부양하고 있으면서도 다른 사람들에게 필요한 의식(衣食)을 공급할 수 있을 뿐만 아니라 상당히 저축해서 넉넉하게 살고 있는데, 자네는 많은 사람을 부양한다고 먹을 것이 떨어지고 한 집안이 모두 죽지는 않을까 하고 걱정하고 있는 것은 대체 어떻게 된 일인가?"

"그야 자네가 말하는 그는 노예를 부양하고 있으니까 가능하겠지만, 나는 자유의 신분을 가진 사람들을 부양하고 있기 때문이지."

"그리고 자네 집에 거주하고 있는 자유로운 신분을 가진 사람과 케라몬 소유의 노예와 어느 쪽이 뛰어난 사람이라고 자네는 생각하나?"

"그야 우리 집에 있는 자유스러운 자들이라고 생각하지."

"그러면 케라몬이라는 사나이는 비천한 사람들을 소유하면서도 유복하게 살고 있는데, 자네는 그것보다는 훨씬 우수한 신분의 사람들이 있으면서 곤궁하게 산다는 것은 치욕이 아니겠는가."

"그야 그렇겠지. 그 사나이는 직인(職人)들을 부양하고 있지만, 내가 부양하고 있는 사람들은 자유인으로서 교육된 자들이란 말일세."

"그러면 직인(職人)이라는 것은 무언가 필요한 것을 만들 줄 아는 사람을 말하는 것이 아닌가?"

"그렇지."

"맷돌로 탄 보리는 쓸모가 있는가?"

"크게 쓸모가 있지."

"빵은 어떤가?"

"그것에 못지 않지."

"그러면 남자 및 여자용의 상의(上衣)나, 작은 옷이나, 짧은 옷이나, 소매 없는 옷은 어떤가?"

"그것들도 다 쓸모가 있네."

"그러면 자네의 집 사람들은 이런 것들을 하나도 만들 줄 모르는가?"

"나는 그들이 어느 것이나 만들 줄 안다고 생각하네."

"그러면 자네는 나우시퀴데스가 이것들 중의 하나인 맷돌로 탄 보리로 자신 및 자기 집에 있는 사람들을 부양할 뿐만 아니라, 그 밖에 많은 돼지나 소까지 쳐서 많은 돈을 벌고, 종종 중요한 국비 부담까지 하고 있으며, 퀴레보스는 빵을 제조하여 가족 전부를 부양하면서도 사치스럽게 생활하고, 코린토스의 데메아스는 짧은 옷을 제조하여 가족을 부양하며, 메논은 부인용 상의를 제조하여 가족을 부양하고, 대다수의 메가라시 사람은 소매 없는 옷을 제조하여 먹고 산다는 것을 모르고 있었나?"

"사실 그것은 틀림없는 사실이지만, 그 사람들은 그 일에 종사하는 사람들을 이국(異國)에서 노예로 사 와서 무엇이든 적당한 일을 억지로 시키기 때문이며, 우리 집에 있는 사람들은 자유로운 신분으로, 그것도 집안 사람이란 말일세."

"그렇다면 자네는 그들이 자유로운 신분 또는 집안 사람이라는 이유로 그들을 위해서 그들이 먹고 자는 이외의 일을 해서는 안 된다고 생각하는가? 그리고 자네는 생활상 쓸모 있는 일을 알고 있고 이것에 정려하는 자보다도, 다른 자유로운 신분의 사람으로서 오로지 먹고 자는 생활만을 하고 있는 자를 더한층 고급한 생활을 하고 있고 한층 행복한 팔자라고 보는가? 그렇지 않으면 자네는 게으름과 아무렇게나 되는 대로 살면서 알아야 할 것을 배우고 배운 것을 익히며, 신체를 건강하고 강장(强壯)하게 만들고 생활에 유용한 물자를 획득하며, 이러한 물건들을 비축해 두는 것이 인간에게 매우 유용하다는 것을 인정하면서도 근면과 배려는 아무런 소용에도 닿지 않는다고 생각하는 것인가?

 자네 여자들은 자신이 알고 있는 것이 생활을 하는 데에 아무런 구실도 하지 못한다고 알고 있으며, 또 이용도 하지 않을 작정으로 배운 것인가? 그렇지 않으면 그것을 열심히 배워 그것을 이용함으로써 이익을 얻을 수 있다고 생각하여 배운 것인가? 게으름을 피우고 있는 것과 유익한 일을 열심히 하고 있는 것 중 어느 쪽이 한층 분별 있다고 볼 수 있을까? 일을 하고 있는 것과 게으름 피우면서 물자(物資)에 대하여 논의를 하고 있는 것 중 어느 쪽이 한층 올바른 인간이겠는가? 그 밖에 자네는 지금 상태로는 그들을 사랑하지 못하고, 그들 또한 자네를 사랑하지 않는다고 생각하네. 자네는 그들이 자네에게 손해를 끼치고 있다고 생각하고, 그들은 자네가 자신들을 귀찮게 여기고 있다고 보는 것일세. 이러한 상태는 증오감을 더욱 증대시켜 지금까지 자네에 대한 감사해 하는 마음을 감소시킬 위험이 있네. 그러나 자네가 그들에게 일을 시키도록 한다면, 자네는 그들이 자네에게 도움이 된다는 것을 알게 되어 그들을 사랑하게 되고, 그들도 자네가 자신들을 흐뭇하게 생각하는 것으로 알아 자네를 좋아하게 되는 것일세. 아울러 그들은 이전에 자네가 베푼 친절을 즐겁게 회상하고 그 친절에 대해 감사한 마음을 더욱 증대시키며, 그로 인해서 서로의 사이가 더욱 화목하게 되고 한층 친밀해질 것이네. 그렇지 않고 애초부터 무언가 부끄러운 일을 하려고 했다면 차라리 죽는 편이 나을 걸세. 그러나 그들이 알고 있는 일은 누가 봐도 부인의 일로서는 가장 훌륭하고 자못 어울리는 일이라고 생각되네. 그리고 자기가 알고 있는 일이야말로 가장 편하게, 가장 빨리, 가장 훌륭하게, 또한 가장 기분 좋게 할 수 있는 것일세. 그러니 주저하지 말고 이것을 그들에게 권해 보게. 그것은 자네를 위해서도 또 그들을 위해서도 이익이 될 것이며, 그리고 아마 그들도 자네의 말에 기꺼이 응할 것이네."

"틀림없이 그럴 것이네. 자네가 하는 말은 과연 올바른 것 같네, 소크라테스. 지금까지 나는 빚을 낸다 하더라도 갚을 길이 없는 것으로만 알고 있었기 때문에 빚을 낼 용기도 없었지만, 이제는 자네 덕택으로 알게 되었으니까 일을 진행시킬 수 있는 자본을 용기를 내서 빌려 보기로 하지."

이렇게 해서 자본이 마련되고, 양모(羊毛)가 구입되어 여자들은 일을 하면서 점심을 먹고, 일을 끝마치고 저녁밥을 먹고, 침울한 얼굴이 명랑한 얼굴로 변하고, 곁눈질로 눈치만 살피고 있던 사람들이 즐겁게 서로를 마주 보게 되고, 여자들은 그를 보호자로서 사랑하고, 그는 여자들을 쓸모가 있기 때문에 중히 여겼다. 마침내 그는 소크라테스에게 인사하러 와서 집안 사람 모두가 집안에서 일하지 않고 먹으며 지내는 자는 오직 자기뿐이라고 타박받는다는 이야기를 들려줬다고 한다.

그러자 소크라테스는 말했다.

"그렇다면 여자들에게 개에 관한 이야기를 해주는 것이 좋겠네. 짐승이 말을 하던 시절, 어느 날 양(羊)이 주인에게 얘기하기를 '당신은 이상한 짓을 하십니다. 양모나 양 새끼나 건락(乾酪, 치즈)을 드리는 저희들에게는 땅에서 뜯어 먹는 풀 같은 것 외에는 아무것도 주시지 않으면서 이런 것들을 하나도 드리지 않는 개에게는 주인께서 잡수시는 것을 나누어 주시다니요'하니까, 이것을 듣고 있던 개가 말하기를 '그야 그럴 수밖에. 왜냐하면 나는 사람들에게 도둑 맞거나 승냥이에게 잡혀가지 않도록 자네를 보호하고 있기 때문이야. 만약 내가 자네들을 지켜 주지 않는다면, 자네들은 살해(殺害)되지는 않을까 하고 걱정이 되어 풀을 먹을 수도 없을 거야.' 그래서 양들은 개가 우위(優位)에 서는 것을 동의했다는 이야기일세. 자네도 그들에게 양을 지키는 개처럼 자네가 그들을 지키고 돌보아 주기 때문에 그들이 누구에게서부터도 해를 받지 않고 안심하며, 즐겁게 일하고 생활할 수 있는 것이라고 말해 주게나."

제8장

또 어느 날, 오랜만에 옛 제자를 만나자 그는 말했다.
"에우테로스[*], 어디서 오는 것인가?"

---

* 자세히 알 수 없다.

"전쟁*이 끝나서 국외에서 돌아와 지금은 여기에 있습니다. 국외에 있었던 재산은 몰수되고, 앗티카에서는 아버님이 한 푼도 남겨 놓지 않았기 때문에, 지금은 여기서 몸을 써서 일을 하며 생계를 유지할 수밖에 없는 형편입니다. 남에게 머리를 숙이는 것보다는 이것이 제일 좋은 방법이라고 생각하고 있습니다. 게다가 빚을 내려고 해도 저당 잡힐 만한 것이 없기 때문이지요."

"그렇다면 일을 한 품삯으로 생계를 유지해 나가는데, 몸이 얼마나 견디어 낼 수 있겠는가?"

"물론, 그다지 길지는 못할 것입니다."

"게다가 자네가 나이를 먹어 늙었을 때는 더욱 돈이 필요할 텐데, 분명히 자네가 늙으면 자네의 노동에 대한 품삯을 지불하려고 하는 자가 아무도 없을 것이네."

"그것은 말씀대로입니다."

"그렇다면 나이를 먹어도 생계를 유지해 나갈 수 있는 일을 즉시 착수하는 것이 무엇보다 좋지 않겠는가? 그리고 사업을 이끌어 나가는 데 있어 조수를 원하고 있는 사람에게로 가서 일의 감독을 하거나 농작물의 수확을 담당하거나, 재산의 관리를 돕거나 해서 그 쪽의 이익도 되는 한편 자신도 이익을 얻는 것이 좋다고 생각되는군."

---

*   펠로폰네소스 전쟁을 가리키는 것인 듯하다. 기원전 431년에 아테네와 스파르타 동맹국 사이에서 벌어져 404년 봄에 스파르타 승리로 끝났다.

"감사합니다, 소크라테스. 그러나 저는 노예가 되는 일만은 차마 할 수 없습니다."

"하지만 사실 국가의 우두머리가 되어 나라 일을 보는 사람들은 자신의 일 때문에 전보다 노예가 됐다고는 생각하지 않을 뿐만 아니라 오히려 더욱 자유스럽다고 생각하고 있네."

"소크라테스, 한 마디로 말해서 저는 남의 꾸짖음을 들으며 생활하는 것은 성격에 전혀 맞지 않습니다."

"그렇지만 에우테로스, 남의 꾸짖음을 받지 않고 할 수 있는 일을 찾는다는 것은 결코 용이한 일이 아니고, 또 무엇 하나 틀림없이 한다 해도 부당한 비난을 받지 않으며 지낸다는 것은 어려운 일일세. 자네가 지금 하고 있는 일만 해도 만약 자네가 비난을 받지 않고 지내는 것이 용이하다면 놀랄 만한 일일 것이네. 꾸짖기 좋아하는 사람을 피하고, 정당한 비판을 할 수 있는 사람을 구하며, 자기 힘으로 해낼 수 있는 일을 하도록 하고, 자기 능력으로 할 수 없는 것은 피하며, 그리고 하는 일은 될 수 있는 대로 훌륭하게, 될 수 있는 대로 열심히 하도록 노력하는 것이 중요하네. 이렇게 한다면 나는 자네가 남의 비난을 받는 일이 거의 없고 곤궁을 벗어날 길을 쉽게 발견하며, 극히 안온(安穩)하고도 안전하게 생활하고, 노후에 이르러서는 조금도 곤란을 받지 않을 수 있다고 생각하네."

제9장

또 어느 날, 나는 크리톤*이 자신의 사업을 하려고 생각하는 사람에게 아테네에서의 생활은 고통스러운 일이 많다고 말하는 것을 소크라테스가 듣고 그와 담론한 것을 알고 있다.
"지금 두세 사람이 나에게 대하여 소송을 제기하고 있지만**, 그것은 내가 그들에게 어떤 해를 가했기 때문이 아니라, 그들은 내가 귀찮은 일에 걸려 들기보다는 오히려 돈을 내겠지 하고 생각하는 데서 시작된 것일세."
그러자 소크라테스가 말했다.
"하나 묻겠는데, 크리톤, 자네는 승냥이가 자네의 양떼를 습격하는 것을 막기 위해 개를 몇 마리씩이나 기르고 있지?"
"기르고 있지, 길러 두는 편이 훨씬 덕이니까."
"그러면 자네에게 해를 가하려고 기도하는 자들을 막는 일에 보람을 느끼고, 또 그러한 소질이 있는 사람을 개전(改悛)시키려고 생각하지도 않는 것인가?"
"물론 그 사나이가 나에게 덤벼들지 않을까 하는 걱정만 없다면 기꺼이 그렇게 하겠네."

---

* 소크라테스와 동시대에 살았던 아테네의 유복한 시민. 소크라테스와 동년배였으며 가장 깊은 우정을 그에게 보인 한 사람이다. 플라톤의 《크리톤》에서는 소크라테스에게 탈옥을 권유하고 있다. 그는 플라톤의 《파이돈》《변명》《에우튀데모스》에 나온다.
** 이른바 '쉬코판타이(sykophantai)'를 말한다.

"자네는 그와 같은 사나이를 상대할 때는 그를 기쁘게 해 주고 덕을 보는 편이 화를 나게 해서 덕을 보는 것보다 훨씬 유쾌한 것임을 모르는가? 이 시(市)에는 자네와 친교만 맺을 수 있다면 소중한 명예로 생각하는 사람들이 있다는 것을 믿게나."

그러고 나서 두 사람은 아르케데모스*라고 하는, 변설(辯舌)도 능숙하고 수단도 있는, 그러나 가난한 사나이를 찾아냈다. 왜냐하면 이 사나이는 돈벌이라면 무슨 일이든지 하겠다고 하는 따위의 사나이가 아니라, 훌륭한 인물이지만 항상 무고(誣告)로 돈을 갈취하는 자들로부터 우려 내는 일은 쉬운 일이라 말하고 있었기 때문이다. 그래서 크리톤은 보리라든가 감람유(橄欖油)라든가, 포도주라든가, 양모라든가 그 밖에 생활에 필요한 농작물을 수확할 때엔 얼마만큼씩 아르케데모스에게 보내고, 제사를 지낼 때엔 초대하여 가능한 한 모든 기회를 포착해서 마음을 썼던 것이다.

아르케데모스 쪽에서는 크리톤의 저택을 자기의 피난처로 생각하여 대단히 그를 경애하고 있었다. 그리고 얼마 가지 않아서 그는 크리톤을 무고하여 그의 재산을 우려 내려고 계획하고 있는 자들이 수많은 나쁜 짓을 하고 있고, 많은 적을 가지고 있다는 것을 발견하고는 그들 중의 한 사람을 상대로 국가로부터 체형 혹은 벌금형을 받게 될 만한 사

---

* 《헬레니카》에 나오는 아르케데모스이다.

건의 소송을 제기했다. 그런데 그 사나이는 자기에게 여러 가지의 악행(惡行)이 있는 것을 알고 있었기 때문에, 아르케데모스에게 소송을 취하해 달라고 모든 수단을 다했던 것이다. 그러나 아르케데모스는 이 사나이가 크리톤을 무고하기 위해 제기한 소송을 취하하고 그에게 배상금을 지불할 때까지는 완강하게 그의 부탁을 받아들이지 않았다. 아르케데모스가 이 사건을 위시하여 몇 건이나 되는 이와 같은 종류의 사건을 해결하자, 마치 훌륭한 개를 가지고 있는 양치기가 있는 곳으로 다른 양치기들이 자신들의 양떼를 데리고 와서 그의 개에게 도움을 받으려고 하는 것처럼, 많은 크리톤의 친구들이 그에게 아르케데모스를 그들의 보호를 위해서 데려갈 것을 부탁하였다. 아르케데모스는 크리톤의 의뢰에 기꺼이 응하여 비단 크리톤뿐만이 아니라 그의 친구들까지도 안온하게 지내게 됐던 것이다. 만약 적이 되어 버린 사람들 중의 한 사람이 아르케데모스가 크리톤에게서 은고(恩顧)를 받고 있기 때문에 그에게 아부한다고 하며 비난하면, 아르케데모스는 이렇게 말했다.

"훌륭한 사람들로부터 호의를 입고 그 호의에 보답하며, 이와 같은 사람들과 친구가 되어 좋지 않은 사람들을 가까이 하지 않는 것과, 고아(高雅)한 사람들에게 악행을 일삼고 그들을 적으로 만들려고 애쓰며 악인들과 손을 잡고 친구가 되고 선인(善人)보다 악인들과 교제하려고 하는 것 중 대체 어느 쪽이 더 수치이겠는가?"

그 후, 아르케데모스는 크리톤의 친구 중의 한 사람으로 알려지게 되었을 뿐만 아니라 크리톤의 친구들로부터 존경을 받게 되었다.

제 10 장

나는 또 그가 친구인 디오도로스*와 다음과 같은 담화를 나눈 것으로 알고 있다.
"말해 보게나, 디오도로스. 자네 소유의 하인 한 사람이 도망한다면, 자네는 그를 도로 잡아올 방법을 강구하겠는가?"
"물론, 게다가 잡아오는 사람에게 사례를 하겠다고 광고해서 다른 사람의 조력까지 빌겠네."
"그러면 어떤가. 자네는 하인들 중의 한 사람이 병에 걸리면 이 사나이를 걱정해 주며 죽지 않도록 의사를 부르겠는가?"
"부르고 말고."
"만약 자네가 아는 사람 중 한 사람이 하인들보다 훨씬 쓸모 있는 인간이고, 그 사람이 가난 때문에 망해가고 있다면, 자네는 그 사람을 구할 방법을 강구할 가치가 있다고 생

---

* 자세히 알 수 없다.

각하지 않겠는가? 그런데 자네도 알다시피 헤르모게네스*는 자네가 모르는 사람이 아닐세. 만약 그 사나이가 자네로 인해서 구제된다면 그 은혜에 보답하며, 자네의 이익을 꾀하지 않으면 수치로 여기는 사람일세. 그리고 무엇보다도 자네를 기꺼이 따르고 자네에게 호의를 가지며, 자네 또한 그를 신뢰할 수 있고 자네에게 의뢰받은 일을 모두 해낼 수 있는 능력이 있을 뿐만 아니라 의뢰받지 않아도 자기 스스로 자네에게 도움을 주며, 머리가 좋아서 자네에게 유익한 조언을 줄 수 있기로는 자네의 많은 하녀 하인에 필적한다고 나는 생각하네. 실제로 경제적 수완이 좋은 사람은 가치가 높은 것을 싸게 살 수 있을 때 물건을 사야 할 시기라고 말하고 있네. 지금은 정정(政情) 덕분에 훌륭한 친구를 매우 쉽게 구할 수 있는 시기네."

그러자 디오도로스가 말했다.

"과연 지당한 말씀입니다, 소크라테스. 그럼 제발 헤르모게네스를 저희 집으로 오도록 전해 주시지 않겠습니까?"

"아니, 나는 말하지 않겠네. 내 생각으로는 자네가 그 사람을 부르는 것은 자네가 직접 그 사람에게 가는 것보다 못하고, 또 이 일로 그 사람이 받는 이익은 자네가 받는 이익보다 크지도 않기 때문에 오지 않을 것이네."

---

* 부호 힙포니코스의 아들. 유산을 형제인 칼리아스에게 전부 횡령당하고 자신은 가난한 생활을 했다. 소크라테스의 제자로 크세노폰의 《변명》에서 소크라테스의 말을 법정에서 대변한 자. 플라톤의 《크라튀로스》 391C 참조.

마침내 디오도로스는 헤르모게네스에게로 가서 그다지 큰돈을 들이지 않고 친구 한 사람이 생기게 되었고, 그 친구는 말로든 혹은 행위로든 디오도로스에게 이익이 되고 기쁨이 되도록 꾀할 것을 염원했다.

제 Ⅲ 권

제1장

 나는 그가 훌륭한 지위(地位)를 동경하는 사람들에 대해서 그 동경하는 것에 정려(精勵)하게 함으로써 도움이 되었던 사실을 여기서 말해 보고자 한다.
 어느 날, 그는 디오뉘소도로스*가 아테네에 와서 장군학(將軍學)을 가르친다고 발표한 것을 듣고, 그의 제자 중의 한 사람이 이 지위를 국가로부터 얻으려고 원하고 있는 자가 있는 것을 알고 있었으므로 그 제자를 향해 다음과 같이 말했다.
 "여보게, 국가를 위해 장군이 되려고 원하고 있는 자가 그러한 학문을 배울 수 있는 기회가 왔는데도 그 기회를 놓쳐 버리는 것은 참으로 수치스러운 일일세. 그리고 그런 사람은 조각기술(彫刻技術)을 배우지도 않고 조각을 한다는 사람보다도 훨씬 더 엄중한 처벌을 국가로부터 받아야 마땅할 것이네. 왜냐하면 전시의 위험 상태에 있어서는 전 국가가 장군

---

* 키오스 사람. 아테네에서 병학(兵學)를 가르쳤고 후에 소피스트가 되었다. 플라톤의 《에우튀데모스》에 이름이 나오는 에우튀데모스의 형제.

의 수중에 위임되는 것이므로 그가 훌륭히 책임을 완수할 때는 위대한 업적을 낳고, 그가 실수를 범할 때는 돌이킬 수 없는 화(禍)를 가져온다고 해도 과언이 아니기 때문이야. 그렇다면 이것을 배우려 하지 않고서 오로지 선출되기만을 바라는 자가 어찌 처벌을 받지 않을 수 있겠는가?"

그는 이런 말로 그의 제자를 설복시켜 배움터로 보냈다. 그리하여 그의 제자가 수업을 마치고 돌아왔을 때, 소크라테스는 그를 맞으며 농담조로 말했다.

"어떤가 자네, 호메로스가 아가멤논*을 위풍당당하다고 말하고 있는데, 자네도 장군학을 배웠으니 제법 위풍당당한 모습을 더욱 빛냈다고 생각하지 않는가? 왜냐하면 비파(琵琶)를 배운 자는 비록 비파를 타지 않는다 해도 비파사(琵琶師)고, 의술을 배운 자는 비록 의료 행위를 행하지 않더라도 의사인 것과 같이, 비록 아무도 자네를 장군으로 선출해 주지 않더라도 자네는 이제부터는 영원히 장군일세. 그런데 지식을 지니고 있지 않는 자는 비록 모든 사람이 거족적으로 선출해 주려고 해도 장군이나 의사가 될 수 없다네. 그래서 만약 우리들 중 누군가가 군장(軍長) 또는 대장(隊長)으로서 자네의 휘하(麾下)에서 일할 경우에 관해 한층 이해를 돕기 위해서 자네가 장군학을 무엇부터 배워 왔는지 얘기 좀 들려주게나."

---

* 《일리아스》 제3권 170. 아가멤논은 트로야 전쟁의 그리스군의 총사령관.

"최초에 배운 것도 최후에 배운 것도 한 가지뿐이었습니다. 왜냐하면 그 사람은 진열(陳列) 배치만을 가르쳤을 뿐 그 외에는 아무것도 가르치지 않았기 때문입니다."

"하지만 그것은 장군학의 일부분에 불과하지 않은가. 장군은 전투를 위한 만반의 군비를 갖추고, 게다가 병사들에게 양식을 공급해야 하며, 그리고 기책(奇策)을 종횡으로 구사해야 할 뿐만 아니라, 활동적이고 용의주도하며, 강의(剛毅)하고 기민(機敏)해야 하며, 유화(柔和)하면서도 잔인해야 하며, 솔직하면서도 책모적(策謀的)이어야 하고, 신중하면서도 교활하고, 낭비적이면서도 약탈적이고, 호기스러워야 하고 탐욕적이어야 하며, 수비를 견고히 하면서도 공격적이어야 하고, 그 외에 광범위한 일에 선천적으로 혹은 수학(修學)에 의해서 삼군(三軍)을 통솔하기 위하여 숙달되어 있어야 하네. 전열 배치에 숙련되어 있다는 것은 참으로 좋은 일이네. 왜냐하면 군대는 진열이 훌륭하게 배치된 것은 아무렇게나 배치된 것과 비교하면 굉장한 차이가 있기 때문일세. 그것은 마치 돌과 벽돌과 재목과 기와가 난잡하게 내던져져 있는 것은 아무 쓸모가 없지만, 이에 반하여 건축에 있어서와 같이 썩거나 무너지는 일이 없는 돌과 기와가 아래 위에 배치되어 있고 중간에 벽돌과 재목이 조립된다면, 그 때는 참으로 가치 있는 재산, 즉 훌륭한 가옥이 완성되는 것과 같은 것이라네."

"그렇습니다. 선생님이 말씀하신 대로입니다. 왜냐하면 전쟁에서는 가장 강한 병사를 선두와 후미에 배치하고, 중간에는 가장 나약한 병사를 배치하여 선두에서는 인도하고 후미에서는 몰지 않으면 안 되기 때문입니다."

"그렇지. 만약 그가 우수한 병사와 열등한 병사를 구분하는 방법을 가르쳤다면 그것으로 충분하네. 그러나 그렇지 않다면 자네가 배운 것이 무슨 소용이 있겠는가? 예를 들면 만약 그가 자네에게 명령하기를 가장 상품인 은화를 선두와 후미에 놓고, 중간에는 가장 하품인 은화를 넣도록 해놓고 진짜와 가짜와의 식별법을 가르치지 않았다면, 자네에게는 아무 소용도 없을 것이네."

"그런데 이것은 가르쳐 주지 않았습니다. 따라서 우리가 스스로 우수한 병사와 열등한 병사를 판별하지 않으면 안 됩니다."

"그렇다면 어떻게 해서 그 판별을 올바르게 할 수 있겠는가를 생각해 보지 않겠는가?"

"생각해 보겠습니다"하고 그의 제자는 말했다.

"만약 돈을 약탈할 필요가 있다면, 금전욕이 가장 많은 인간을 선두에 배치하는 것이 올바른 진형(陣形)이 아니겠는가?"

"그렇다고 생각합니다."

"위험을 향해 나아가고자 하는 사람들에게는 어떻게 하면 좋겠는가? 명예를 가장 원하는 사람들을 선두에 배치해야 하지 않겠는가?"

"과연 그러한 사람들이야말로 무용(武勇)을 나타내기 위해 자진해서 위험한 곳으로 향하는 사람들입니다. 더구나 그러한 사람들은 좀처럼 뒤섞이지 않습니다. 모든 곳에서 눈에 띄므로 쉽사리 찾아낼 수 있습니다."

"그러나 단순히 병사의 배열법만을 가르쳤는지, 아니면 군열(軍列)의 각 부를 언제 어떻게 사용하는 것도 가르쳤는가?"

"전혀 가르치지 않았습니다."

"그러나 전투에는 여러 가지 상황이 전개되기 때문에 항상 같은 배열(配列)이나 같은 진군으로 향할 수는 없다네."

"그런데 사실상 그것에 관해서는 아무런 설명도 없었습니다."

"그런가, 그러면 다시 한 번 가서 잘 듣고 오게나. 만약 그가 알고 있으며, 염치를 아는 자라면 자네로부터 돈을 받고, 게다가 불완전한 교육을 베풀어 돌려보내는 것을 부끄러워할 것일세."

제2장

어느 날, 그는 장군으로 선출된 어떤 사람을 만나 그와 담론을 나눴다.

"자네는 무슨 까닭으로 호메로스가 아가멤논을 '백성의 목자(牧者)'*라 부르고 있다고 생각하는가? 참으로 진정한 목자는 양떼를 무사하게 지키고 식량을 마련하여 양을 치는 목

---

* 《일리아스》 제2권 243.

적을 달성할 수 있도록 배려하지 않으면 안 되는 것과 같이, 진정한 장군 역시 병사들을 무사하게 지켜 주고 식량을 마련하여 그들이 싸우러 가는 목적을 달성할 수 있도록 배려하지 않으면 안 되지 않겠나. 싸우러 가는 것은 승리를 얻음으로써 더욱 행복을 누리기 위해서일세. 그리고 또 어떤 이유에서 이 시인은 아가멤논을 칭송하여

훌륭한 군주와 또한 용맹한 무인(武人)을 겸비(兼備)하도다.[*]

라고 노래했겠는가? 그러므로 자기 홀로 적과 잘 싸워야만 할 뿐만 아니라 적군으로 하여금 잘 싸우게 한다면 또한 '용맹한 무인'이 되지 않겠는가? 그리고 자기 혼자만의 생활을 훌륭하게 다스려야 할 뿐만 아니라, 또한 자기가 다스리는 사람들마저도 행복하게 한다면 '훌륭한 군주'가 되지 않겠는가? 왜냐하면 군주는 자기 자신을 훌륭히 돌보기 위해서가 아니라 자신을 선출해 준 자들이 행복을 누릴 수 있도록 자신을 선출했기 때문일세. 그리고 모든 사람은 자기들의 생활을 가능한 한 최선의 것으로 이룩하기 위해 싸우는 것이며, 자기들을 이끌어 이에 이르도록 하기 위해서 장군을 선출하는 것이네. 그러므로 군의 통솔자는 자기를 장군으로 선출해 준 자들을 위해 이 일을 달성하지 않으면 안 되네. 왜

---

* 《일리아스》 제3권 179. 알렉산드로스 대왕이 애창한 시의 한 구절이다.

냐하면 이보다 더 나은 영예도, 반대로 이보다 더한 치욕(恥辱)도 쉽사리 찾아낼 수 없기 때문일세."

이와 같이 그는 명장의 미질(美質)을 이루는 것이 무엇인가를 검토하고 다른 모든 것을 제거하여, 오직 자기가 거느리는 사람들을 행복하게 하는 것만을 남겼던 것이다.

제3장

또 언젠가 나는 그가 기마군(騎馬軍)의 통감(統監)으로 선출된 자와 다음과 같이 담화한 것을 알고 있다.

"젊은이, 자네는 무슨 목적으로 기마 통감이 되기를 원했는지 우리에게 말해 줄 수 있겠나? 왜냐하면 설마 자네가 기마대의 선두에 서서 돌진하려 하지는 않았으리라고 생각되기 때문일세. 선두에 서서 돌진하는 것은 기마 궁병(弓兵)이 맡은 임무로서, 실제로 그들은 기마 통감보다도 앞장 서서 돌진한다네."

"사실입니다."

"그것은 또한 다른 사람들에게 알려지기 위함도 아닐 것이라 생각되네. 사실 미치광이는 모든 사람들에게 알려지니까 말일세."

"역시 말씀하시는 바와 같습니다."

"모름지기 자네는 휘하의 기마대를 더욱 우수하게 만들어서 국가에 귀속시키고, 일단 유사시에는 이들을 통솔하여 국가를 위해 충성을 다하고자 하는 생각으로 원했을 것이네."
"그렇습니다."
"물론 그렇게 할 수만 있으면 확실히 훌륭한 일일 것이네. 그러나 자네가 선출된 직분은 필경 마필(馬匹)과 기수를 통솔하는 일일 것이네."
"네, 바로 그것입니다만……."
"그렇다면 우선 어떻게 하여 마필을 개량하려는지 그것을 우리에게 말해 보게나."
"하지만 그것은 저의 직분이 아닌 것으로 생각합니다. 그런 것이 아니라 각자가 제각기 자기의 말을 돌봐 주어야 하리라고 생각합니다."
"그렇다면 만일 어떤 자들이 끌고 오는 말은 다리가 튼튼치 못하거나 또는 말굽이 상하거나 또는 병약하며, 어떤 자들이 끌고 오는 말은 먹성이 좋지 않고 함께 따라서 달릴 수 없는 말뿐이며, 어떤 자들이 끌고 오는 것은 사나운 말로서 대열 중에 세우려 해도 가만히 있지 못하고, 어떤 자들의 말은 차는 버릇이 심해서 대열 중에 들여놓을 수조차 없다고 한다면, 자네는 이 기마대에서 무슨 이익을 얻겠는가? 또는 어떻게 해서 자네는 이런 기마군의 통감으로서 국가에 충성을 다할 수 있겠는가?"
"과연 지당한 말씀입니다. 역시 될 수 있는 한 마필에 관심을 갖도록 하겠습니다."

"그러면 어떤가, 기마 병사도 개량해 보지 않겠나?"

"해보겠습니다."

"자네는 우선 그들이 한층 능숙한 기마병이 되도록 노력해야 할 걸세."

"과연 그렇게 해야 되겠습니다. 그렇게 하면 누군가 혹시 낙마하더라도 생명을 잃는 일은 많지 않을 것입니다."

"그럼 다음으로, 마침내 과감한 행동으로 옮길 필요성이 생겼을 경우, 자네는 평소의 훈련장과 같은 모래 벌판*으로 적을 유인하도록 명령하든가, 아니면 적이 있는 곳과 같은 지세의 장소에서 조련을 하도록 주의해야 할 걸세."

"과연 그렇게 하는 것이 좋겠지요."

"그러면 어떤가, 마상에 탄 채로 될 수 있는 한 많은 적을 투창으로 떨어뜨리기 위한 연습도 하겠는가?"

"이것 역시 그렇게 하는 것이 좋겠지요."

"기마병의 용맹심을 분발시키고 적개심을 불타오르게 하여 한층 과감하게 행동하도록 해본 적이 있는가?"

"이전에는 어찌 되었든 이제부터는 반드시 그렇게 하도록 하겠습니다."

"병사들이 자네의 명령에 따르도록 하려면 어떻게 해야 하는가를 생각해 봤는가? 자네의 명령에 따르지 않는다면 인마(人馬)가 모두 제아무리 우수하고 과감할지라도 아무 쓸모

---

* 'ammos', 즉 모래를 깐 넓은 경마장.

가 없을 것이네."

"바로 그렇습니다. 그런데 선생님, 어떻게 하면 가장 훌륭하게 그들을 명령에 복종케 할 수 있겠습니까?"

"자네는 아마 알고 있으리라고 생각하네. 어떠한 경우에도 인간이란 가장 우수하다고 생각하는 사람들에게 가장 기꺼이 복종하게 마련이네. 그러므로 병이 났을 때는 의술이 가장 뛰어나다고 생각되는 사람에게 가장 잘 복종하고, 항해를 할 때는 조타술(操舵術)이 가장 뛰어난 사람에게, 농경(農耕)에 있어서는 농경에 누구보다도 뛰어난 사람에게 복종하는 법일세."

"과연 그렇습니다."

"그렇다면 마술에 있어서도 어찌해야 하는가 가장 잘 알고 있다고 생각되는 사람에게는 어떤 사람도 가장 잘 복종하는 것이라고 생각하는 것은 당연한 일이네."

"그렇다면, 선생님. 제가 모든 사람 중에서 가장 우수한 사람이라는 것이 판명되면 그것만으로써 다른 사람들을 저에게 복종시킬 수 있습니까?"

"그것과 또 복종하는 것이 한층 명예롭고, 한층 안전하다는 것을 그들에게 가르치면 그것으로 충분하네."

"그러면 어떻게 이것을 가르쳐야 되겠습니까?"

"그것을 가르치는 방법으로는 악이 선을 이기고, 또 유익하다는 것을 가르치는 것보다도 훨씬 용이한 일이네."

"기마 통감은 그 밖에 여러 가지 조심해야 할 뿐만 아니라

웅변도 잘할 줄 알아야 한다는 말씀입니까?"

"자네는 무엇으로 기마군을 통솔해야 한다고 생각하고 있었나? 첫째, 우리들이 사회의 관습에 따라서 배우고 깨달은 가장 귀중한 지식, 즉 이 세상에서 살아가는 길을 깨달은 것은 모두 언어를 통해서 배웠다는 사실을 자네는 생각해 본 적이 없는가? 그 밖에 어떤 좋은 지식을 자네가 깨달았더라도 그것은 모두 언어의 덕분일 것이네. 그리고 사물을 가르치는 데 가장 능숙한 사람은 언어를 사용하는 재주에 가장 뛰어난 사람이고, 심오한 학식을 지니고 있는 사람일수록 훌륭하게 말하고 있지 않은가? 혹시 또 이런 것을 생각해 본 적은 없었는가? 우리 국가에서 조직되는 가무단(歌舞團), 예를 들면 델로스섬에 파견되는 가무단*이 만들어질 때, 어떤 국가도 이에 비길만한 것을 단 하나도 만들지 못했으며, 또 어떤 국가도 그 인선(人選)의 우수한** 점에서 우리 국가에 미치지 못한다는 사실을 말일세."

"실로 그렇습니다."

"그러나 아테네인이 다른 나라 사람들보다 뛰어난 것은 소리의 아름다움이나 신체의 크기나 완력에 있는 것이 아니라, 그보다는 명예를 사랑하는 정신에 의한 것이며, 이 정신에 의해 아름다움을 이룩하고 이름을 떨치도록 격려를 받게 되

---

*   아테네 사람이 델로스의 아폴론 제례(祭禮)에 파견한 종교 사절(Theoria)은 4년마다 한 번씩 열리는 제례(Penteteris) 외에 매년 한 번씩 파견되었다.
** 크세노폰의 《향연》 4권 17 참조.

는 것일세."

"역시 그렇습니다."

"그렇다면 또, 우리 나라의 기마군에 대해서도 누군가가 마음을 기울여서 무기와 마필의 정비, 철저한 훈련과 적을 향해 감연히 돌진하는 마음의 자세, 그리고 또 이런 일들을 하는 것이 다른 사람에게 칭송과 명예를 얻을 수 있다고 생각하게 된다면, 우리는 어느 나라 사람보다도 이 점에서 역시 훨씬 뛰어날 것이라고 자네는 생각지 않는가?"

"네, 바로 그렇습니다."

"그러면 주저하지 말고 이 정신을 사람들에게 고취(鼓吹)함이 좋을 것이네. 그렇게 하면 자네 자신의 이익이 될 뿐만 아니라, 다른 시민도 또한 자네 때문에 이익을 얻게 될 것일세."

"네, 그렇게 하도록 노력하겠습니다."

제 4 장

언젠가 그는 니코마키데스*가 선거에서 돌아오는 것을 보고 물었다.

"니코마키데스, 누가 누가 장군으로 선출되었나?"

그러자 그는 말했다.

---

* 자세히 알 수 없다.

"소크라테스, 정말 아테네인다운 짓이라고 할 수 있겠는가? 그들은 나를 뽑지 않았다네. 나로 말할 것 같으면 장정 명부에 오른 이래, 대장으로서 또는 군장(軍裝)으로서 온갖 고난을 다 겪었으며, 이렇게 부상까지 입은 몸이라네. (그리고 그는 옷을 걷어 올리고 상처를 내보였다) 그런데 그들은 안티스테네스*를 장군으로 선출했다네. 지금까지 단 한 번도 중무장을 한 병사로서 싸워 본 적도 없으며, 또한 기병으로서 아무런 눈부신 활약을 한 적도 없이, 오직 돈벌이 외에는 아무것도 모르는 사나이를 말일세."

"그러나 병사들에게 필요한 물자를 공급할 능력이 있는 자라면 그건 아주 잘된 일이 아니겠나."

"그러나 돈벌이 하는 능력이라면 상인에게도 있네. 그러나 그렇다고 해서 군대를 통솔할 수 있는 것은 아닐세."

그러자 소크라테스가 말했다.

"그러나 안티스테네스는 또 승리를 거두는 일에도 열성적인 사람이네. 이건 장군이 되려는 자에게는 필수 조건일세. 자네는 그가 가무단의 부담(負擔)을 인수할 때마다 반드시 모든 가무단에 성공한 사실을 모르고 있나?"

"그것은 알고 있네. 그러나 가무단의 우두머리가 되는 것

---

* 고대 그리스의 철학자. 소크라테스의 제자. 소크라테스 학파의 하나인 퀴니코스(Kynikos) 학파의 창시자. 세욕(世慾)을 떠난 덕만이 최상의 것이며, 쾌락은 기만적인 것이어서 노력의 결과에 의한 쾌락이 아니면 영속적이 아니라고 금욕을 주장하였다.

과 군대의 우두머리가 되는 것은 전혀 사정이 다르네."

"그렇지만 안티스테네스는 음곡(音曲)을 배운 적도 없었고 가문단을 지도하는 데에도 경험이 없었음에도 불구하고, 이들에 뛰어난 사람들을 찾아내는 능력이 있었다네."

"아마 군대에 있어서도 그는 다른 사람을 찾아내서 자기를 대신하여 지휘케 하고 자기를 대신해서 싸우도록 할 것이네."

"그러니까 내가 생각하기로는, 전쟁에 있어서도 가무단과 마찬가지로 가장 뛰어난 사람들을 찾아내서 그들을 등용한다면 여기서도 그는 승리자가 될 것이네. 그리고 일족(一族)과 더불어 가문단의 성공을 위해 자금을 투입한 이상의 성의로써 아마도 전국가와 더불어 전쟁에서의 필승을 위해 자금을 투입하려 할 것이네."

"소크라테스, 자네는 가무단을 이끌어 나가는 데 뛰어난 사람과 군대를 통솔하는 데 뛰어난 사람이 같다는 말인가?"

"내가 말하고자 하는 것은 어떤 일을 하는 데 있어 우두머리가 되고자 하는 사람은 그 일에 필요한 사항을 알고 그 일을 장악할 능력이 있다면, 가령 가무단이든, 국가이든, 군대이든 간에 탁월한 통치자가 될 수 있다는 말일세."

그러자 니코마키데스가 말했다.

"전혀 뜻밖이군, 소크라테스. 나는 자네에게서 훌륭한 살림꾼이 탁월한 장군과 같다는 말을 들을 줄은 꿈에도 생각지 못했네."

"좋네, 그렇다면 양자의 각기 하는 일에 관하여 음미해 보도록 하세. 과연 그것이 동일한지, 아니면 상이한 것인지를 알기 위해서 말이네."

"대단히 좋은 말이네."

"부하를 자기에게 잘 복종시키고 유순하게 만드는 것이 쌍방의 할 일이 아니겠나?"

"암 그렇고 말고."

"그러면 적재(適材)를 적소(適所)에 임명하는 일은 어떤가?"

"그것도 양자가 해야 할 일이네."

"그리고 열등한 자를 처벌하고 뛰어난 자를 보상(報償)하는 일이 양자가 모두 해야 할 일이라고 생각하네."

"바로 그렇네."

"부하의 호감을 사도록 하는 것이 양자 모두에게 좋은 일일 것이네."

"역시 그렇네."

"맹우(盟友)와 후원자를 얻는 일은 양자 어느 편에도 이익이 되리라고 생각하나, 아니면 다르다고 생각하나?"

"양자 모두에게 이익이 될 걸세."

"지금 가지고 있는 것을 잃지 않도록 지키는 것이 쌍방 모두에게 중요한 일이 아니겠나?"

"마땅히 그래야만 하네."

"그리고 자기들의 직분에 열성을 다하고 분골 쇄신하는 것이 쌍방 모두에게 본질적인 것이 아니겠나?"

"이것들은 어느 것이나 쌍방에 모두 공통이라 생각하네.

그러나 싸우는 것은 쌍방의 직분이 결코 아닐세."
"그러나 적은 쌍방에게 모두 없어서는 안 되네."
"과연 그런 것은 있네."
"그렇다면 적에게 이기는 것이 양자 모두에게 이익이 아니겠나?"
"그건 그렇네. 그러나 자네가 빠뜨린 말이 하나 있네. 즉 일단 전쟁이 일어났을 때 가정학(家政學)이 무슨 소용이 있겠나?"
"그런 경우야말로 그것이 가장 쓸모가 있다네. 왜냐하면 훌륭한 살림꾼은 적과 싸워 이기는 것만큼 이익이 되고 득이 되는 것이며, 패배하는 것은 곧 자신이 불리해지고 손해를 보게 된다는 사실을 잘 알고 있기 때문에 승리를 가져오도록 도울 수 있는 것을 열심히 찾고 또 준비하며, 반면에 패배로 이끄는 요인을 세심히 조사하고 또한 경계하며, 일단 준비가 갖추어지고 승리가 확실시 될 때는 곧 행동으로 옮겨 싸우지. 특히 중요한 것은 준비가 불충분할 때는 싸우는 것을 삼가는 것이로세. 니코마키데스, 살림살이에 통달한 사람을 멸시해서는 안 되네. 왜냐하면 개인 업무의 경영과 공공 임무의 처리는 다만 양에 있어서 다를 뿐이지 그 외의 점에서는 비슷한 것이라네. 특히 무엇보다 중요한 것은 이 쌍방의 어느 것도 인간이 아니고서는 행할 수 없으며, 더구나 개인 업무를 행하는 인간과 공무를 행하는 인간은 결코 별다른 인간이 아니라는 것일세. 왜냐하면 공공 업무에 종사하는 사람들이 부리는 인간은 개인 사업을 경영하는 사람들이 부리는 것과 똑같은 인간이기 때문일세. 그리고 그들을 다스리는 통솔력을 터득하고 있는 자는 가사를 취급하든 공사를 취급하든 간에 훌륭히 성공을 거두며, 터득하지 못한 자는 그 쌍방 모두가 실패하기 마련일세."

제5장

언젠가 그는 대(大) 페리클레스의 아들인 페리클레스*와 담화를 나누면서 말했다.

"페리클레스, 나는 자네가 장군이 되었으므로 우리 국가가 전술에 있어서 한층 탁월하고 한층 명성을 떨치며, 그리고 적을 패망시킬 수 있으리라고 큰 기대를 걸고 있네."

그러자 페리클레스는 말했다.

"저도 당신의 말씀대로 되고자 원하고 있습니다. 소크라테스. 그러나 어떻게 하면 제가 그렇게 할 수 있을지 저로서는 알 수가 없습니다."

"그렇다면 어디 우리 한번 토의를 해서 과연 어디에 그런 가능성이 잠재해 있는지 연구해 보겠나?"

---

* 페리클레스에겐 세 아들이 있었는데, 정실 자식은 둘이며 모두 페스트로 죽었다. 세번째는 아스파시아와의 사이에서 태어난 아들로 서자(庶子)이다. 시민들은 두 자식을 잃은 대(大) 페리클레스를 동정하여 아들에게 시민권을 주어 페리클레스라고 불렀다. 플루타르코스의 《영웅전》 24, 37참조.

"해보겠습니다."

"그렇다면 자네는 아테네인은 인원수에 있어서 보이오티아인에게 조금도 뒤떨어지지 않는다는 사실을 알고 있나?"

"네, 알고 있습니다."

"육체적으로 건강하고 아름다운 인간을 보이오티아에서 더 많이 뽑아 낼 수 있다고 생각하는가, 아니면 아테네에서 보다 많이 뽑아 낼 수 있다고 생각하는가?"

"이 점에서도 아테네인이 보이오티아인에게 뒤지지는 않으리라 생각합니다."

"시민이 융화하고 있는 점에서 자네는 어느 편이 더 우세하다고 생각하는가?"

"그것은 아테네인이지요. 왜냐하면 보이오티아인 중에는 테바이*인에게 편취(騙取)당하여 그들에게 불만을 품고 있는 시민이 많이 있지만, 아테네인에게는 이런 일을 찾아볼 수 없으니까요."

"그리고 또, 아테네인은 명성을 사랑하고 동포가 서로 화목함에 있어서 다른 모든 국민들보다 빼어나네. 이런 것들은 무엇보다도 더욱 고명(高名)을 위해, 조국을 위해 감연히 위험을 향해 나아가는 마음을 격려해 주는 걸세."

"이 점에서도 아테네인은 비난을 받은 적이 없습니다."

"게다가 조상의 혁혁한 위업(偉業)이 많기로는 아테네인을

---

* 보이오티아의 수도.

능가할 백성은 없을 걸세. 그리고 많은 사람들이 이 유훈(遺訓)에 격려되어 미덕의 함양(涵養)에 힘쓰고 무용의 연마에 정진히는 걸세."

"이것은 모두 당신의 말씀대로입니다, 소크라테스. 그러나 잘 아시는 바와 같이 레바데이아의 전투*에서 토르미데스와 그 휘하의 천 명이 당한 비운과 델리온**에서의 힙포크라테스 휘하군의 패배 이래, 아테네인의 명성은 보이오티아인의 그것에 비하여 떨어졌습니다. 이에 반하여 보이오티아인의 아테네인에 대한 교만심은 높아졌으며, 그래서 이전에는 자기 나라 안에서조차 라케다이몬인과 그 이외의 펠로폰네소스의 원군 없이는 아테네인을 맞아 싸울 용기가 없었던 보이오티아인이 이번에는 자기들만의 힘으로써 앗티카에 침입하려는 형세를 보였고, 이전에는 보이오티아를 유린한 아테네인이 오히려 보이오티아

---

* 레바데이아의 전투는 기원전 447년에 일어났는데, 이를 카이로네이아의 싸움, 또는 코로네이아의 싸움이라고도 부른다. 아테네군의 장군은 토르미데스. 그는 카이로네이아를 보이오티아 사람으로부터 탈환하고, 수비대를 남기고 돌아오던 중 코로네이아(레바데이아의 남쪽)에서 보이오티아의 망명객으로 구성된 군대에게 습격을 받고 격전 끝에 전사했다. 투키디데스의 《펠로폰네소스 전쟁사》 제1권 108, 118 참조.

** 델리온은 아폴론의 신역(神域)에서 보이오티아 동남단의 국경에 가까운 해안 도시일 뿐만 아니라 그 부근 지역을 가리킨다. 기원전 424년 이 도시에서 1 마일 떨어진 아테네령 오로포스에서 격전이 벌어졌다. 이것이 델리온의 싸움이라고 불린다. 아테네의 장군 힙포크라테스가 이끈 7천 명의 중장병과 2만여의 경장병에 대하여 보이오티아의 장군 파곤다이스는 7천 명의 중장병과 1만여의 경장병 외에 1천의 기병으로써 공격하여 아테네군을 물리쳤다. 투키디데스의 《펠로폰네소스 전쟁사》 제4권 99ff 참조.

인에게 앗티카를 약탈당하지나 않을까 두려워하고 있습니다."

그러자 소크라테스가 말했다.

"나도 그런 상태인 것은 잘 알고 있네. 그러나 나는 지금 우리 나라에는 유능한 지배자에 대해 복종하는 기운이 상당히 일고 있다고 생각하네. 왜냐하면 안심은 부주의와 게으름과 불복종을 낳는 것이지만, 두려움은 사람들의 주의를 긴장시키고 한층 순종케 하여 훨씬 통제하기 쉽게 하기 때문이네. 뱃사람의 경우가 그 좋은 한 예가 될 것이네. 아무 걱정도 없는 동안은 과연 그들은 통제하기 어려운 무리들이지만, 일단 태풍이나 적의 공포가 다가오면 일체의 명령을 수행할 뿐만 아니라 묵묵히 꼼짝 않고 명령이 내리기만을 대기하는, 마치 가무를 하는 사람들과 같다네."

"이제 그들이 제법 순종하고 있다고 하면 이번에는 어떻게 그들을 고무 격려하여 다시금 지난날의 미덕과 명성과 행복을 흠모(欽慕)케 할 수 있는가를 이야기할 때라고 생각합니다."

"만일 우리가 그들에게 타인이 가지고 있는 돈을 요구케 하도록 한다면, 이것은 그들의 아버지의 돈이고 따라서 그들에게 소속되는 것이라고 가르치는 그것을 획득하는 데 매진케 할 수 있는 최선의 길일 것이네. 우리는 미덕을 행하여 그들이 만인 중에서 뛰어나도록 노력하는 것을 원하므로, 이렇게 하는 것도 또한 옛부터 그들의 특성이고 이의 함양에 노력함으로써 다른 모든 백성들보다 탁월할 것이라고 가르치지 않으면 안 될 것이네."

"그러면 어떤 방법으로 이것을 가르칠까요?"

"내 생각으로는 우리 조상의 가장 시조(始祖)되는 사람들의 이야기를 우리가 전해 들은 훌륭한 사람들이었다는 것을 상기시키면 좋을 것이라고 생각하네."

"그것은 케크로포스가 부하인 판사들과 더불어 미덕으로써 판결을 내렸던 저 신들의 재판*을 말씀하시는 것입니다."

"그렇지, 그리고 에레크테우스**의 양육과 탄생, 또한 그의 시대에 있었던 가까운 이웃 여러 나라에 대한 전투와, 헤라클레스 2세의 시대에 펠로폰네소스의 시민들에 대해서 감행된 전투***, 또한 테세우스****의 시대에 있었던 일체의 전쟁에 관한 일이기도 하네. 이 모든 전쟁을 통해서 그들은 그 시대

---

* 케크로포스는 앗티카 최초의 왕이라고 전해지고 있음. 그의 치세(治世) 동안 포세이돈과 아테나이가 앗티카를 얻고자 다투었는데, 케크로포스가 재판을 열어 심리 끝에 아테나이에게 승리를 판정했다고 한다. 아테네의 입법 정신은 극히 오래 전부터 내려오고 있다.

** 에레크테우스는 전설상의 아테네 옛 왕. 아테네 백성의 조상이며 문화 영웅신의 한 사람. 헤로도토스에 의하면 아테네 백성은 그의 치세(治世)가 되면서부터 비로소 아테네 사람이라고 불리어졌다고 한다. 아테네의 문화는 그와 여신 아테나이와의 전설에 의하기 때문에 아크로폴리스에는 양자가 함께 모셔져 있었다. 에레크테우스는 '게에게네스(흙에서 태어남)'라고 불린다. 헤로도토스의 《역사》 제8권 55참조.

*** 이른바 헤라클레이다이아 싸움을 가리킨다. 도리아족의 펠로폰네소스 침입에 명의를 주기 때문에 그들은 자기들의 조상이 헤라클레스의 피를 이어 받았고, 따라서 페르세우스와도 관계가 있으며, 펠로폰네소스는 조상의 땅이라고 말했다. 이 도리아의 침입을 '헤라클레이다이의 귀환'이라고 부른다.

**** 테세우스는 아테네의 영웅.

의 인간 중에서 가장 뛰어난 존재였음을 명백히 하고 있네. 또한 더 말을 하자면 그들의 후예가 후세에 이룩한 위업*을 열거해도 무방하네. 이들은 우리 시대와 그다지 멀지 않은 사람들일세. 즉 에우로페인은 아시아 전부와 마케도니아에 이르는 광대한 영역에 걸쳐서 군림했고, 전대 미문의 대군세와 부(富)를 가지고 위대한 사업을 성취한 대국을 상대로 혼자 힘으로 싸우거나, 혹은 펠로폰네소스인과 힘을 합하여 육지에서 또는 바다에서 대승을 거두었던 것이네. 실로 그들 역시 그들과 동시대의 사람들보다 그들이 훨씬 탁월했었다고 생각한 것으로 알려져 있네."

"과연 그렇게 알려져 있습니다."

"그러니까 헬라스에서는 여기저기서 많은 이주(移住)가 행하여졌음에도 불구하고 그들은 옛 고대로 본국에 머물고, 여러 나라의 많은 사람이 소송으로 다툴 때 재판을 그들에게 의뢰하였으며, 많은 사람이 강자에게 학대를 받을 때 그늘이 있는 곳으로 피해 왔나네."

그러자 페리클레스가 말했다.

"소크라테스 선생님, 그와 같은 우리의 도시가 어째서 이토록 타락했나 하고 생각하니 참으로 이상합니다."

"내가 생각건대, 경기를 하는 선수들이 뭇사람보다 매우

---

*   대(大)페르시아 전쟁. '그들의 후예'란 미르티아데스, 테미스토클레스, 아리스티데스 등의 시대의 아테네 사람을 가리킨다.

뛰어나서 쉽사리 상대편을 이길 수 있을 것이라고 생각하여 방심하면 자연히 다른 사람에게 뒤떨어지는 것과 같이, 아테네인도 다른 나라 사람보다 매우 뛰어났기 때문에 자기 자신을 방임함으로써 낙후(落後)하게 됐다고 생각하네."

"이제 그렇다면 우리들은 어떻게 하면 왕년의 미덕을 되찾을 수 있을까요?"

그래서 소크라테스는 말했다.

"나는 그것이 별로 유현(幽玄)한 것이 아니라고 생각하네. 즉 조상들의 일상 생활에서 그 방법을 발견하고 그에 조금도 뒤떨어지지 않도록 살아간다면 결코 그들에게 뒤지지 않는 사람이 될 걸세. 만일 그렇게 할 수 없다면, 적어도 오늘날 가장 우수한 지위를 보전하고 있는 사람들*을 모방하여 그들과 같은 식으로 일상 생활을 하며 똑같이 실행에 옮긴다면 결코 그들에게 뒤떨어지지 않는 사람이 될 것이며, 만일 한층 노력한다면 그들을 능가할 수도 있을 것이네."

"그렇다면 우리 나라가 유덕(有德)한 경지에 이르는 길은 실로 요원한 일이군요. 하지만 언제쯤이나 아테네인이 라케다이몬들처럼 연장자를 존경하게 되는지요. 요즈음의 아테네인들은 자신의 부친을 비롯하여 노인을 멸시합니다. 혹은 또 언제쯤이나 아테네인들이 라케다이몬인들처럼 신체를 단

---

* 라케다이몬 사람(스파르타 사람)을 가리킨다. 크세노폰은 플라톤이나 소크라테스 이상으로 라케다이몬 사람의 유덕(有德)을 기리고 있다. 그의 《퀴로스의 교육》은 그 좋은 본보기다.

련하게 되는지요. 아테네인들은 단련을 게을리할 뿐만 아니라 이에 힘쓰는 사람들을 조소(嘲笑)합니다. 언제쯤이나 아테네인들은 그들처럼 통치자에게 잘 복종할까요? 아테네인들은 통치자를 멸시하는 데 자만심을 느끼고 있습니다. 또 언제쯤이나 아테네인들은 그들처럼 협조 정신을 지닐 수 있을까요? 지금의 아테네인들은 서로의 이익을 위해 협조하기는커녕 외부 사람을 대하는 것보다도 더 거만하게 모욕하고 질투하며, 그 중에서도 특히 사적인 혹은 공적인 집회에서는 이의(異議)만을 제기합니다. 아주 빈번히 소송을 제기하며, 상부상조하여 이익을 얻기보다는 이렇게 서로 간에 해를 입힘으로써 이익을 얻는 것을 좋아하고, 공적인 요무(要務)를 남의 일처럼 취급하면서도 그 공무를 서로 취급하려고 다투면서 그런 경쟁을 할 능력이 있는 것을 무엇보다도 기뻐합니다. 그 때문에 허다한 폐해와 화근이 국가에 뿌리를 박고 적의(敵意)와 증오는 국민 상호 간에 심하게 발생했습니다. 그래서 나는 항상 견딜 수 없는 큰 재액(災厄)이 곧 국가에 닥치지나 않을까 몹시 우려하고 있습니다."

"결코 그렇지는 않을 것이네, 페리클레스. 아테네인이 그토록 다시 돌이킬 수 없는 폐단에 빠져 있다고 생각해서는 안 되네. 자네는 우리 해전대(海戰隊)가 얼마나 훈련이 잘 되어 있는지를, 운동 경기 선수들이 얼마나 전문가에게 복종을 잘 하는지를, 가무를 하는 사람들이 그 어떤 사람들에게도 뒤떨어지지 않을 만큼 얼마나 교사를 잘 따르는지를 보지 못했는가?"

"그것이 또한 가장 이상합니다. 선생님께서 말씀하신 사람들은 상급자에게 잘 복종합니다. 그런데 중장병과 기마병은 고아(高雅)한 사람들을 뽑아서 구성했다고 생각했는데, 그들은 어느 누구보다도 가장 순종하지 않습니다."

그래서 소크라테스는 말했다.

"그러나 페리클레스, 아레이오파고스의 법정*은 최고의 권위자들로서 구성되어 있지 않은가?

"물론입니다."

"그러면 그들 이상으로 숭고하고, 그들 이상으로 합법적으로 엄숙하거나 올바르게 재판을 판결함으로써 부과된 모든 임무를 다하는 사람들을 자네는 알고 있는가?"

"이 사람들은 조금도 나무랄 데가 없습니다."

"그렇다면 자네는 아테네인이 훈련이 되어 있지 않다고 낙담할 것은 없네."

"그러나 무엇보다도 사려가 깊어야 하고 훈련과 복종이 중요한 군대에서는 아무도 이것에 주의를 기울이는 자가 없습니다."

"아마도 그것은 가장 적당치 못한 인간이 군에서 지휘를 담당하기 때문일 것이네. 그 분야에 능숙한 자가 아니라면

---

* 아테네의 최고(最古)의 법정. 아크로폴리스에 가까운 '군신(軍神) 아레스의 언덕'에서 열리기 때문에 이 이름이 생겼다.

어느 누구도 비파를 연주하거나, 가무나 무용하는 사람들을 지휘하려고 하거나, 또 씨름과 레슬링 선수들의 지도자가 될 수 없다는 것을 자네는 보지 않았는가? 이런 사람들을 감독하는 모든 사람들은 그들이 어디서 감독하는 기술을 배웠는가를 말할 수 있을 것이네. 그런데 대부분의 장군들은 자기 스스로 공부하고 있네. 그러나 자네가 이런 인간이라고는 생각하지 않네. 나는 자네가 열등한 사람이 아니며 분명히 언제 장군학을, 언제 씨름을 배우기 시작했는가를 말할 수 있으리라고 생각하네. 그리고 또 부친으로부터 장군학의 대부분을 이어받아 잊지 않고, 또 장군학에 다소나마 이바지할 수 있는 것이라면 도처에서 많은 것을 배우고 있으리라고 믿네. 또 자네는 장군학에 필요한 지식은 하나도 빠짐없이 알려고 많은 주의를 기울이고 있을 것이며, 또 무엇인가 이 분야에서 알지 못하는 것이 있다는 것을 알게 되면, 돈과 노력을 아끼지 않고 그것을 알고 있는 사람을 찾아가서 자네가 모르는 것을 그들로부터 배우고, 좋은 조력자를 얻을 수 있도록 항상 노력하고 있으리라 생각하네."

그러자 페리클레스는 말했다.

"소크라테스 선생님, 선생님께서는 제가 그러한 것을 항상 염두에 두고 있다고 생각하셔서 그렇게 말씀하시는 것이 아니라, 장군이 되고자 하는 자는 이런 일체의 사항을 깊이 연구해야 한다고 저를 가르치고자 말씀하시는 것임을 잘 압니다. 사실 저도 선생님께서 말씀하시는 것에 동감합니다."

"그리고 페리클레스, 자네는 이것을 알고 있나? 즉 우리 국경에는 큰 산*들이 가로놓여 있어 보이오티아까지 뻗어 있으며, 이것을 넘어서 우리 나라로 들어오는 길은 좁고 험준하며, 내지(內地)는 매우 험한 산**들로써 단절되어 있다는 것을."

"잘 알고 있습니다."

"그렇다면 자네는 뮈시아인과 피시디아인***이 페르시아 대왕의 영토 중에서도 극히 험준한 산지에 살면서, 경무장을 하고 대왕의 영토를 이리저리 뛰어다니며 막대한 손해를 끼치고, 더구나 자기들의 자유를 보전하고 있는 것을 듣고 있을 텐데."

"네, 그것도 듣고 있습니다."

"민첩하게 활동할 수 있는 연령의 아테네인이 극히 가벼운 무장****을 하고서 국경에 가로놓여 있는 산지에 주둔한다면, 적에게는 귀찮은 존재가 되겠지만, 국내의 백성들을 튼튼하고 안전하게 방어할 수 있게 되리라고는 생각지 않는가?"

페리클레스는 말했다.

"그렇다고 생각합니다, 소크라테스 선생님. 이것도 저것도

---

* 예를 들면 키타이론, 케라타 등의 산들을 가리킨다.
** 파르네에스, 뤼카베토스, 펜테리콘, 휘메로스 등의 산들을 가리킨다.
*** 뮈시아인은 소아시아의 서북쪽에 살고 있던 사람을 가리키며, 피시디아인은 소아시아의 동남쪽에 살고 있던 소국(小國)인을 가리킨다.
**** 이른바 'Periporoi'를 가리킨다. 18세로부터 21세까지의 아테네 청년들로 앗티카의 국경 경비를 맡았다.

모두 쓸모가 있으리라 생각합니다."

"만약 그렇게 하는 것이 좋다고 생각되면 곧 그렇게 하도록 하게, 현명한 페리클레스! 사실 그 중의 어느 하나만이라도 성취한다면 자네에게도 명예가 되고 국가에도 이익이 될 것이며, 또 만약 자네가 그 중의 어느 것을 이루지 못하였다고 하더라도 국가에 손해를 끼치거나 자네의 치욕이 되지는 않을 것이네."

제6장

아리스톤의 아들 글라우콘*이 아직 20세도 채 안 되었는데 국가의 우두머리가 되기를 바라고 연단에 오르기 시작하더니, 연단에서 사람들에게 끌려내림을 당하여 웃음거리가 되고 있었지만 친척이나 친구 중 어느 한 사람도 말릴 수가 없었다. 소크라테스는 글라우콘**의 아들인 카르미데스와 플라톤의 연고(緣故)로 이 청년에게 호의를 가지고 있었는데, 오직 그만이 말릴 수가 있었다.

그 까닭은 소크라테스가 이 젊은이를 만났을 때 다음과

---

* 플라톤의 동생, 카르미데스의 조카. 노(老) 글라우콘의 손자. 아테네에서는 18세부터 공민권이 있었다. 다만 국민회의의 심의원이 되려면 30세부터이다.

** 노(老) 글라우콘을 말한다. 플라톤의 어머니 페리크티오네는 이 글라우콘의 딸이었다.

같이 말을 함으로써 그러한 그의 행동을 만류하고 우선 그의 말에 따르도록 기분 전환을 시켰던 것이다.

"글라우콘, 자네는 국가의 우두머리가 되고자 생각하고 있다면서?"

"그렇습니다, 소크라테스 선생님."

"그것은 대단히 훌륭한 일이야. 인간 세계에서 이보다 더 좋은 일은 없을 것이네. 왜냐하면 누구나 다 아는 바와 같이, 만일 자네가 이 소원을 달성한다면 자네는 신이며 소망하는 것을 무엇이든지 얻을 수 있으며, 또 친구를 도와 주고 가운(家運)을 일으키고 조국의 부강을 더할 수 있는 역량을 얻을 수 있기 때문일세. 그리고 무엇보다도 국가에 명성을 떨치고, 이어서 헬라스에, 그리고 아마도 테미스토클레스처럼 외국에까지 이름이 널리 알려지게 될 것이네. 그리고 어디를 가나 도처에서 사람들에게 선망의 대상이 될 수도 있을 것이네."

이 말을 듣고 난 글라우콘은 자만심을 느끼고 기꺼이 그곳에 머물렀다.

그러자 소크라테스가 말했다.

"그런데 글라우콘, 자네는 남에게 존경을 받고자 원한다면 우선 국가를 위해 충성을 다해야 한다는 것을 잘 알고 있을 테지?"

"네, 잘 알고 있습니다."

"그렇다면 부디 조금도 숨기지 말고 얘기해 보게나, 자네는 국가를 위해 무엇부터 시작하려 하는가?"

글라우콘이 무엇부터 시작해야 하는지 비로소 궁리하는 듯 잠자코 있자, 소크라테스는 말했다.
"만일 자네가 친구의 가산(家産)을 늘려 주려고 생각한다면 자네는 그를 지금까지보다도 부귀하게 지낼 수 있도록 꾀하겠지만, 그와 더불어 국가도 한층 더 부유해지도록 힘써 보겠나?"
"네, 그렇게 하겠습니다."
"국가의 수입이 늘어나게 되면 국가는 전보다도 부유해지지 않겠나?"
"네, 그렇습니다."
"그러면 말해 보게, 지금 국가의 수입은 무엇 무엇에서 나오고, 또 총액은 얼마나 되는지. 왜냐하면 분명히 자네는 이것을 연구하고, 그 중에서 너무 적은 것이 있으면 그것을 증액(增額)케 하며, 누락된 것이 있으면 이것을 첨가(添加)케 하도록 할 터이니 말일세."
"그러나 아직 그런 것에 관해서 연구해 보지 않았습니다."
"좋아, 그것에 관하여 아직 연구해 보지 않았다면 국가의 지출 비용에 관해서 말해 보게나. 분명히 자네는 쓸데없는 잡비가 있으면 줄이려고 생각하고 있을 테니까 말일세."
"그렇지만 사실은 아직 그것에 관해서 연구해 볼 여가가 없었습니다."
"그렇다면 국가의 부를 늘리는 일은 뒤로 미루기로 하세. 왜냐하면 지출도 수입도 모르고 어떻게 이런 일을 보살필 수 있겠는가?"

"그렇지만 소크라테스 선생님. 적으로부터 빼앗아 국가를 부강하게 할 수가 있습니다."

"그건 그렇지. 그러나 그것은 이쪽이 적보다 강할 때에 한하는 것일세. 약할 경우에는 지금 가지고 있는 것마저도 약탈당하고 말 걸세."

"그건 옳으신 말씀입니다."

"그렇다면 어떤 자와 싸워야 하는지 조언(助言)하고자 하는 자는 자기 나라의 병력과 적의 병력을 잘 파악하고 있어야 하네. 그리하여 자기 나라의 병력이 강대하면 전쟁을 일으키도록 권유하고, 만일 적의 병력이 강할 것 같으면 조심하도록 설복해야 하네."

"지당하신 말씀입니다."

"그러면 우선 우리 나라의 육군과 해군에 관한 상황을 말해보고, 그 다음에 적에 관한 상황을 말해 보게나."

"그러나 그런 것을 그리 간단히 암기해서 말할 수는 없습니다."

"좋네, 혹시 기록해 두었으면 그것을 가지고 오게. 나는 그런 것에 관한 이야기를 대단히 좋아한다네."

"그런데 이것도 아직 전혀 기록하고 있지 않습니다."

"그렇다면 전쟁에 관해 조언하는 것도 당분간 연기하기로 하세. 이것은 대단히 중대한 문제이므로, 자네는 아직 정치의 초년생이기 때문에 아마 여기까지 연구의 손이 미치지 못했나 보군. 그런데 국내의 수비대에 관해서는 자네도 이미 관심을 기울이고 있어서 수비대 중 몇몇은 적당한 위치에 배치되고, 그리고 몇몇은 그렇지 않다든가, 또 수비병은 몇 사람으로 충분하고, 몇 사람으로는 불충분하다는 것을 잘 파악하고 있을 것으로 믿고 있네. 그리고 자네는 적당한 곳에 배치되어 있는 수비대에 병력을 증강하고 필요없는 수비대는 폐지하도록 권유하겠지?"

"그뿐만 아니라 저는 전부 폐지하도록 권유하겠습니다. 그 까닭은 수비대가 주둔하고 있는 곳의 산물(産物)이 모두 도난당할 만큼 허술한 수비를 하고 있기 때문입니다."

"만일 수비대를 폐지한다면, 도난뿐만 아니라 공공연한 약탈이 함부로 자행(恣行)되리라고는 생각지 않는가? 자네는 수비대가 주둔하고 있는 곳에 가서 허술하게 수비하고 있는 것을 친히 알아봤는가? 자네는 어떻게 해서 그들의 수비가 허술하다는 것을 알고 있는가?"

"추찰(推察)하는 겁니다."

"그러면 이 문제에 관해서도 우리는 추찰 따위가 아니고 진실로 이것을 알고 난 연후에 비로소 조언을 하도록 하세."

"아마 그렇게 하는 것이 좋겠지요."

"그런데 은광(銀鑛)은 자네가 아직 가본 적이 없다는 것을 내가 알고 있으니, 어째서 그 곳의 생산액이 이전보다도 감소됐는지 내게 들려줄 수는 없을 것일세."

"물론 아직 가보지 못했습니다."

"사실상 또 그 지방은 건강에 좋지 못한 곳이라고 알려져 있으므로 이 문제에 관해서 조언을 해야만 할 때는 이 사실이 충분히 자네의 변명의 구실이 될 걸세."

"놀리지 마십시오"하고 글라우콘은 말했다.

"그러나 다음 사항은 자네가 반드시 관심을 쏟아 연구하고 있을 것으로 나는 믿네. 즉, 지방에서 생산되는 양곡류는 어느 정도의 기간 동안 국가를 유지할 수 있는 힘이 있으며, 또 1년 동안에는 어느 정도의 분량이 필요한가를. 그리하여 일단 국가가 궁핍한 상태에 빠졌을 때, 멍청히 수수방관하지 말고 식량자원에 관한 지식을 국가에 조언하여 난국을 타개하는 데 참여함으로써 국태민안(國泰民安)을 꾀하고 있음에 틀림없겠지?"

"아니 천만에…… 매우 거창한 것을 말씀하시는군요. 이런 것까지 연구해야 한다고 하면……"하고 글라우콘은 말했다.

"그렇기는 하나 가령 자기 가정 하나를 다스리는 데 있어서도 필요한 사항을 모두 이해하고, 또 일체의 일에 마음을 써서 필요한 것을 충당하지 않고서는 훌륭히 다스릴 수가 없을 것이네. 그런데 국가*는 수만을 넘는 가정으로 이루어져 있고, 더구나 많은 가정을 동시에 돌보는 일은 곤란한 일인데, 어째서 자네는 그 중의 하나인 숙부(叔父)**의 집을 부유하게 하도록 노력해 보지는 않았는가? 당장 그 필요성이 있다네. 만일 이것을 할 수 있다면 더욱 많은 일을 할 수도

---

* 당시의 아테네는 페이라이에우스를 포함하여 인구 18만이었다고 한다.
** 카르미데스를 말함. 제3권 7장은 소크라테스와 이 사람과의 대화다.

있을 것이네. 한 가정의 도움도 되지 못하면서 어떻게 많은 가정의 도움이 되겠는가? 1타란톤*의 짐을 짊어질 수 없는 자가 그 이상의 무거운 짐을 짊어지려고 시도해서는 안 된다는 것은 지극히 명백한 일이 아니겠나?"

"그야 저도 숙부께서 제 말을 들어주시기만 한다면 얼마든지 숙부의 가정에 도움이 되었을 겝니다."

"무엇이라구? 숙부를 설복시키지 못하는 주제에 아테네의 전 시민과 숙부를 함께 설복시켜 자네의 말에 따르게 할 수 있다고 생각하는가? 정신 차리게, 글라우콘. 명성을 얻고자 바라다가 그 반대 쪽으로 빠질 위험이 있다네. 자신이 알지 못하는 사실을 말하거나 행하는 것이 얼마나 위험천만한 일인가를 자네는 잘 알고 있을 걸세. 자네가 알고 있는 사람들 중에서 자신이 모르는 사실을 말하거나 행하고 있는 사람들을 생각해 보게. 과연 이 사람들은 비난보다는 칭찬을 받고 멸시당하기보다는 찬탄을 받고 있는 것같이 보이는가? 또 자신이 말하는 사실과 행하는 바를 잘 이해하고 있는 사람들을 생각해 보게. 내가 생각건대, 어떤 일을 보더라도 가장 명성이 높고 가장 칭찬을 받고 있는 사람들은 가장 지식이 심오하고 박식한 사람들이고, 가장 평판이 나쁘고 가장 멸시당하고 있는 사람들은 가장 지식이 결여된 사람들이라는 것일세. 만일 자네가 국가에서 명성을 떨치고 칭찬을 받

---

* 무게의 단위. 1타란톤은 57.5 파운드다. 약 26kg.

고자 원한다면, 무엇보다 먼저 행하고자 하는 분야에 대한 지식을 완전히 갖추도록 노력하게. 그리고 자네가 이 점에서 타인보다 월등히 뛰어난 입장에서 국사(國事)에 참여하게 된다면, 나는 자네가 그 소원하는 바를 아주 쉽사리 달성하더라도 조금도 이상하다고는 생각지 않을 것이네."

제7장

글라우콘의 아들인 카르미데스[*]는 청렴한 선비로서, 당시 국정(國政)에 참여하고 있던 사람들보다도 훨씬 능력이 있는 인재였음에도 불구하고 국민 집회에서 연단에 서거나 국사에 참여하는 것을 주저하고 있었다. 소크라테스는 그의 이와 같은 행동을 보고 말했다.

"말해 보게, 카르미데스. 만일 어떤 사나이가 월계관을 수여하는 경기에 승리함으로써 자신도 영예를 획득함과 동시에 조국의 이름을 헬라스 전역에 떨칠 수 있었음에도 불구하고 경기에 출전하려 하지 않는다고 하면, 자네는 이 사나이를 어떤 인간이라고 생각하는가?"

"그건 분명히 유약한 비겁자라고 생각합니다."

---

* 카르미데스는 노(老) 글라우콘의 아들. 플라톤 및 소(小) 글라우콘의 숙부. 크리티아스의 4촌 형제. 플라톤의 《카르미데스》의 중심 인물. 페이라이에우스의 싸움(기원전 403년)에서 크리티아스와 더불어 전사했다.

"그렇다면 어느 누군가가 국정에 참여함으로써 국가를 더욱 융성하게 하고 또 자신도 이에 의해서 명성을 떨칠 수 있는 역량을 지니고 있음에도 불구하고 그렇게 하기를 주저하고 있다면 비겁자라 생각되는 것이 지당한 일이 아니겠나?"
"지당하겠지요. 그런데 어째서 그런 일을 저에게 물으십니까?"
"그것은 자네가 그 능력을 가지고 있으면서 이에 참여하는 것을 두려워하고 있기 때문일세. 더구나 그와 같은 일은 시민으로서 자네가 참여할 의무가 있는 일일 것이네."
"제가 어떤 일에 능력이 있다고 보시고 이와 같이 말씀하시는 겁니까?"하고 카르미데스는 말했다.
"국정에 참여하는 사람들과 자네와의 교제에서 봤네. 왜냐하면 그 사람들이 자네와 의논을 할 때 자네는 훌륭한 조언을 해주었고, 그들이 무엇인지 실책을 할 때 자네는 그에 관한 적절한 비평을 하는 것을 나는 보고 들었기 때문일세."
"개인적으로 이야기하는 것과 민중 앞에서 국정을 논하는 것과는 사정이 같다고 할 수는 없습니다, 소크라테스 선생님."
"그렇지만 계산이 확실한 인간은 민중 앞에서도 혼자 있을 때와 조금도 뒤떨어지지 않게 계산을 하며, 혼자 있을 때에 비파를 가장 잘 타는 인간은 민중 앞에서도 능숙하게 연주를 잘하게 마련일세."
"그러나 수치심과 공포심은 인간의 선천적인 성질로서 개인적인 교제에 있어서보다도 사람이 많이 모인 곳에서 훨씬 강하게 나타나는 것임을 선생님께서는 보시지 못했습니까?"

"바로 그건데, 나는 한 가지 자네에게 가르쳐 줄 생각이네. 자네는 가장 두뇌가 뛰어난 사람들에게는 부끄러워하지 않으며, 또 가장 위대한 사람들에게는 두려움을 느끼지 않으면서도 가장 생각의 깊이가 없고, 가장 비천한 사람 앞에서 연설하는 것을 부끄러워하고 있는 것일세. 그러면 자네는 군중 가운데 표백공이나 제화공이나 목수나 대장장이나 농민이나 도매상이나, 그리고 물건을 싸게 사서 비싸게 파는 것 이외는 아무것도 생각지 않는 시장의 중매인들에 대해서는 부끄러워한다는 말인가? 국민 집회라는 것은 이러한 무리들로 구성되어 있기 때문일세. 자네의 하는 짓은 직업 씨름꾼보다도 더 강한 인간이 비직업적인 풋나기를 두려워하고 있는 것과 얼마나 다르다고 생각하는가? 내가 이렇게 말하는 까닭은 자네가 국가의 지도층을 상대로, 더구나 그 중에는 자네를 멸시하는 자도 두서너 명 있는데도 불구하고 아주 쉽게 회담하고, 국정 연설을 직업으로 삼고 있는 사람들보다도 자네가 훨씬 훌륭히 연설하면서도 국정 따위는 생각해 본 적도 없으며, 또 자네를 멸시한 적도 일찍이 없었던 무리들을 상대로 연설하는 것은 마치 자네가 그들에게 조소당하기 싫다는 듯이 이를 주저하고 있기 때문일세."

"그러나 어떻습니까, 선생님. 국민 집회에 참가하는 무리들 중에는 가끔 정당한 의제를 제기하는 사람들을 비웃고 있다고 생각되지 않니까?"

"그거야 국민 집회에 참가하는 이외의 사람들도 그런 짓을 하고 있지. 때문에 나는 자네를 이상하게 생각하는 걸세. 국가의 지도층에 있는 사람들이 비웃을 때 자네는 아주 쉽게 잘 받아 넘기면서, 이 국민 집회에 참가하는 무리들이 비웃을 경우에는 정말로 처리하기 곤란한 것으로 생각하고 있군. 자네는 훌륭한 사람이므로 자기 자신을 알아야 하고, 또 만인이 저지르는 따위의 과오를 범하지 말아야 하네. 왜냐하면 세상의 많은 사람들은 타인이 한 일에 대한 비평에는 열중하면서 자신에 대한 검토와 반성은 전혀 하지 않기 때문일세. 그러니까 이것을 귀찮아하고 피해서는 안 되네. 그런 일에 신경을 쓰느니보다는 더욱 자신에게 항상 주의를 기울이고 이에 정성을 들여야 하네. 그리고 자네의 역량으로써 국가가 더욱 발전할 수 있는 경우에는 결코 수수방관해서는 안 되네. 이것이 잘 실행되면 오로지 전 시민뿐만 아니라 또 자네의 친구와 자네 자신도 적잖은 이익을 얻게 될 걸세."

제8장

아리스팁포스가 소크라테스에게 끝까지 따져 물으려고 한 적이 있다. 이것은 그가 소크라테스와 담화 중에서 자신이 캐물음을 당했듯이 그를 궁지에 몰아넣으려는 심산이었다. 소크라테스는 동석한 제자들에게도 도움이 되도록 배려하는 한편 말의 뜻이 왜곡(歪曲)되지 않도록 조심하는 무리들과 같은 답변을 하지 않고, 바로 해야 할 바를 행하려고 무엇보다도 노력하는 사람들처럼 답변했던 것이다.*

아리스팁포스는 그에게 무언가 좋아하는 것이 있느냐고 따져물었다. 이것은 혹시 소크라테스가 음식이라든가 음료라든가 금전이라든가 건강이라든가 힘이라든가 무용이라든가 하는 따위의 한 가지를 들어 말하면, 그것이 때로는 해독을 끼칠 수도 있다는 것을 보여주려는 심산이었던 것이다. 그러나 소크라테스는 우리가 무엇인가 달갑지 않은 것 때문에 괴로움을 당할 때에는 이것을 제거하는 것이 중요한 것**이라고 믿고 있었으므로 참으로 훌륭한 답변을 했던 것이다. 즉 다음과 같이 그는 말했다.

"자네는 나에게 무언가 열병에 좋은 것이 있음을 알고 있느냐고 묻고 있는 건가?"

"아닙니다, 그렇지 않습니다."

"그러면 안질(眼疾)에 좋은 것 말인가?"

"아닙니다."

"그러면 공복(空腹)에 좋은 것 말인가?"

"공복도 아닙니다."

---

* 이것이 소크라테스의 답변의 특질이며 궤변적 결론으로 유도하려고 하는 소피스트들의 문답법과는 대립한다.
** 여기서 소크라테스의 '선(Agathon)'의 개념이 나타난다. 소크라테스의 선의 개념은 절대적인 선이 아니라 개개의 사물에 대해서만 선이 존재한다는 것이다.

"자네가 무엇 때문에 좋지도 않은 것을 알고 있느냐고 내게 묻는다면, 나는 그런 것은 알지도 못하고 또 알려고 생각지도 않는다고 대답하겠네."

또다시 아리스팁포스가 그에게 무언가 아름다운[美]* 것을 알고 있느냐고 물었을 때, 그는 다음과 같이 대답했다.

"많이 알고 있네."

"그러면 그 좋아하는 정도가 모두 비슷합니까?"

"웬걸 천만에. 어떤 것은 전혀 다르지."

"그렇다면 어째서 미(美)와 비슷하지 않은 것이 미(美)일 수가 있습니까?"

"그것은 이렇다네. 달리는 일에 있어서 미(美)일 수 있는 인간과 이것과는 다른 씨름에 있어서 미(美)일 수 있는 인간은 서로 다르네. 그리고 힘차게 내밀어 낭비함으로써 미(美)일 수 있는 방패(防牌)는 강하게 재빨리 내던짐으로써 미(美)일 수 있는 창과 전혀 다르다는 것일세."

"그것은 아까 제가 무언가 좋은 것을 알고 있느냐고 물었을 때의 답변과 조금도 다를 바 없는 답변이군요."

"그러면 자네는 선과 미는 각각 다른 것이라고 생각하고 있는가? 자네는 동일한 것에 있어서는 일체의 것이 아름답고 선하다는 것을 모르는가? 이제 알 만한가? 첫째로 미덕은 어느 것에 있어서는 선이고, 어느 것에 있어서는 미라는

---

* 여기서의 미(美)는 한자(漢字)의 양(良)으로 나타낼 수 있다.

것이 아닐세. 다음에 인간은 동일한 점에서 동일한 사항에 관해서는 아름답고 선하다고 불리어진다네. 인간의 신체도 동일한 것에 있어서는 아름답고 선한 것으로 보이는 것이며, 인간이 사용하는 여러 가지 물건도 모두 동일한 것에 있어서는, 즉 가장 유용하게 사용되는 점에 있어서는 아름답고 선하다고 생각되는 것일세."
"그렇다면 똥통도 미입니까?"
"그렇고 말고, 그리고 황금 방패조차 추(醜)하다고 말할 수 있네. 그것은 각기 용도에 따라서 한편으로는 훌륭하게 만들어져 있고, 한편으로는 형편없이 만들어져 있다면 말일세."
"그렇다면 동일한 물건이 아름답기도 하고 추하기도 하다는 말씀인가요?"
"암 그렇고 말고. 그리고 모두 선하기도 하고 또한 악하기도 한 것일세. 왜냐하면 때로는 공복에는 좋은 것이 열병에는 나쁘고, 열병에는 좋은 것이 공복에는 나쁘기 때문이네. 또 가끔 경주에는 아름다운 것이 씨름에는 추한 경우도 있다네. 그 까닭은 모든 만물이 그 목적을 훌륭히 이룬다면 아름답고 선한 것이지만 서투르게 되어 있으면 추하고 악하기 때문이네."

그리고 또 집에 관해서도 똑같은 집도 경우에 따라서 아름다운 집이며, 동시에 유용한 집이라는 것을 이야기함으로써 집은 어떠한 모양으로 지어야 한다는 것을 가르친 기억이 난다. 그의 말을 음미(吟味)해 보면 다음과 같다.

"집을 쓸모 있게 지으려고 생각하는 자는 가장 기분 좋게 살 수 있고 가장 편리하도록 연구할 필요가 있지 않겠는가?"

이것이 모든 사람들에게 승인되었을 때, 그는 또 말했다.

"여름엔 시원한 것이 기분 좋고 겨울엔 따뜻한 것이 기분 좋지 않겠는가?"

이에도 일동이 찬성했을 때, 그는 또 말했다.

"그런데 남향으로 지은 집은 겨울엔 햇볕이 대청 안까지 비치고, 여름에는 우리의 머리 위와 지붕 위를 지남으로써 그늘지게 해야 하네. 그러니까 만일 이렇게 하는 것이 좋다고 하면 남쪽을 높게 지어 겨울 햇살이 가로막히지 않도록 하고, 북쪽을 낮게 하여 찬바람이 안 들어오도록 지을 필요가 있을 걸세. 요약해서 말하면 모든 계절을 통해서 늘 살기 좋은 안락한 장소가 될 수 있고, 자기의 재산을 가장 안전하게 보관할 수 있는 집이 아마도 가장 살기 좋고 동시에 가장 아름다운 집일 것이네. 벽화라든가 모르타르 장식 따위는 기분 좋게 하기보다는 오히려 기분을 잡치게 하는 경우가 많을 걸세."

또 신전(神殿)과 제단(祭壇)으로 가장 적당한 장소는 조망(眺望)이 좋고 인가에서 떨어진 장소라고 말했다. 왜냐하면 이것을 바라보며 기도를 드릴 때도 기분이 좋을 뿐 아니라 맑고 깨끗한 마음으로 찾아가는 것도 기분 좋은 일이기 때문이었다.

제9장

그는 또한 용기는 가르침으로써 얻을 수 있는 것인가, 또는 선천적인 것인가 하는 질문을 받았을 때 다음과 같이 말했다. "어떤 신체는 선천적으로 다른 신체보다도 노동에 적합한 것처럼, 나는 어떤 정신도 선천적으로 다른 정신보다도 위험에 처했을 때 대담하다고 생각하네. 왜냐하면 동일한 법률과 습관하에서 양육된 자일지라도 서로 매우 다른 점이 있음을 볼 수 있기 때문일세. 그렇지만 나는 선천적으로 용기를 지니고 있는 자라고 할지라도 학습과 훈련에 의해서 더욱 용기를 더해 줄 수 있다고 생각하네. 왜냐하면 누구나 다 아는 바와 같이, 스큐디아인과 트라키아인은 방패와 대창(大槍)만으로 라케다이몬인과 싸울 용기는 없으며, 또 라케다이몬인도 작은 방패와 투창(投槍)만을 가지고 트라키아인과 싸우거나, 또는 활을 가지고 스큐디아인과 싸울 생각은 없기 때문이네. 그와 마찬가지로 나는 그 밖의 모든 다른 사항에 있어서 인간은 선천적으로 서로 다르지만 훈련에 의해서 매우 발전될 수 있다는 것을 알고 있네. 이것으로 분명하게 알 수 있듯이 선천적으로 준수(俊秀)한 자도 또 우둔한 자도 모두 자기가 탁월하고자 원하는 사물을 배우고 또 연마하지 않으면 안 되는 것일세."

그는 지(智)와 사려(思慮)를 구별하지 않고 오로지 아름답고 선한 것만을 알고 이를 실행하며, 추한 것을 알고 이를 피하는 자를 지자(智者)이면서 사려 있는 인간이라고 판단했다.

또 재차 해야 할 일을 알고 있으면서도 그것에 역행(逆行)하는 인간을 현명하고 극기심(克己心) 있는 자라고 생각하느냐고 물었을 때, 그는 다음과 같이 말했다.

"무지하고 방종한 인간을 그렇게 생각지 않는 것과 같이, 전혀 그렇다고는 생각지 않네. 모든 인간은 모든 가능한 것 중에서 자신에게 가장 유리하다고 판단되는 것을 선택해서 그것을 행하는 것이라고 생각하기 때문이네. 그러므로 나는 행동이 올바르지 못한 자는 지자(智者)도 아닐 뿐더러 사려도 없는 자라고 생각하네."

그는 정의(正義)를 비롯하여 그 밖의 모든 덕(德)도 지(智)라고 말했다. 왜냐하면 올바른 행동이나 그 밖의 모든 덕성에 의해서 행하여지는 행위는 모두 아름답고 선하다고 생각했기 때문이다. 그리고 아름답고 선한 것을 아는 사람들은 그것을 제쳐놓고 다른 것을 선택하는 일은 결코 없을 것이며, 또 그것을 모르는 사람들은 그것을 행할 수는 없으며 가령 행한다 해도 실패하게 마련이다. 이렇게 지자(智者)는 아름답고 선한 것을 행하지만 지자가 아닌 자는 행할 수 없으며 행하려 해도 실패한다. 그러니까 정의와 그 밖의 일체의 아름답고 선한 것은 덕에 의해서 행하여지는 것이므로 정의와 그 밖의 일체의 덕이 지(智)*라는 것은 명백하다는 것이었다.

---

* 'Sophia'와 'Sōphrosynè' 단 여기서의 '소피아(지혜)'는 덕행의 토대가 되는 사물의 학식을 말한다.

그는 광기(狂氣)가 지(智)의 정반대라고 말했지만, 무식을 광기라고는 생각지 않았다. 자기가 모르는 것을 알고 있는 것처럼 공상하거나 알고 있다고 생각하는 것은 광기에 가장 가까운 것이라고 하였다. 그는 말하기를, 세상 사람들은 세상의 일반 대중이 알지 못하는 일에 대해 잘못을 저지르는 인간을 미치광이라 부르지 않고, 대다수의 사람이 흔히 알고 있는 사실에 과오를 범하는 인간을 미치광이라고 부르는 것이라고 했다. 누군가가 자기 자신을 굉장한 키다리라고 생각한 나머지 성벽문을 지나는 데 몸을 굽혀야 한다고 생각하거나 천하에 둘도 없는 장사라 자부한 나머지 집을 들어 올리려 시도하거나, 또는 불가능하다는 사실을 삼척동자도 알고 있는 것을 해치우려고 한다면, 이것을 가리켜 세상 사람들은 미치광이라고 부른다고 했다. 사소한 일에 잘못을 저지르는 것은 아무도 미치광이라고 생각지는 않는다. 하지만 강렬한 욕망을 사랑이라고 부르듯이, 사람들은 큰 미망(迷妄)을 광기라고 말했던 것이다.

 그는 질투란 무엇인가를 음미하면서 그것이 일종의 고통임을 발견했던 것이다. 그러나 그것은 친구의 불우(不遇)에서 오는 것도 아니고, 또 원수가 행운을 얻는 것에서 발생하는 것도 아니며, 오직 친구의 성공을 괴롭게 생각하는 사람들만이 질투하는 자라고 말했다. 일찍이 몇몇 사람이 세상에는 어떤 사람을 사랑하고 있으면서도 그 사람이 성공하면 고통을 느끼는 사람이 있음을 이상하다고 말했을 때, 그는 그와 같은 사람들이 많은 사회인을 대하는 관계란 상대방이 불우할 때는 모르는 체 할 수가 없어서 불운한 사람들에게 원조를 보내지만, 상대가 행운을 맞게 되면 고통을 느끼는 것이라는 사실을 상기시켰던 것이다. 원래 이것은 사려 깊은 사람들에게는 일어나는 일이 없으나 우둔한 인간이 늘 이로 인해 괴로워했던 것이라고 말했다.

여가(餘暇)란 무엇을 의미하는 말인가를 음미해 볼 때, 그는 대부분의 사람이 무엇인가 하고 있는 것을 발견하는 것이라고 말했다. 바둑꾼이나 광대조차도 무엇인가 하고 있다. 그러나 그는 이러한 무리는 모두 한가한 사람들이라고 말했다. 왜냐하면 그들은 이런 일보다도 더욱 좋은 일로 옮길 수 있기 때문이다. 사실 좋은 일에서 나쁜 일로 옮아갈 여가란 없는 것으로, 만일 옮겨 간다면 이 사람은 여가가 없음에도 불구하고 이 일을 행하는 것이므로 그는 이와 같은 행위는 좋지 못하다고 말했다.

그는 왕자와 치자(治者)란 권장(權杖)을 손에 든 자를 말하는 것이 아니고 또 대중에 의해 선출된 자도 아니며, 제비를 뽑아 선출된 자도 아니고, 사기 수단을 쓴 자가 아니라 오직 다스리는 길을 터득한 자를 말하는 것이라고 했다. 누군가가 우선 그 까닭으로 다스리는 자의 직분은 해야 할 일에 대해 명령하는 것이며, 피치자(被治者)의 할 일은 이에 복종하는 것임을 이야기했을 때, 그는 다음과 같이 지적했기 때문이다. 즉 배에 있어서는 배에 관한 지식이 있는 자가 다스리고 선주와 모든 승무원이 그 지식 있는 자에게 복종하고,

농경(農耕)에 있어서는 밭주인이, 질병에 있어서는 환자가, 신체 단련에 있어서는 신체를 단련하는 자가 모두 그렇고, 그 밖에 무언가 배려를 필요로 하는 자는 만일 자신이 돌볼 방법을 알고 있다고 생각하면 스스로 돌보고, 만일 모르면 알고 있는 자가 그 곳에 있을 경우에는 이에 복종할 뿐만 아니라, 없을 경우에는 그를 불러와서 그들의 가르침에 따라 필요한 일을 행하려 한다. 그는 털실을 잣는 일에서 여자들이 남자들보다 뛰어난 것은 여자들이 잣는 방법을 더 잘 알고 있으며 남자들은 모르기 때문이라는 것을 지적했던 것이다.

이에 대해서 누군가, 민왕(民王)은 올바른 조언을 하는 자에게 복종하지 않아도 된다고 말하자, 그는 말했다.

"어째서 복종치 않을 수 있겠는가? 올바른 조언을 하는 자를 따르지 않는다면 그 벌은 당장 내릴 것이 아니겠는가? 어떠한 경우에 있어서도 좋은 말에 따르지 않으면 반드시 거기에 과오가 생기고 과오를 범하면 반드시 벌을 받기 때문이다."

또 누가, 민왕은 성실한 백성을 죽일 수도 있다고 말하자, 그는 말했다.

"가장 강력한 자기 편 사람을 죽이는 자가 벌을 받지 않고, 혹은 벌을 받더라도 아주 사소한 벌로써 그치리라고 자네는 생각하는가? 자네는 이러한 짓을 행하는 자가 당장 멸망하지 않고 오히려 국태민안(國泰民安)하리라고 생각하는가?"

어떤 사람이 그에게 인간 최상의 중요한 임무는 무어라고 생각하느냐고 물었을 때, 그는 "좋은 생활이다"라고 대답했다. 다시 그 사람이 "행운도 요무(要務)라고 생각하는가?"라고 되물었을 때, 그는 다음과 같이 말했다.

"아니오, 나는 운과 생활한다는 것과는 전혀 반대되는 것이라고 생각하고 있소. 왜냐하면 나는 탐구하지 않고도 무언가 좋은 일에 부닥치는 경우 이를 행운이라고 생각하지만, 배우고 또 마음을 쓰며 노력함으로써 성공하는 경우, 이것은 훌륭히 생활하는 것이라고 생각하고 있기 때문이오. 그리고 이것을 위해 부지런히 노력하는 사람이야말로 나는 참으로 행복한 처지에 있는 사람이라고 생각합니다."

그리고 그는 가장 숭고하고 가장 신이 사랑하는 사람들로 농업에 있어서는 농경을, 의업에 있어서는 의료를, 정치에 있어서는 정치를 훌륭히 수행하는 사람들이라고 말했다. 또한 그는 무엇 하나 훌륭히 해내지 못하는 인간이야말로 아무런 쓸모도 없는 동시에 또 신이 사랑하는 인간도 아니라고 했다.

제 10 장

또한 그는 공예 솜씨가 좋아 이것을 직업으로 삼고 있는 사람들과 대화를 나눔으로써 이들에게도 도움을 주었다. 언젠가 소크라테스가 화공(畵工)인 팔라시오스*의 집을 방문했

---

* 팔라시오스는 에페소스 출신. 에페소스의 에우에노르의 제자로 아테네

을 때, 그는 그와 대화를 나누면서 말했다.

 팔라시오스, 그림이란 것은 눈으로 본 것을 베끼는 것이겠지만 어쨌든 자네들은 인체의 들쭉날쭉한 명암(明暗), 단단함과 부드러움, 거치름과 매끈함, 젊음과 늙음을 화구(畵具)로써 베끼고 이를 모방하고 있네."

"지당하신 말씀입니다."

"하지만 실제로 아름다운 모습을 그리고자 원하지만, 한 인간으로서 일체의 아름다움을 완전히 갖추고 있는 사람을 만나기란 쉬운 일이 아니므로 자네들은 많은 사람 중에서 각자의 가장 아름다운 곳을 모아들임으로써 그 신체 전체를 아름답게 보이도록 하고 있는 것이지?"

"실제로 그렇게 하고 있습니다."

"그럼 다음으로 자네들은 사람의 마음을 끌기 위하여 감미(甘美)·우아함·매력·사랑의 극치인 영혼의 성질을 모방할 수 있는가, 아니면 모방할 수 없는 것인가?"

"하지만, 소크라테스 선생님, 모습도 없고 색도 없으며, 조금 전에 선생님께서 말씀하신 바와 같이 아무것도 없고 더구나 전혀 눈에 보이지 않는 것을 어떻게 모방할 수 있겠습니까?"

"그러나 인간이란 어떤 사람에게는 부드러운 눈을 하고, 어떤 사람에게는 무서운 눈을 하는 것이 아닌가?"

　에서 살았다. 그가 대가로서 유명해진 것은 소크라테스의 사후(死後)였다. 그가 그린 영웅과 신들은 후일의 화가들의 표본이 되었다.

"그야 그렇습니다."
"그렇다면 적어도 눈에서 만큼은 모방할 수 있지 않은가?"
"전적으로 동감입니다."
"자네는 친구에게 좋은 일이 있었을 경우, 또는 나쁜 일이 있었을 경우에 친구를 생각하는 자와 생각지 않는 자는 같은 표정을 하고 있다고 생각하는가?"
"물론 그렇게 생각지는 않습니다. 길(吉)한 일에는 밝은 표정이 되고 흉(凶)한 일에는 어두운 표정이 되니까요."
"그렇다면 이것도 또 그대로 베낄 수 있지 않겠나?"
"그렇습니다."
"그리고 또 고귀함과 자유, 미천함과 비굴함, 사려와 분별, 오만과 무례도 역시 표정에 의해서, 가령 인간이 정지하고 있든 움직이고 있든 간에 나타는 것이 아닐까?"
"지당하신 말씀입니다."
"그렇다면 이것도 역시 모방할 수 있지 않은가?"
"할 수 있습니다."
"그렇다면 자네는 아름답고 고상하며 사랑스러운 성격이 나타나 있는 인간과, 추하고 비열하며 싫증이 나는 성격을 풍기는 인간과 어느 편이 보기에 기분이 좋다고 생각하는가?"
"물론 대단한 차이가 있습니다, 소크라테스 선생님."
언젠가 또 조각가인 클레이톤*을 방문했을 때, 그는 그와

---

* 자세히 알 수 없다.

대화하면서 말했다.

"클레이톤, 자네가 만드는 주자(走者)·장사·권투 선수·레슬링 선수의 모습이 아름답다는 것을 봐서 알고 있네. 그런데 자네는 보는 사람의 마음을 강렬하게 매혹하는 생생하게 살아있는 듯한 느낌을 어떻게 자네의 조각에 불어넣어 주고 있나?"

클레이톤이 당혹해 하며 즉시 대답을 못 하고 있었으므로 그는 말했다.

"작품을 살아 있는 자의 모습과 꼭 닮게 함으로써 자네의 조각을 마치 살아 있는 것같이 보이도록 하는 것인가?"

"그렇습니다."

"그러면 자세를 어떻게 취하느냐에 따라 신체의 여러 부분이 끌어 내려지거나 달아 올려지거나, 압축되거나 늘어나거나, 팽팽하거나 늘어진 것을 그대로 묘사함으로써 각 부분을 훨씬 실물과 닮고 훨씬 진실한 것으로 보이도록 하는 것인가?"

"과연 그렇습니다."

"그러나 어떤 활동을 하고 있는 육체에서 일어나고 있는 감정을 모방한다면 보는 사람에게 어떤 환희를 느끼게 할 수 있지 않겠나?"

"그야 환희를 느끼게 할 수 있겠지요."

"그러면 싸우고 있는 자의 무서운 눈을 묘사해야 하고, 승리한 자의 의기양양한 얼굴도 모방해야 하지 않겠는가?"

"매우 지당하신 말씀입니다."

"그렇다면 조각가는 영혼의 변화를 외형에 나타내도록 해야 할 것이네."

 소크라테스가 갑옷의 턱받이를 만드는 피스티아스*를 방문했을 때, 그가 훌륭하게 만들어진 턱받이 몇 개를 내보이자 소크라테스는 말했다.

"피스티아스, 실로 턱받이로 인간의 가장 방어해야 할 부분을 가리고 게다가 손을 놀리는 데 방해되지 않게 한다는 것은 참으로 놀라운 발명이군. 하지만 피스티아스, 자네가 만드는 턱받이는 다른 사람이 만든 것보다 튼튼하지도 못할 뿐만 아니라 또한 다른 사람들 것보다 비용이 더 들지도 않았는데 어째서 자네는 다른 사람들보다 비싼 값을 매기는지 내게 들려주게나."

"소크라테스 선생님, 그 까닭은 제가 다른 사람보다도 균형이 잡힌 것을 만들기 때문이지요."

"그렇다면 자네가 균형이 잡혀 있는 것을 만든다는 것은 치수에 의해선가 무게에 의해선가? 어떤 이유로 높은 가격을 요구하는 건가? 만약 자네가 각각 신체에 맞게 만든다면 자네는 결코 모두 동일한 치수와 같은 모양으로 만들지 않으리라고 생각하네."

"물론 저는 몸에 맞도록 만듭니다. 그렇지 않으면 턱받이는 아무 쓸모가 없겠지요."

---

*   자세히 알 수 없다.

"하지만 인간의 몸이란 어떤 사람은 균형이 잡혀 있고 어떤 사람은 균형이 잡혀 있지 않기도 하지 않은가?"

"그렇고 말고요."

"그렇다면 어떻게 균형이 잡히지 않은 몸에 맞는 턱받이를 알맞게 만드는가?"

"신체에 알맞는 것을 만든다는 것은 결국 균형이 잡혀 있다는 뜻입니다."

"잘 알았네. 자네가 말하는 균형이 잡혀 있다고 하는 것은 균형이라는 그 어휘 자체의 뜻이 아니라 사용자와의 관계를 말하고 있는 걸세. 이는 곧 자네가 누군가의 몸에 방패가 잘 맞기만 하면 균형이 잡힌 방패라고 말하는 것과 마찬가지로, 자네의 말투에 따르면 짧은 옷이나 그 밖의 어떤 것이라도 모두 똑같이 말할 수 있네. 게다가 잘 맞는다고 하는 것에는 모름지기 한 가지 적잖은 이익이 있네."

"그걸 알고 계시면 가르쳐 주십시오, 소크라테스 선생님."

"잘 맞는 것은 맞지 않는 것보다 같은 중량일지라도 신체에 매달리는 무게가 적다네. 왜냐하면 몸에 맞지 않는 것은 전부 어깨에 축 매달리거나 신체의 어떤 일부를 몹시 압박하거나 하여 활동하기에 나쁘고 불편하게 되네. 그러나 몸에 맞는 것은 그 무게를 일부는 쇄골(鎖骨)과 견갑골(肩胛骨)에, 일부는 어깨에, 일부는 가슴에, 일부는 등에, 그리고 일부는 배에 분담시켜 마치 짐이라기보다는 부속물처럼 되어 버리기 때문일세."

"제가 스스로 만든 것에 높은 가치가 있노라고 말하고자 하는 바를 당신께서 대변해 주신 거나 다름없습니다. 그러나 고객 가운데 여러 가지 장식을 하거나 황금을 입힌 턱받이를 사고자 원하는 사람도 있습니다."

"그러나 혹시 그러한 것으로 인해서 몸에 맞지 않는 것을 산다고 하면, 황금을 입힌 장식용으로 밖에 아무짝에도 쓸모없는 추한 것을 사는 결과밖엔 생각되지 않네. 그런데 신체란 항상 일정한 자세를 취하고 있는 것은 아닐세. 어떤 때는 굽히고, 어떤 때는 똑바른 자세가 되네. 그러니 꼭 끼는 턱받이가 어찌 몸에 맞을 수가 있겠는가?"

"결코 맞지 않지요."

"자네가 잘 맞는다고 하는 것은 꼭 껴서 답답한 것이 아니라 사용할 때에 아무런 고통이 없는 것을 말하는 것이지?"

"바로 그것입니다. 당신께서 제 뜻을 잘 말씀해 주셨습니다, 소크라테스 선생님. 아니 전적으로 당신의 설명 그대로입니다."

제 11 장

언젠가 아테네에는 테오도테*라는 미녀가 살고 있었는데, 승낙만 받을 수 있다면 누구하고나 교제를 하는 여성이었다.

---

* 이른바 'hetairai'의 한 사람이며, 알키비아데스가 총애한 여인이었다. 알키비아데스가 프뤼기아에서 죽었을 때, 이 여인이 그를 자기의 옷으로 감싸서 매장했다고 전해지고 있다.

마침 소크라테스의 측근에 있는 어떤 사람이 이 여자에 대한 이야기를 화제로 내놓으며 말로 다 표현할 수 없는 미인이라고 극찬하였다. 게다가 그녀는 화가들이 그녀의 모습을 그리려고 집으로 찾아오면 그녀는 풍속이 허용하는 한 육체를 드러내 보여준다고 말했을 때, 소크라테스는 말했다.

"그렇다면 찾아가서 직접 보는 수밖에 도리가 없지 않겠나? 왜냐하면 말로 다 표현할 수 없는 아름다움이란 듣는 것만으로는 알 도리가 없기 때문일세."

그러자 그 이야기를 한 사나이가 "여러분 곧 나를 따라 오시오"하고 말했다. 그래서 일동이 테오도테의 집을 찾아가니, 마침 그녀는 어떤 화공의 모델을 하고 있는 중이어서 일동은 그 여자를 바라보았다.

화공이 붓을 멈추자, 소크라테스는 말했다.

"여러분, 테오도테가 우리에게 그녀의 아름다움을 보여준데 대해서 우리들이 그녀에게 인사를 하든지, 아니면 우리가 보아준 데 대해서 그녀가 우리에게 감사를 표해야 하지 않겠소? 만일 보여줌으로써 이 여자에게 이익이 더해졌으면 그녀가 우리에게 감사를 표해야 할 것이고, 또 바라다봄으로써 우리에게 이익이 더해졌다면 우리가 그녀에게 감사를 드려야 하지 않겠소?"

누군가가 지당한 말이라고 하자, 그는 말을 이었다.

"이 사람은 이미 우리들의 칭찬을 받았고 그리고 다시 많은 사람들에게 말을 널리 퍼뜨릴 때에는 더욱더 많은 이익을 얻을 수 있지 않는가? 하지만 우리는 바라다본 것만으로 이미 그녀와 접촉하기를 원하여 번뇌는 안고 물러가며, 물러가서는 연모라는 정에 견디지 못할 걸세. 그 결과는 자연히 우리가 그녀의 숭배자가 되고 그녀는 존경을 받는 본존(本尊)이 될 걸세."

그러자 테오도테가 말했다.

"정말 그렇군요. 그렇다면 제가 여러분께 저를 보아주신 데에 대한 사례를 드려야 되겠군요."

그때, 소크라테스는 그녀가 호사스러운 의상을 걸치고 있고, 그녀의 곁에는 그녀의 모친이 역시 예사것이 아닌 옷과 장식을 달고 있었으며, 또한 많은 아름다운 시녀가 있었는데 더구나 그 시녀들이 그녀를 잘 뒷바라지하고 있었고, 게다가 또 집이 사치스럽게 장식되어 있는 것을 보고 이렇게 말했다.

"내게 말해 보시오, 테오도테. 그대는 토지를 가지고 있는가?"

"없습니다."

"그런가? 그러면 수입이 있는 셋집은 있겠군."

"셋집도 없습니다."

"그렇다면 직공은 몇 명쯤 있겠지?"

"직공도 없습니다."

"그러면 어디서 생활비를 마련하는가?"

"세상 사람들 중에서 저의 친구가 되어 저를 도와 주시려는 분이 있으면 그분이 저의 생활 수단입니다."

"참으로 그것은 훌륭한 재산이군, 테오도테. 많은 친구를 가지고 있다는 것은 양이나 산양이나 소떼를 가지고 있는 것보다도 훨씬 낫소. 그러면 그대는 어떤 친구들이 파리처럼 그대에게 모여드는 것을 운에 맡기고 있나, 아니면 자신이 어떤 궁리를 하고 있는 것인가?"

"어떻게 하면 좋은 방법을 찾아낼 수 있을까요?"

"그러한 방법이야 암거미들보다도 더 쉽사리 찾아낼 수 있지. 그대는 이놈들이 생명을 이어가기 위해 먹이를 잡는 것을 알고 있을 테지. 즉 거미는 분명히 엷은 망을 쳐 놓고 여기에 날아 들어온 것을 먹이로 삼고 있네."

"그러시다면 저에게도 덫을 치라고 권하시는 말씀인가요?"

"아니지, 그토록 귀중한 친구를 그렇게 단순한 방법으로 붙잡을 수 있을 것이라고 생각해서는 안 돼. 그대는 토끼와 같은 극히 하찮은 것을 잡는 데에도 몹시 힘이 든다는 것을 모르나? 토끼란 놈은 한밤중에 풀을 뜯어먹으러 나오니까 사람들은 밤사냥에 적합한 개를 이용해서 토끼 사냥을 하지. 그리고 사람들은 토끼가 새벽녘에 도망을 치므로 풀을 뜯고 있던 곳에서 구멍으로 달아난 발자취를 따라서 냄새를 맡으며 뒤쫓아가서 토끼들을 찾아내는 개들을 따로 구해 두지. 게다가 토끼는 굉장히 발이 빠르고 눈앞에서 공공연하게 도주하므로 또 따로 발이 빠른 개를 준비하고 추격해서 잡도록 한다네. 그리고 또 토끼 중에는 이런 개들마저 따라가지 못할 만큼 잘 달아나는 놈도 있으므로 도망가는 길목에 망을 쳐 놓고 토끼가 그 속에 뛰어들어 걸리도록 준비해 둔다네."

"그럼 저는 어떤 방법으로 친구를 잡으면 좋을까요?"

"잘 들어 두게. 그렇게 하기 위해서는 개의 역할을 대신하는 인간을 한 사람 구해야 할 걸세. 그 사람이 당신을 위해서 미인을 좋아하는 돈깨나 가지고 있는 사람들의 냄새를 맡아 찾아내고, 찾아내면 이 사람들을 당신의 망(網) 속에 몰아넣도록 궁리하는 것이네."

"아아! 그렇다면 저에게 어떠한 망이 있다는 말씀입니까?"

"있고말고, 하나 있지. 더구나 그것은 사람을 꽤 잘 잡아끄는 망, 즉 당신의 육체요, 그 속에는 정신이 들어 있어서 이 정신에 의하여 당신은 어떠한 눈매를 해야 남을 기쁘게 하고, 어떤 말을 해야 남이 기뻐하는가를 알 수 있을 것이네. 그래서 진실로 당신을 귀중하게 여기는 사람은 반가이 맞이하고, 방탕한 마음으로 찾아오는 사람은 축출해 버리며, 애인이 명중에 있을 때는 마음 속으로부터 걱정하며 문병을 가고, 또 무엇인가 훌륭한 성공을 쟁취했을 때는 함께 한없이 기뻐하며, 당신이 괴로워할 때 한없이 당신을 걱정해 주는 사람에게는 모든 정성을 다 바쳐서 애정(愛情)을 나타내지 않으면 안 될 것이네. 당신은 사랑의 기교란 오직 요염하게만 해가지고 사랑할 것이 아니라, 진실을 다해서 부드럽게 사랑해야 한다는 것을 알고 있을 것이네. 그리고 또 나는 당신이 당신의 애인에게 좋아하고 있다는 사실을 말로써가 아니라 실지로 보여줌으로써 납득시켜야 한다는 사실도 잘 알고 있으리라 믿네."
"어쩌면, 그럴 수가. 사실 저는 그러한 일들에 관하여 무엇 하나 생각해 본 적이 없습니다."
"그러나 실제로 자연의 섭리에 부응하여 올바른 태도를 가지고 사람들을 접한다는 사실은 대단한 성과를 거둘 수 있는 것이네. 사실 완력을 가지고서는 친구를 잡을 수도 잡아 둘 수도 없겠지만, 친절과 유열(愉悅)을 가지고 한다면 사람들을 잡을 수도 있고, 곁에 잡아 둘 수도 있는 것이라네."
"사실 그렇겠군요."
"그래서 우선 당신은 당신을 그리워하는 사람들에게 무슨 일이든 선뜻 해줄 수 있는 일을 부탁해 보는 것이 바람직할 것이네. 그 다음에 당신을 그 사람의 요구에 선뜻 호의를 가지고 보답하지 않으면 안 될 것이네. 이런 식으로 한다면 그 어느 누구보다도 진실한 친구가 생기고, 언제까지나 애정이 변하지 않으며, 친어버이와 같은 친절을 받을 수 있을 것이네. 호의(好意)라는 것은 상대방이 갈증을 느꼈을 때, 이 쪽에서 베풀어줌으로써 진정한 의미를 부여하는 것이네. 당신도 알고 있는 바와 같이 훌륭한 성찬(盛饌)도 그다지 먹고 싶지 않을 때 내놓으면 맛없게 보이고, 배가 부를 때라면 가슴이 메스껍기까지 하는 것이라네. 그러나 배가 고플 때 내놓으면 맛없는 음식도 극히 맛있는 음식으로 생각되는 것이네."
"그러면 어떻게 하면 집으로 놀러오는 사람에게 공복(空腹)

을 느끼게 할 수 있을까요?"

"그것은 우선 배가 부른 사람들에게는 포만감(飽滿感)이 사라지고 다시 배가 고파질 때까지 이 쪽에서 먼저 음식을 제공하지 않아야 하네. 그 다음에 배가 고파 오고 있는 것을 느끼는 사람들에게는 그 이상 훌륭한 교제라는 것이 없다는 것과, 승복(承服)하는 것을 주저하는 듯한 태도를 보임으로써 상대의 식욕을 자극하면서 최대한으로 피하고 있으면 될 것이네. 왜냐하면 그 때야말로 같은 선물일지라도 욕심나지 않을 때 주는 것보다도 가치가 전혀 틀리기 때문이네."

그러자 테오도테가 말했다.

"그렇다면 어째서 당신은 저의 협력자가 되어 친구를 만들어 주시지 않습니까?"

"물론 당신이 나를 설득(說得)시킬 수만 있다면 당신의 협력자가 될 수도 있을 걸세."

"그러면 어떻게 하면 제가 당신을 설득할 수 있을까요?"

"그것은 자신이 방법을 찾아내고 혼자서 궁리를 해야지, 내가 어떻게 말해 줄 수 있겠나?"

"그렇다면 종종 저희 집에 와 주십시오."

소크라테스는 자신의 한가함을 농담삼아 말했다.

"하지만, 테오도테. 나에게는 좀처럼 한가한 시간이 없네. 나 자신의 일도 많이 있고, 또한 공적인 용무로도 매우 바쁘네. 게다가 예쁜 처녀*들이 많이 달라붙어 있어서 밤이나 낮이나 나를 놓아주지 않고, 사람을 매혹시키는 약이랑 주문(呪文)의 노래를 내게서 배우고 있기 때문에 말이네."

"아아! 그렇다면 당신은 그런 일들까지도 알고 계신단 말씀인가요, 소크라테스?"

"그렇지 않다면 어째서 이 아폴로도로스**나 안티스테네스가 내 곁을 결코 떨어지지 않으려고 하고 있다고 생각하는가? 어떠한 이유로 케베스와 심미아스가 테바이에서 나를 찾아왔겠는가? 내가 보증(保證)하건대, 그 까닭은 사람들을 매혹시키는 약이랑, 주문이랑, 물레바퀴***의 힘이 아니라면 할 수 없는 일이네."

"그렇다면 그 물레바퀴를 저에게 빌려 주세요. 저는 그것을 돌려서 먼저 당신을 유혹할 테니까요."

"하지만 사실 나는 당신에게 유인당하고 싶지 않네. 다만 나는 당신이 네게로 오는 것만을 희망할 뿐이지."

---

* 제자를 가리킴.
** 소크라테스를 거의 열광적으로 좋아한 제자. 플라톤의 《향연》·《파이돈》에 나오며, 《변명》 38B에도 이름이 나온다.
*** '징크스(Jynx)'는 본래 새의 이름. 딱다구리와 비슷한 모양을 한 새. 개미잡이(Jynx torquilla)는 교미기(交尾期)에 기묘하게 목을 비트는 습성이 있는 새. 이것을 물레바퀴에 달아 빙빙 돌려서 변심한 애인의 마음을 돌이키는 주문에 사용했다. 후에는 새를 달지 않고 '물레바퀴'만을 빙빙 돌려 주문을 외었다. 유명한 테오크리토스의 시 〈Theokritos Ⅱ〉에서 볼 수 있는 '징크스'는 이미 새가 아니다.

"가고말고요, 다만 저를 환영만 해주십시오."
"환영하고말고, 만약 우리 집에 당신보다 좋아하는 처녀가 없기만 한다면 말이네."

제 12 장

그는 제자 중 한 사람인 에피게네스*라는 자가 나이도 젊은데 빈약한 몸집을 하고 있는 것을 보고 말했다.
"어쩌면 그렇게 운동하고는 담을 쌓은 것 같은 몸을 하고 있는가, 에피게네스?"
그러자 그 청년이 말했다.
"운동하고는 담을 쌓았습니다, 소크라테스 선생님."
"올림피아의 경기**에 나가려고 하는 사람들에게 결코 뒤져서는 안 되네. 그렇지 않으면 자네는 아테네의 백성이 일단 유사시 대적(大敵)과 맞붙어 전쟁을 일으키는, 그 사느냐 죽느냐의 항쟁을 사소한 문제라고 생각하고 있는가? 더구나 적지 않

---

* 안티폰의 아들이며 소크라테스의 충실한 제자. 스승의 최후를 지켜 본 제자 중 한 사람.
** 엘리스(펠로폰네소스의 서북쪽에 있던 나라)의 올림피아에서 4년마다 열렸다. 이 경기의 기원은 모호해서 알기 어렵다. 핀다로스의 《올림피오니카이》(xi, iii)에 의하면 헤라클레스가 창설한 것이라고 한다. 파우사니아스는 올림피아 제전이 오랫동안 중지되었다가 엘리스의 왕 이피토스 때에 재개되었다고 한다.

은 사람들이 신체를 단련해 놓고 있지 않기 때문에 전쟁의 위험 속에서 생명을 잃거나 수치스러운 삶을 사는 것일세. 또 많은 사람들이 이와 같은 원인으로 해서 포로가 되고, 잡혀서 노예가 된다면 남은 일생을 극심한 노역으로 혹사당하거나 그렇지 않으면 한없는 고난을 당하게 되며, 종종 자신이 소유하고 있는 것 이상의 재물을 몸값으로 지불한 나머지 일생을 궁핍(窮乏)의 밑바닥에서 허덕이면서 목숨을 부지하게 될 걸세. 많은 사람들은 또 체력이 허약함으로 해서 비겁한 자로 알려져 악명(惡名)을 후세에 남기게 될 걸세. 자네는 이와 같은 체력단련 태만의 대가를 우습게 알고, 이러한 일들을 쉽사리 참아 낼 수 있다고 생각하는가? 더구나 또 신체를 강건(强健)하게 하려고 애쓰는 자들은 이들과 비교한다면 훨씬 편하고 훨씬 쾌적한 마음을 느낄 것이네. 그렇지 않으면 자네는 허약한 것이 강건함보다도 건강에 좋고, 또 그 밖의 다른 일에 대해서도 한층 유리하다고 생각하는 것인가? 혹은 강건함으로써 얻을 수 있는 모든 결과를 멸시하는 것인가?

실로 신체가 좋은 자에게서 신체가 허약한 자에게 일어나는 일과는 전혀 정반대의 결과가 일어나는 법이네. 신체가 좋은 자는 건강하고 또 강장(强壯)하여 많은 자가 그 덕택으로 전장(戰場)에서, 또 싸움에서 수치스러움 없이 생명을 보존하거나 일체의 위험에서 벗어날 수가 있는 것일세. 또 그러한 사람들은 많은 친구를 구할 수 있고, 조국을 위해서 충성을 다할 수 있으며, 그로 인해서 감사의 찬사를 듣거나 이름을 빛내 최고의 영예를 얻을 것이네. 그래서 결국 그들은 여생을 즐겁고 훌륭하게 지내며, 자신의 자손에게도 훌륭하게 살 수 있도록 자산(資産)을 남길 수 있는 것일세. 국가가 전쟁을 대비해서 여러 가지 체기(體技)를 국비(國費)로 마련해 놓지 않는다고 해서 개인도 단련을 태만히 해서는 안 될 것이요, 오히려 한층 더 신체 단련에 유의(留意)하지 않으면 안 될 것이네. 확실히 보증하지만, 그 어떠한 항쟁(抗爭)에 있어서도, 또 어떠한 사업에 있어서도 신체를 강건하게 했기 때문에 손해를 보는 경우는 있을 수 없는 법일세. 왜냐하면 인간이 행하는 모든 일에 있어서 필요한 것은 신체이고, 신체를 이용하는 모든 일에 있어서 될 수 있는 한 뛰어난 체력을 소유한다는 것은 굉장히 유리한 일이기 때문일세. 더구나 신체를 이용하는 일이 가장 적다고 생각되는 사색의 경우에서마저, 많은 사람들이 건강하지 않기 때문에 대단한 오류를 범한다는 것을 누구 한 사람 모르는 자가 있겠는가?

많은 사람들의 경우에 있어서, 가끔 망각이나 무기력이나 불평이나 발광(發狂)이 신체가 약하기 때문에 사고력(思考力)을 둔화시키고, 알고 있었던 일까지도 망각케 하는 일이 일어나는 것일세. 그러나 신체가 튼튼한 사람들은 극히 안전해서, 적어도 신체가 허약하기 때문에 이러한 변화를 당할 걱정은 하나도 없을 뿐만 아니라, 오히려 허약하기 때문에 일어나는 경우와는 반대의 경우를 낳는다는 점으로 미루어 볼 때, 신체의 강건은 절대 중요한 것이라고 말해도 좋을 것이네. 사실 지각이 있는 자라면 지금 말한 것과는 정반대의 결과를 얻기 위해서는 무슨 일인들 참고 견디려고 생각하지 않는 자가 있겠는가? 뿐만이 아니라 자신의 태만으로 해서 육체를 노쇠케 한다면 자신의 신체가 얼마나 아름다우며 얼마나 뛰어난 힘에 이를 수 있는가를 모를 것이니 그야말로 수치인 것일세. 아름다운 육체와 뛰어난 힘을 배양하는 것은 저절로 이루어지는 것이 아니기 때문에 육체의 단련을 태만히 해서는 이러한 사실도 알지 못할 걸세."

제 13 장

어느 날, 어떤 사나이가 남에게 인사를 했는데 인사를 받지 않았다고 화를 내자, 소크라테스는 말했다.
"자네가 신체가 약한 사람을 만나고도 화를 내지 않으면서 마음이 조잡하게 생긴 사람을 만났다고 해서 분개(憤慨)한다는 것은 자네답지 않은 일일세."
다른 사람이 음식물이 맛이 없어 곤란해 하자, 그는 말했다.
"아쿠우메노스*가 그럴 때 대단히 잘 듣는 약을 처방하고 있다네."

---

* 아테네의 명의(名醫)로 기원전 5세기의 사람이며 소크라테스의 친구. 플라톤의 《파이드로스》의 모두(冒頭)에서 파이드로스가 "당신과 나의 친구인 아쿠우메노스"라고 부르고 있다. 플라톤의 《향연》(176 E)에 이름이 보이는 의사 에뤼크시마코스의 부친이다.

어떤 것이냐고 그 사나이가 질문을 했을 때, 그는 말했다.
"음식을 먹지 말라는 것일세. 먹지 않으면 훨씬 즐겁고 훨씬 편하며 훨씬 건강하게 지낼 수 있으니까."

또 다른 사나이가 자기 집에서 마시고 있는 물이 미지근해서 곤란하다고 말했을 때, 그는 말했다.
"그건 목욕을 하려고 생각했을 때 바로 쓸 수 있어서 좋지 않은가?"
"아니, 목욕물로는 너무 차단 말이오."
"그렇다면 자네 집의 하인들도 그것을 마시거나, 그것으로 목욕을 하거나 할 때 불평을 하는가?"
"아니 천만에. 불평은커녕 그들은 마시고 목욕하는 데 극히 기분 좋게 쓰고 있어서 나는 때때로 기가 막힐 때가 있소."
"자네 집의 물과 아스클레피오스* 사당에 있는 물 중 어느 쪽이 마셔서 뜨거운가?"
"아스클레피오스의 물이오."
"자네 집의 물과 암피아라오스**의 사당의 물 중 어느 쪽이 목욕하는 데 찬가?"
"암피아라오스의 물이오."
"그렇다면 자네는 다분히 노예나 병자보다도 성미가 까다

---

* 아스클레피오스는 의신(醫神)으로 사당은 에피다우로스에 있다. 아폴론의 아들로 기사회생(起死回生)의 술에 능하였다고 한다.
** 아르고스의 예언자로 조신(祖神). 이 신의 신탁소(사당)는 테바이와 포토니아이의 사이에 있었다.

로운 인간이라고 생각하는 것이 좋을 것이네."

어떤 사람이 하인을 지독하게 징계하고 있을 때, 그는 왜 하인에게 화를 내고 있는가를 물었다.

"이놈은 먹는 것은 대단히 호사스럽게 먹으면서 형편없는 바보이고, 돈에 대하여는 탐욕스러우면서 형편없는 게으름뱅이이기 때문이오."

"그렇다면 자네는 지금까지 자네와 자네 하인과 어느 쪽이 더 매를 맞아야 하는지 생각해 본 일이 있는가?"

어떤 사람이 올림피아에 여행하는 것을 겁내고 있는 것을 보고, 그는 말했다.

"어째서 여행하는 것이 겁이 나는가? 집에 있을 때도 하루 온종일 걸어다니고 있지 않은가? 올림피아에로의 여행도 산책 한 번 하고 아침밥 먹고, 또 산책 한 번 하고 저녁밥 먹으며, 그리고 잠을 자는, 결국 똑같은 일인 것일세. 자네가 닷새나 엿새 동안에 산책하는 분량을 합하면 쉽사리 아테네에서 올림피아까지 도착할 수 있다는 것을 모르는가? 그리고 또, 하루쯤 빨리 출발하는 것은 하루 늦게 출발하는 것보다 훨씬 마음이 편하다네. 왜냐하면 매일 여정을 늘려야 하는 필요에 쫓기는 것은 괴로운 일이지만, 하루를 더 걸으면 훨씬 편한 법이네. 그래서 출발을 서두르는 편이 길을 서두르는 것보다 나은 법일세."

다른 사나이가 긴 여행길에 아주 녹초가 되어버렸다고 말했을 때, 그는 그 사나이에게 짐을 지고 있었느냐고 물었다.

"짐은 무슨 짐, 나는 짐 같은 것을 가지고 다니지 않습니다. 외투를 가지고 있었을 뿐이지."
"혼자 걸었는가, 누구와 함께였었나?"
"동행이 있었지요."
"맨몸으로 동행을 했었나, 무엇을 가지고 있었나?"
"가지고 있었고 말고, 이불이랑 또 다른 짐도 있었소."
"그래, 여행이 끝났을 때, 사나이의 모양은 어떠했는가?"
"나보다 원기가 있어 보이던데요."
"그러면 그 사나이의 짐을 자네가 지지 않으면 안 됐었다고 가정한다면 어떻게 됐다고 생각하는가?"
"물론 큰 고생을 했겠지요. 그러나 우선 짐을 질 힘이 내겐 없었을 거요."
"노역을 견디는 힘이 하인보다 못하다면 대체 훈련을 받은 사람에게 걸맞는 일이라고 생각하는가?"

제 14 장

회식*을 위해서 모일 때, 어떤 자는 소량의 안주**를 지참

---

*   사교성이 많았던 아테네 사람들은 흔히 회식의 모임을 가졌다. 방법은 두 가지였는데, 하나는 회원이 일정한 회비를 내어 모이는 것과 각자가 요리를 바구니에 넣어 지참하는 것이었다. 여기서 말하는 회식은 두번째의 것이다. 이 때에도 각자가 자기 몫으로 가지고 오는 외에 전원에게 나누어 주는 공동의 요리가 따로 마련되었다.
** opson. 자의(字意)대로 하면 전분질 이외의 요리를 물고기·새·고기 등이

하고, 어떤 자는 다량의 안주를 지참해 오는데, 소크라테스는 소량의 몫을 공동의 안주에 넣게 하든가, 또는 각각 그 일부분을 분배케 하든가 했다. 그래서 많이 가지고 온 사람들은 함께 안주를 얻지 않을 수 없게 되고, 동시에 자기들이 가지고 온 몫을 이것에 보태지 않을 수 없게 되어, 그들도 자기들의 안주를 공동의 안주에 보태게 되었던 것이다. 그리고 조금밖에 가지고 오지 않았던 사람들보다 더 많이 먹지도 못하는 것이기 때문에 안주에 많은 비용을 쓰는 일에 관심을 두지 않았다.

또 어느 날, 그는 회식에 참석한 어떤 사람이 빵은 먹지 않고 반찬(안주)만 집어먹고 있는 것을 보았는데, 마침 그 때의 화제가 물건에 붙여진 이름으로, 각기 이름은 어떠한 행위에 대하여 붙여져 있는가라는 것이었기 때문에, 그는 말했다.

"제군, 대체 인간이 어떠한 행위를 할 때에 '반찬 벌레'*라고 불리어지겠소? 누구나 반찬이 곁에 있으면 빵과 함께 이것을 먹지만, 그러나 이것으로는 아무도 '반찬 벌레'라고 부르지는 않소."

"그렇지, 그렇게는 부르지 않습니다"라고 일동 중의 한 사

    지만 호메로스 시대 이후에는 사실상 거의 물고기에 한정되어 있었다. 아테네 사람의 요리는 물고기와 야채였던 것 같다. 물고기 이외에는 토끼고기를 먹었다. 여기서는 '술 안주'가 아니라 '반찬'이다.

*   opsophagos. 이 말을 '美食家'의 뜻으로 사용되었다. 자의(字意)는 빵과 함께 먹어야 하는 반찬(요리)을 빵 없이 먹는 사람을 가리킨다.

람이 말했다.

"그러면 만약 어떤 사람이 운동과 단련을 위해서가 아니고* 다만 향락을 위해서 빵 없이 반찬만을 먹는다고 한다면, 이러한 사람을 '반찬 벌레'라고 생각하는가, 그렇지 않다고 생각하는가?"

"우선 '반찬 벌레'라고 불릴 수밖에 없겠지요."

그러자 그 곳에 있었던 다른 한 사람이 말했다.

"소량의 빵에 많은 반찬을 먹는 것은 어떻습니까?"

"나는 그러한 경우도 역시 '반찬 벌레'라고 불려도 할 수 없는 일이라고 생각되오. 그리고 다른 많은 사람들이 신에게 곡식의 풍년을 기도 드리고 있을 때, 생각건대 이 사나이는 반찬의 풍년을 기도하고 있을 것이오."

소크라테스가 이렇게 말했을 때, 그 청년은 자신에 대해서 말하고 있다는 것을 깨닫고, 반찬만 집어먹다가 빵과 함께 곁들여 먹기 시작했다. 그러나 소크라테스는 이것을 보고 말했다.

"그 사나이의 곁에 있는 사람들은 잘 보고 있게, 빵을 반찬으로 하고 있는가, 반찬을 빵으로 하고 있는가?"

또 어느 날, 회식에 참석한 사람이 빵을 한입 먹을 때마다, 이것저것 많은 반찬을 맛보는 것을 보고, 그는 말했다.

"대체 한꺼번에 많은 것을 먹고, 한꺼번에 산해진미를 입

---

* 역사(力士)들은 육식을 취했다.

속에 쑤셔 넣어 만드는 것만큼 비싸게 먹는 요리가 어디 있으며, 이만큼 요리를 망치는 경우가 달리 또 어디 있겠소? 요리사들이 배합한 것 외에 더 맛을 배합함으로써 극히 비싸게 먹히게 하는 한편, 또 요리사들이 배합하지 않았던 것을 배합이 잘못됐다고 더 섞어 놓기 때문에, 요리사들이 옳게 만들어 놓은 것이라도 자기가 망쳐 놓는 것이 되어 결국 요리사의 모처럼의 기술을 망치는 결과가 될 것이오. 사실 기술이 훌륭한 요리사를 고용해 놓고 자기가 그 이상의 기술이 있는 것도 아닌데, 요리사가 만들어 놓은 것을 변경한다는 것은 어찌 웃을 일이 아니겠는가? 그리고 또, 한꺼번에 많은 것을 먹는 버릇이 있는 인간에게는 또 한 가지 곤란한 일이 있소. 즉 많은 가지 수가 없을 때에는 언제나 하던 대로 여러 가지 것을 먹고 싶어서 무언가 부족한 느낌을 갖게 될 것이오. 그러나 빵 한입에 반찬 한 가지만을 먹는 습관이 밴 자는 많은 가지 수가 없을 경우에도 아무런 불평 없이 그 한 가지로 만족할 수가 있을 것이오."

그는 또 '좋은 식사를 하다(eucharistia)'라는 말은 아테네 말로는 다만 '먹는다'는 뜻을 나타내고 있다고 말하고 있었다. 그리고 이 '좋은(eu)'은 정신에도 신체에도 고통을 주는 일 없이, 또한 입수하기에 어렵지 않은 음식물을 먹는다는 뜻이 부가(附加)되어 있는 것이라고 말했다. 이리하여 그는 '좋은 식사를 하다'라는 말을 절제 있는 생활을 하는 사람이라는 뜻으로 사용했던 것이다.

제 Ⅳ 권

제 1 장

실로 소크라테스는 모든 일에 대하여 모든 형태로 도움이 되었던 사람으로서, 어떠한 일에 관하여 약간의 이해력을 가지고 있는 사람이라면 소크라테스와의 교제로 인하여 어디에서나 또 어떤 경우에라도 그와 함께 고구(考究)하는 것 이상의 도움은 없었던 것이 명백하다. 사실 그와 교제하거나 그에게 사사(師事)하고 있던 사람들은 그가 자기 곁에 없을지라도 그와의 일을 상기(想起)하는 것만으로 적지 않은 이익이 있었던 것이다. 왜냐하면 그는 농담하고 있을 때마저도 정색을 하고 있을 때에 못지않게 제자들을 보익(補益)하고 있었기 때문이다.

예를 들면 그는 곧잘 누구누구를 사랑하고 있다*는 말을 했지만, 그러나 그것은 육체가 청춘미(靑春美)를 나타내고 있는 자를 연모하고 있다는 말이 결코 아니라, 날 때부터 정신의 미덕을 좋아하는 자를 애모한다는 뜻임이 명백했다. 그

---

* erân. 사랑 관계에 있음을 말함. 크리티아스가 에우튀데모스를 사랑하고, 크세노폰의 《향연》의 주인공 칼리아스가 아우토뤼코스를 사랑하며, 코리토프로스가 알키비아데스의 아들을 사랑하여 스승에게 설교를 받았다.

는 이러한 미질(美質)을 자신이 배우려고 하는 바를 습득하는 속도, 배운 일을 기억하는 힘, 그리고 그것에 의해서 훌륭히 제가(齊家)하고, 나라를 다스리며, 요컨대 인간 및 인간관계의 사항을 훌륭히 처리할 수 있는 지식을 알려고 하는 열의(熱意)로 간파했던 것이다. 왜냐하면 자신의 집안을 잘 다스리는 것뿐만 아니라 다른 사람들과 국가까지도 행복하게 할 수가 있다고 그는 생각했기 때문이다.

그러나 모든 자에게 동일한 방법으로 접근했던 것은 아니다. 천부의 풍부한 힘만을 믿고 학문을 업신여기는 사람들에게, 천부의 힘이 풍부하면 풍부할수록 교육의 필요성은 크다고 가르쳤다. 그리고 뛰어난 자질을 갖춘 열화(烈火)와 같은 한마(悍馬)도 망아지 때부터 훈련을 시키면 비길 데 없는 명마(名馬)가 되지만, 훈련을 시키지 않으면 구제할 수 없는 악마(惡馬)로 타락하고 마는 것이고, 또 자질이 좋은 개로 일 잘하고 사냥감을 열심히 쫓는 개도 훈련을 잘 시키면 우수한 사냥개가 되고 더없이 유능한 것이 되지만, 훈련을 시키지 않고 그냥 내버려두면 바보 같은 미친개인 불량견이 되고 만다는 것을 지적해서 들려주었다.

마찬가지로 인간도 훌륭한 천부적 자질을 갖추고 건강한 정신력과 무엇을 하더라고 이를 성취할 수 있는 기량(器量)이 있는 자가 훈육을 받고, 해야 할 일을 학습한다면 극히 우수하고 극히 유용한 인물이 될 것이다. 왜냐하면 수없이 많은 위대한 선사(善事)를 성취할 수 있기 때문이다. 그런데 훈육도 받지 않고 사리(事理)를 배우지 아니하면, 극악 무도의 도배로 화하고 말 것이다. 왜냐하면 자신이 해야 할 일을 식별하지 못하고 종종 나쁜 일에 손을 대며, 오만한 성질과 정한(精悍)한 기상(氣象)으로 해서 도저히 교정할래야 할 수 없는 인간이 되기 때문이며, 이로 인해 무수한 화근을 초래하게 되는 것이다.

그러나 자신의 많은 재산으로 해서 교육을 받을 필요가 전혀 없다고 생각하여 재력에 의해서 충분히 자신이 원하는 바를 달성하고, 또한 세인(世人)의 존경을 얻을 수 있다고 생각하는 사람들에게는 다음과 같이 말하며 훈계했다. 즉, 사물(事物)의 유용한 것과 유해(有害)한 것을 배우지 않고 판별할 수 있다고 생각하는 자가 있다면 그 사람은 바보이며, 또 이것을 판별함이 없이, 더구나 재력(財力)에 의하여 자신이 갖고 싶은 것을 모두 손에 넣을 수 있고 유위(有爲)한 일을 행할 수 있다고 생각하는 자가 있다면 이러한 사람도 또한 바보이다. 그런데 유위한 일을 행할 힘이 없어도 행복하다고 생각하거나, 자신의 생활에 대하여 훌륭하고 충분한 준비가 되어 있다고 생각하는 자가 있다면, 이것은 얼간이이다. 또 아무런 자식도 없이 더구나 재력이 있기 때문에 자신이 무엇인가 할 수 있는 인간이라고 남이 생각해 줄 것이라고 생각하거나, 무엇인가 하려고 하지도 않고 좋은 명성만을 얻으려고 생각하는 자가 있다면, 이러한 사람도 역시 얼간이이다.

제2장

다음으로 그는 최선의 교육을 받고 있다고 믿고, 크게 자신의 지혜를 자부하고 있는 사람들을 어떻게 다루었는지 이야기해 보겠다.

수재(秀才)* 에우튀데모스**는 유명한 시인이나 학자의 책을 많이 수집하였는데, 그 때문에 벌써 자기가 동년배 중에서 뛰어난 지혜를 가지고 있다고 생각하며, 연설 및 실행의 기능에 있어서도 모든 인간보다 우수하다는 대단한 자부심을 갖고 있음을 소크라테스는 알았다. 그런데 그는 소년이 아직 나이가 어려서 광장(廣場)에는 들어갈 수 없기 때문에 무언가 해보려고 할 때에는 광장 가까이의 한 가게에 들어앉아 있다는 것을 우선 알고는 두세 명의 제자를 데리고 몸소 그 가게가 있는 곳으로 나가 보았다.

처음 갔을 때, 함께 간 한 사람이 소크라테스에게 질문했다. "데미스토클레스가 그만큼 모든 시민보다 뛰어나고 위대했던 것은 어떤 학자의 가르침을 받아서 그렇게 되었습니까, 그렇지 않으면 날 때부터 그러했습니까? 국가에 큰일이 있어 대인물의 필요성이 있을 때, 모든 사람의 기대는 저절로

---

* ho kalos. 문자 그대로는 아름다운 사람이다.
** 디오클레스의 아들. 후에 소크라테스의 열렬한 제자가 되었다. 플라톤의 《에우튀데모스》의 주인공과는 다른 사람. 플라톤의 에우튀데모스는 병학가 디오뉘소도로스의 형제이다.

데미스토클레스에게 집중되지 않았습니까?"

그의 말을 들은 소크라테스는 에우튀데모스가 들을 수 있도록 크게 말했다.

"하찮은 기술이라도 뛰어난 솜씨를 지니려면 훌륭한 스승에게 사사하지 않으면 안 되는데, 국가의 우두머리가 된다는 일은 모든 일 중의 최대의 것으로 혼자의 힘만으로 그러한 능력을 갖출 수 있으리라고 생각하는 것은 어리석은 일이네."

그 후에 에우튀데모스가 소크라테스의 옆에 있을 때였다. 그는 소크라테스의 지혜에 감탄하여 좌담에 끼이기를 피하고 크게 조심하고 있을 것이라고 다른 사람이 말하자, 소크라테스는 말했다.

"여보게, 우리 에우튀데모스가 성년(成年)*이 되어 국가가 어떤 문제에 대하여 토의를 할 때에는, 에우튀데모스의 평소의 언행으로 봐서 반드시 조언을 하리라는 것은 명백하네. 그리고 그때 그는 국민 연설을 위해 반드시 훌륭한 선언을 준비하여 자신이 누구이며 무엇을 배웠다고 생각되지 않도록 조심을 할 것으로 나는 생각하네. 그는 이렇게 서언을 하고 나서 연설을 시작할 것이 명백하네.

'아테네 시민 여러분! 저는 누구에게도 아무것도 배우지 않고 또 언변(言辯) 및 실행에 뛰어난 사람의 말을 듣고 그를

---

*   성년(nélikia)은 남자인 경우 18세 이상을 말함.

만나보려고 한 일도 없습니다. 또한 지식이 있는 어떤 사람도 나의 선생으로 삼으려고 한 일도 없습니다. 아니 모두 그 반대입니다. 왜냐하면 나는 항상 남에게서 무엇을 배울 것을 피해 왔을 뿐만 아니라, 배웠다고 생각되는 것마저 피해 왔기 때문입니다. 그렇기 때문에 나는 나의 뇌리에 저절로 떠오르는 것만을 여러분에게 권할 것입니다.'

그런데 이 서언은 의관(醫冠)의 관직을 국가로부터 얻으려고 하는 사람들에게도 적용할 수 있네. 그 사람들은 그들의 연설을 이런 식으로 시작하면 대단히 적절할 것이네.

'아테네 시민 여러분! 저는 아무에게서도 의술을 배우지 않았고, 어떠한 의사도 저의 선생으로 삼으려고 시도한 바도 없습니다. 왜냐하면 저는 항상 의사로부터 무엇 하나 배울 것을 피해 왔을 뿐만 아니라, 그 기술을 배웠다고 생각되는 것조차 피해 왔기 때문입니다. 하지만 나에게 의관의 관직을 수여해 주십시오. 왜냐하면 여러분을 실험대(實驗臺)로 해서 이것을 배우려고 시도할 것이기 때문입니다.' 라고 말일세."

그 자리에 있었던 일동이 이 서언에 와하고 웃음을 터뜨렸다. 그동안에 에우튀데모스가 소크라테스의 말에 주의를 기울이는 것이 보였지만, 그러나 자기가 먼저 입을 여는 것을 조심하고 침묵을 지키며 심려(深慮)의 태도를 보이자, 소크라테스는 에우튀데모스의 이러한 행동을 그만두게 하려는 생각에서 이렇게 말했다.

"비파를 타든가 피리를 불든가, 혹은 말을 타려든가, 또는 그밖에 이러한 종류의 일에 숙달하려고 원하는 사람들은 자신이 숙달하려고 원하는 길에 끊임없이 정진하는 법일세. 더구나 혼자 행하지 않고 그 분야에 가장 명수(名手)라고 생각되는 사람에게 사사하여 배우면서 온갖 일을 하고, 어려움을 참고 견디며 일편단심으로 스승의 판단을 떠나서는 아무 일도 행하지 않으려고 결심하여 이렇게 하지 않고는 명수가 될 수 없다고 생각하는데, 정당(政黨)에서 언변(言辯)의 명수가 되려고 원하는 자 중에는 준비도 없이 공부도 하지 않고, 갑자기 저절로 이것을 할 수 있게 되는 것처럼 생각하는 자가 있다는 것은 실로 이상한 일일세. 더구나 이 일은 실로 다른 일에 비해서 훨씬 습득하기 어려운 것으로 이것에 열중하는 사람의 수효는 훨씬 많은 데에도 성공하는 사람은 훨씬 적다는 사실로 미루어 보더라도 알 수 있을 것이네. 그렇다면 이 길을 지향하는 사람들은 다른 기예(技藝)에 정진하는 사람들보다도 훨씬 많이 훨씬 열심히 공부할 필요가 있다는 것은 자명(自明)한 일일세."

그런데 소크라테스는 에우튀데모스가 듣고 있는 곳에서 이렇게 이야기를 시작하는 동안에 에우튀데모스가 즐거이 대화의 광장에 끼이게끔 되고 이전보다도 열심히 듣고 있다는 것을 알아차리자 혼자 가게로 그를 찾아갔다. 그리고 에우튀데모스가 곁으로 와 앉자 이렇게 말을 걸었다.

"나에게 얘기해 보렴, 에우튀데모스. 정말 자네는 옛 현자(賢者)라고 알려져 있는 사람들의 책을 많이 수집하였는가?

나는 자네가 많이 수집하고 있다고 듣고 있다네."

그러자 에우튀데모스가 말했다.

"그렇습니다, 소크라테스. 그리고 현재도 모으고 있습니다. 될 수 있는 대로 많이 모으려고 수집을 계속할 심산입니다."

"그것은 참 기특한 일이네. 지혜의 보화보다는 금은(金銀)의 재보를 쌓기를 택하지 않은 것은 잘한 것일세. 왜냐하면 자네는 금은은 인간을 우수하게 만들지 않고, 현자들의 사상은 이것을 소유하는 자에게 미덕의 재보를 증대시킨다고 생각하고 있음이 명백하기 때문이네."

에우튀데모스는 이 말을 듣고 매우 득의양양해졌다. 자신이 올바르게 미덕을 향해서 나아가고 있다고 소크라테스로부터 인정을 받고 있다고 생각하였던 것이다. 그런데 그가 이 찬사에 즐거워하고 있는 것을 보고, 소크라테스는 말했다.

"그런데 에우튀데모스, 자네는 어떤 분야에 명수가 되려고 마음 먹고 책을 모으고 있는 것인가?"

에우튀데모스가 어떻게 대답할까 생각에 잠겨 가만히 있었기 때문에, 소크라테스가 또 말했다.

"혹시 의사가 되려는 것이 아닌가? 의학서라는 것은 꽤 많이 있는 법이니까."

그러자 에우튀데모스가 말했다.

"아니오, 결코 그렇지는 않습니다."

"그러면 건축가가 되려고 생각하고 있는가? 이것도 박학(博學)한 사람을 필요로 하니까."

"아니오, 그것도 아닙니다."

"그러면 테오도로스*와 같은 대수학자가 되려고 생각하고 있는 것이겠지?"

"수학자도 아닙니다."

"그러면 천문학자이겠지?"

그것도 아니라고 부정하자, 그는 말했다.

"그러면 시인인가? 자네는 호메로스의 시집을 전부 수집했다고 다들 말을 하던데."

"아니오, 그렇지 않습니다. 제가 알고 있기로는 시인이란 자들은 시는 훌륭히 쓸 줄 알지만 인간 자체는 마치 바보인 걸요."**

그러자 소크라테스가 말했다.

"하지만, 에우튀데모스. 자네는 정치가라든가 경제학자라든가 훌륭한 지배인이 되어서 다른 사람 또는 자신의 생활을 행복하게 해줄 수 있는 미덕을 구하고 있는 것은 아니겠지?"

그러자 에우튀데모스가 말했다.

"바로 그것입니다, 소크라테스. 그 미덕을 구하고 있는 것입니다."

"그것은 실로 최고이며 최대의 기술을 구하려고 하는 것일

---

* 퀴레네 사람. 기원전 460년경에 태어남. 뛰어난 수학자 플라톤 및 테아이테토스의 스승. 플라톤의 《테아이테토스》(147d~148b) 참조.
** 소크라테스 시대의 시인 Rhapsōdoi에 관한 비평임에 틀림없다.

세. 왜냐하면 이 기술은 실로 군주의 길이고 제왕(帝王)의 길이라고 불리고 있기 때문이네. 하지만 우선 올바른 인간이 되지 못하고 이러한 일을 행할 수 있는지 없는지 자네는 생각해 본 적이 있는가?"

"네, 있습니다. 그뿐이 아니라 정의가 없어서는 좋은 시민도 될 수가 없습니다."

"그럼 어떤가. 자네는 그러한 자질을 갖추고 있다고 생각하는가?"

"네, 소크라테스. 저는 자신이 누구에게도 뒤떨어지지 않는 올바른 인간이라고 믿고 있습니다."

"그러면 물어 보겠는데, 목수에게 일이 있는 것과 마찬가지로 올바른 인간에게도 일이라는 것이 있는 것인가?"

"물론 있습니다."

"그러면 목수가 그들의 일을 일일이 들어서 얘기할 수 있듯이 올바른 인간도 그들의 일을 설명해서 들려줄 수가 있는 것일까?"

"무어라고 하셨습니까? 제가 정의로운 일을 설명할 수 없다고 생각하십니까? 그뿐만 아니라 저는 부정한 일도 말할 수가 있습니다. 그럴 수 있는 까닭은 저는 매일마다 이러한 것을 굉장히 많이 보거나 듣거나 할 수 있기 때문입니다."

"그렇다면 우리들은 이쪽에 '정(正)'이라고 쓰고, 또 이쪽 편에 '부(否)'라고 써 보세. 이렇게 해두고, 우리들에게 정의의 일이라고 생각되는 것에는 '정'란에 표시하고 부정의 일이라고 생각되는 것은 '부'란에 표시하도록 해볼까?"
"그러한 일이 어떤 필요가 있는 것이라면 그렇게 하도록 하겠습니다."

그래서 소크라테스는 그가 말한 것처럼 쓴 다음 그에게 말했다.

"인간은 거짓말을 하는 일이 있는가, 없는가?"
"그야 있지요."
"그렇다면 이것을 어느 쪽에 표시할까?"
"그야 물론 부정 쪽입니다."
"그리고 또 기만하는 일은 없는가?"
"있습니다."
"그러면 이것은 어느 쪽에다 표시할까?"
"이것은 물론 부정 쪽입니다."
"나쁜 일을 행하는 것은?"
"이것도 역시 부정 쪽입니다."
"인신 매매는?"
"이것도 그렇습니다."
"정의 쪽에 표시하는 것은 이 중에 하나도 없군, 에우튀데모스."
"있으면 큰일 나겠지요."
"그러면 어떤가, 누군가가 장군으로 뽑혀서 우리들이 부정하는 적의 도시를 노예에게 팔아넘겼다고 한다면, 우리는 이것을 부정이라고 부를 것인가?"
"그렇게 부르지 않습니다."

"올바른 행위라고 말할 수 있는가?"
"말할 수 있습니다."
"그러면 전쟁에서 적을 기만했다고 한다면?"
"이것도 올바른 일입니다."
"적의 물건을 훔치거나 빼앗거나 하는 것이 올바른 행위란 말이지?"
"그렇습니다. 그러나 저는 처음에는 당신이 친구의 일에 대해서만 물어 보시고 있는 줄 알았습니다."
"그렇다면 우리들이 부정의 난에 표시한 것은 모두 정의의 난에도 표시하지 않으면 안 된다는 말이 되는군."
"그런 것 같습니다."
"그러면 다시 이렇게 분류를 해볼까? 적에 대하여는 이러한 일을 하는 것은 올바른 행위이지만 친구에 대해서는 올바른 일이 못 된다. 친구에 대해서는 철두철미하게 정직하지 않으면 안 되는 것이라고."
"과연 그것이 좋겠습니다"하고 에우튀데모스가 말했다.
"그러면 어떤가, 장군이 군대의 사기(士氣)가 저하되고 있는 것을 보고 원군(援軍)이 조금 있으면 온다고 거짓말을 하여 이 거짓말 때문에 전군(全軍)의 사기가 상승된다고 한다면, 이 기만은 어느 쪽에 표시해야 하겠는가?"
"정의 난에 해당한다고 생각합니다."
"또 누군가가 아들이 약을 먹을 필요가 있는데 약 먹기를 싫어할 때, 맛있는 음식물이라고 속여서 약을 먹게 하여 이러한 기만으로 인해서 건강을 회복하게 됐다면, 이 기만은 또 어느 쪽에 표시해야 하겠는가?"

"이것도 같은 난이라고 생각합니다."

"그러면 친구가 우울증에 빠져 있기 때문에 자살할까 봐 겁이 나서 칼이라든가 그 밖의 어떤 것을 훔치거나 빼앗았다면 이것은 또 어느 쪽에 표시해야 하겠는가?"

"그것도 물론 정의 쪽입니다."

"그렇다면,. 자네는 친구에 대해서도 하나에서 열까지 정직해서는 안 된다고 생각하는군."

"그렇게 되는군요, 그래서는 안 됩니다. 저는 제가 얘기한 것을 취소하겠습니다, 다 취소해도 괜찮다면."

"물론 괜찮지. 틀린 표를 만들기보다는 그 편이 훨씬 낫지. 그런데 친구를 기만해서 이것이 해가 될 경우도 생각해 볼 것을 잊어서는 안 되기 때문에, 고의적으로 기만하는 것과 고의가 아닌 기만과는 어느 쪽이 더 부정한 것일까?"

"그러나, 소크라테스. 저는 이제 대답에 자신이 없어졌습니다. 왜냐하면 앞에 이야기한 일 하나하나가 이번에는 그때 생각했던 것과는 다른 형태로 보이기 때문입니다. 그렇지만 어쨌든 말해 본다면 고의적인 사람이 고의가 아닌 사람보다 부정합니다."

"읽고 쓰는 공부나 학문이 있듯이 정의를 구현하기 위한 공부와 학문이 있다고 생각하는가?"

"그렇게 생각합니다."

"고의로 잘못 쓰거나 잘못 읽거나 하는 자와, 실제로 틀리는 자와 어느 쪽이 읽고 쓸 줄 아는 사람이라고 생각하는가?"

"고의적으로 틀리는 자일 것이라고 생각합니다. 왜냐하면 이러한 사람은 하려고만 생각하면 정확하게 할 수 있기 때문이지요."

"그렇다면 고의적으로 올바르게 쓰지 않는 사람은 읽고 쓸 줄 아는 사람이고, 고의가 아닌 사람은 읽고 쓸 줄 모르는 사람이 되는군."

"그렇게 되겠군요."

"그리고 고의적으로 거짓말을 하거나 기만하거나 하는 자와, 고의가 아닌 실제로 그렇게 하는 자는 어느 쪽이 사물의 올바름을 알고 있는 것일까?"

"물론 고의적으로 속이는 인간입니다."

"자네는 읽고 쓸 줄 아는 자는 읽고 쓸 줄 모르는 자보다 아는 사람이라는 말이군."

"네."

"그런데 사물의 이치를 올바르게 알고 있는 자는 모르는 자보다 올바른 사람인가?"

"그렇게 되는군요. 그러나 이것도 어떻게 얘기하면 좋을지 모르겠습니다."

"그러면 어떤가, 사실을 말하려고 생각하면서도 한 가지 일에 관해서 하는 말이 시시각각으로 바뀌는 인간은? 같은 길을 가르치면서 어느 때는 동이라고 하고 어느 때는 서라고 하며, 같은 계산을 하는 데도 어느 때는 답이 크고 어느 때는 답이 작은 이런 경우는 어떻게 생각하는가?"

"그것은 자기가 알고 있다고 생각하고 있는 것을 실은 모르고 있다는 증거입니다."

"자네는 어떤 부류의 인간이 노예라고 불리고 있는 것을 알고 있는가?"

"알고 있습니다."

"지혜가 있기 때문에 그렇게 불리는가, 그렇지 않으면 무지하기 때문에 그렇게 불리는가?"

"물론 무지하기 때문입니다."

"그러면 대장간 일에 관하여 무지하기 때문에 이 이름이 붙었는가?"

"아닙니다."

"그러면 목수 일을 모르기 때문인가?"

"그것도 아닙니다."

"가죽 가게 일을 모르기 때문인가?"

"그것도 아닙니다. 오히려 그 거꾸로라고 말할 수 있겠지요. 왜냐하면 이러한 일을 체득하고 있는 인간의 대부분은 노예이기 때문이지요."

"그렇다면 아름다운 것, 선한 것, 올바른 것을 모르는 인간에게 이러한 이름이 붙는 것일까?"

"그런 생각이 듭니다."

"그렇다면 우리들은 모든 노력을 경주해서 노예가 되지 않도록 노력해야 할 걸세."

"솔직하게 말씀드리면, 저는 크게 애지학(愛智學, 철학)에 부지런히 힘써 왔다고 생각합니다. 그리고 이 학문이야말로 고아유덕(高雅有德)에 달하기를 원하는 인간에게 필수(必須)의 사물을 가장 잘 가르쳐 줄 것으로 생각하고 있었습니다. 그런데 모처럼 공부한 것에 관하여 이렇게 아무것도 모르고, 무엇보다도 알고 있어야 할 것을 질문당하여 조금도 대답을 못 하니 내 자신이 가련해지는 마음을 억누를 수 없습니다. 더구나 이 길 외에는 달리 자신을 개량할 길이 없습니다."

그러자 소크라테스는 말했다.

"말해 보게나, 에우튀데모스. 자네는 지금까지 델포이*에 가본 적이 있는가?"

"네, 두 번 가봤습니다."

"그러면 자네는 신전(神殿)의 어디인가에 새겨져 있는 '너 자신을 알라'**는 말을 보았겠지?"

"보았습니다."

"그렇다면 자네는 이 문구에 아무런 주의도 기울이지 않았는가? 그렇지 않으면 이것을 마음에 새겨서 자신이 누구인가를 생각해 보았는가?"

---

* 포커스(보이오티아의 서쪽에 있는 나라)의 서쪽에 있는 작은 도시. 아폴론의 신탁소가 있다.
** 델포이 신전에 새겨져 있던 격언은 상당히 많았던 것 같으나, 그 중 특히 유명한 것이 이 말이다.

"아닙니다, 전혀 생각해 보지 않았습니다. 저는 제 자신을 충분히 알고 있다고 생각했습니다. 자신마저 모른다면 다른 일은 알 리가 없는 것이기 때문입니다."

"자네는 자신의 이름만을 알고 있는 것으로 자신을 알고 있는 사람이라고 생각하는가? 그렇지 않으면 예를 들어, 말을 사는 사람들이 순한 말인지 그렇지 않으면 사나운 말인지, 힘이 센지 그렇지 않으면 약한지, 발이 빠른지 그렇지 않으면 느린지, 그 외에 말의 용도를 보고 성질이 좋고 나쁜지를 모두 조사해 볼 때까지는 자기가 말에 대하여 알려고 하는 모든 것을 알았다고 생각하지 않는 것처럼, 자신에 대하여 스스로가 어떤 부류의 인간인가를 음미(吟味)하고, 자신의 역량이 어떠한지를 알고 있는 것만으로 자신을 알고 있는 자라고 생각하는가?"

"바로 그렇다고 생각합니다. 자신의 역량을 모르는 인간은 자신을 모르는 자입니다."

"그리고 또, 자신을 안다는 것은 크나큰 이익을 낳게 하고, 자신을 모른다는 것은 크나큰 해독을 낳게 한다는 것도 명백한 사실일 것이네. 왜냐하면 자신을 아는 사람은 자신에게 이익이 되는 것이 무엇인가를 알아서 자신이 할 수 있는 일과 할 수 없는 일을 판별할 줄 알 것이네. 그리고 자신이 알고 있는 일을 실행하고 자신이 필요로 하는 것을 입수하여 유복하게 지내며, 자신이 모르는 일은 이를 피해서 과실을 범하지 않고 영락(零落)의 몸이 되는 것을 면하는 것일세.

또 이것에 의해서 남을 감별하는 힘도 생기고, 따라서 남과의 교제에서 이익이 되는 것을 손에 넣고, 해가 되는 것을 피할 수도 있는 것일세. 그럼에도 불구하고 자신을 모르고 자신의 역량을 과대평가하고 있는 사람들은 남에 관한 것이나 세상일에 관해서도, 또 마찬가지로 자신이 필요로 하는 것도, 자신이 하는 일도, 자신이 교제하고 있는 인간에 대해서 끝까지 알지 못하고, 그 모든 것에 과오를 범하여 선(善)에 실패하고 악에 빠져드는 것일세. 그런데 자신이 해야 할 일을 알고 있는 사람들은 자신이 하고자 하는 바를 성취하여, 그 성공에 의해서 유명해지고 존경을 받는 것일세. 그리고 그와 같은 사람들은 서로 기꺼이 교제하고, 사업에 실패한 사람이라 해도 자신의 입장에 대해 부끄러워하지 않고 서로 조언을 구하는 것일세. 그리고 같은 사람이라고 해도 자기 자신을 아는 사람을 지도자로서 받들고, 그들에게 의지하여 운명의 호전(好轉)을 꾀하며, 그리고 그 밖의 여러 가지 이유로 모든 사람들 중에서 누구보다도 그들을 경애하는 것일세. 그런데 자신의 할 일을 모르는 사람들은 선택의 방법도 틀리고, 무엇을 기획해도 실패하며, 그러한 일들로 손실을 보거나 징계를 받는 것 외에도 그 때문에 평판이 떨어지고 세상의 웃음거리가 되며 경멸을 당하면서 불명예스러운 일생을 보내는 것일세. 또 국가도 스스로의 힘을 모르고 자기보다 강대한 나라와 싸우는 나라는 모두 멸망하거나 자유를 상실하는 것을 자네는 익히 보아 알고 있을 걸세."

그러자 에우튀데모스가 말했다.

"과연, 소크라테스. 자기 자신을 아는 것이 무엇보다도 중요하다고 저도 생각합니다. 그것은 안심하여 주십시오. 그러나 자신의 음미를 무엇부터 시작하면 좋은지, 바라건대 이것을 설명해 주셨으면 좋겠습니다."

"자네는 선이란 어떠한 것인지, 악이란 어떠한 것인지는 잘 알고 있겠지?"

"물론입니다. 그것도 모른다면 저는 노예보다도 하찮은 인간이겠지요."

"좋아, 그러면 나에게도 그것을 설명해 보게나."

"조금도 어려운 일이 아닙니다. 먼저 건강이 선이고, 병은 악이라고 생각합니다. 그 다음에 이들 쌍방의 원인이 되는 것, 즉 음식물·일상 습관 등 모두 건강으로 인도하는 것은 선이고 병으로 인도하는 것은 악입니다."

"그러면 건강이나 병도 무엇인가 좋은 일의 원인이 되면 선이고, 나쁜 일의 원인이 되면 악이 아닐까?"

"하지만 어떠한 경우에 건강이 악의 원인이 되고, 병이 선의 원인이 될 수 있습니까?"

"그것은 말이야, 무운(武運)이 따르지 않은 병역(兵役)이라든가, 파멸을 낳는 항해라든가, 그 밖에 많은 경우에 있어서 강건한 신체로 종군한 자는 생명을 잃고, 병약해서 뒤에 남은 자는 생명을 보존하게 되는 때일세."

"그렇군요. 그러나 선한 경우에도 역시 체력이 강건한 사람은 종군하고, 약한 사람은 뒤에 남는 것을 보시지 않으셨습니까?"

"그러면 어떤 때는 이익이 되고, 어떤 때는 손해가 되는 것이 선이라고 말할 수가 있을까?"

"물론 그것은 그 논법으로 한다면 말할 수 없을 것 같습니다. 그러나 지(智)는 틀림없이 선입니다. 왜냐하면 현명한 인간이 무지한 인간보다 훌륭하게 행할 수 없는 것은 아무것도 없기 때문입니다."

"정말일까? 자네는 다이달로스*가 단지 지혜가 있었기 때문에 미노스에게 잡혀 강제로 노예가 되어 조국도 자유도 모두 잃고, 아들을 데리고 도망을 기도하다가 아들을 잃고

---

* 다이달로스는 전설적인 크레타의 명공(名工). 이름은 그리스어로 솜씨 좋은 공장(工匠)을 의미한다. 아테네인으로 에렉테우스의 손자인 메티온의 아들 에우팔라모스와 알킵페의 아들. 비견될 자 없는 명건축가로 신상(神像)의 발명자이다. 자매인 페르딕스의 아들 탈로스를 제자로 삼았으나, 그가 톱과 녹로(轆轤)를 발명해 냈기 때문에 자기를 능가할까봐 두려워하여 아크로폴리스에서 밀어 떨어뜨렸다. 다이달로스는 아레이오스 파고스에서 유죄 판결을 받자 크레타 왕 미노스에게도 도망갔다. 소를 사랑한 미노스 왕의 아내 파시파이를 위해 목제 암소를 만들었는데, 그녀가 괴물 미노타우로스를 낳자, 이것을 넣어 두기 위한 미궁(迷宮) 라뷔린트를 지었다. 테세우스를 사랑한 아리아드네를 위해 미궁에서 길을 잃어버리지 않도록 실패를 입구에 달아 놓고 실을 따라 귀로를 찾아내는 방법을 가르쳐 주었다. 미노스는 화가 나서 다이달로스와 그 아들 이카로스를 미궁에 가둬버렸는데, 그는 자기와 아들의 날개를 만들어 달고 탈출해서 시칠리아 왕 코카로스에게 갔다. 그러나 이카로스는 너무 높이 날아 태양열에 날개가 녹아 버려 바다에 추락해 죽었다. 그를 추격해 온 미노스는 코카로스의 딸들에게 살해당했다. 다이달로스는 또 톱·도끼·아교·배의 마스트 등의 발명자로 되어 있으며, 그의 유작이라고 일컬어지는 대단히 오래된 시대의 유물이 여기저기에 남아 있다.

자신도 다시 잡혀서 만이(蠻夷)의 나라로 끌려가서 다시 노예가 된 이야기를 듣지 못하였는가?"

"들었지요, 그런 이야기가 있습니다."

"그리고 파르메데스*의 이야기를 못 들었는가? 이 사나이는 지혜로웠기 때문에 질투의 대상이 되어 오디세우스에 죽임을 당했다고 누구나가 이야기한다네."

"그 이야기도 흔히들 하지요."

"또 얼마나 많은 사람이 지혜가 있기 때문에 유괴당하여 대왕(大王)**의 궁정에 보내져, 그 곳에서 노예 생활을 하고 있다고 생각하는가?"

"아마 행복은 의심할 바 없는 선이라고 생각합니다, 소크라테스."

"그것이 대단히 의심스러운 선으로 이루어져 있지 않으면 그럴 수 있겠지, 에우튀데모스."

---

* 지금까지 전해지고 있는 이야기로는 오비디우스의 《변신 이야기(Metamorphoses)》(Ⅷ34~60)에 있는 이야기이다. 오디세우스가 트로야 전쟁에 참가하기를 꺼려 미친 척하고 있는 것을 나우프리오스의 아들 파르메데스가 간파하고 강제로 퇴진(退陣)시켰다. 이 폭로에 원한을 품고 오디세우스는 파르메데스가 트로이 왕 프리아모스와 내통했다고 발표하고, 미리 몰래 그의 침상에 감추어 둔 금화를 끄집어 내어 이렇게 뇌물을 받아 먹었다고 외치고는 그를 죽였다고 한다. 크세노폰이 생각하고 있는 전설은 이런 이야기가 아닌 듯하다. 파르메데스에 대해서는 크세노폰의 《변명》 26절에도 언급되어 있다. 사실 파르메데스의 죽음은 여러 가지로 이야기되었고 죽인 사람도 죽인 이유도 한결같지 않다. 살해 방법도 가지가지이다.

** 페르시아 왕.

"하지만 행복의 어느 곳이 의심스러운 것입니까?"

"아무것도 의심스럽지는 않아. 만약 우리들이 미(美)라든가, 힘이라든가, 부(富)라든가, 명예라든가, 여러 가지 이러한 것을 행복 속에 포함시키지 않는다면 말일세."

"그러나 그것은 포함시켜야 합니다. 왜냐하면 이러한 것들이 없어서는 아무도 행복이라고는 말할 수 없기 때문이죠."

"그렇다면 포함시키도록 하세. 그러나 그러한 것에는 많은 고통이 수반될 걸세. 왜냐하면 많은 사람들이 아름다운 미모에 매혹되어 타락하고, 많은 사람들이 힘이 있다고 생각하여 자기보다 강한 것에 맞서다가 쓰라림을 맛보며, 많은 사람들이 재산이 있는 탓으로 응석받이로 자라나 남의 꾐에 빠져 재산을 탕진하고, 많은 사람들이 명성과 정치적 세력이 있는 탓으로 대단한 재난을 만나는 것일세."

"아아, 그렇군요. 행복에 대한 상찬(賞讚)도 제가 잘못 생각한 것이었다고 한다면, 고백합니다만 무엇을 신께 빌면 좋은지 저로서는 알 수가 없습니다."

"자네는 아마 처음부터 알고 있는 것으로 믿고 있었기 때문에, 이러한 일들을 생각해 본 적이 없었을 것이네. 그러나 자네는 지금 평민(平民)에 의해 통치되고 있는 국가의 원수가 되려고 준비하고 있는 것이니까, 평민정체(平民政體)란 무엇을 말하는지는 알고 있을 테지?"

"그것에 대하여는 잘 알고 있다고 생각합니다."

"그러면 평민을 모르고 어떻게 평민정체를 알 수가 있단 말인가?"

"물론 그렇습니다."

"그러면 평민이란 대체 무엇인지 알고 있는가?"

"알고 있습니다."

"그러면 평민이란 무어라고 생각하나?"

"저는 국민 중에서 가난한 사람들이라고 생각합니다."

"그러면 가난한 사람이란 무언지 알고 있는가?"

"물론입니다."

"그러면 부자에 대해서도 알고 있는가?"

"잘 알고 있습니다."

"어떠한 사람을 가난한 사람이라고 부르고, 어떠한 사람을 부자라고 부르는가?"

"필요한 것에도 돈이 모자라서 지불하지 못하는 사람을 가난한 사람, 필요 이상으로 있는 사람들을 부자라고 생각합니다."

"그러면 이러한 일들은 알고 있는가? 어떤 사람들은 극히 조금밖에 없지만 그것으로 충분할 뿐만 아니라 그 중에서 저축까지 하는데, 어떤 사람들은 대단히 많이 있는데도 불구하고 여전히 부족함을 느끼고 있는 것을."

"정말 그렇습니다. 상기시켜 주셔서 고맙습니다. 사실 민왕(民王)이라고 하지만 통치력이 없어서 마치 빈민과 같이 범죄를 범하는 자가 많이 있다는 것을 저는 알고 있었습니다."

"만약 자네 말대로 한다면 우리는 민왕도 평민 속에 포함하고, 극히 적은 수입으로 생활하는 사람도 가계(家計)를 훌류히 처리해 나간다면 부자 속에 포함시킬 수 있을까?"

여기에 이르러 에우튀데모스는 말했다.

"이것도 또 동의(同意)하지 않을 수 없습니다. 저의 우둔함을 증명하는 것입니다. 저는 입을 다물고 있는 것이 좋을 것 같습니다. 왜냐하면 이러다가는 이제 아무것도 모르게 되고 말 것입니다."

그리고 그는 대단히 의기소침하여 통절히 자신의 우둔함을 느끼게 되었고, 참으로 자기 자신은 일개의 노예에 지나지 않다는 것을 느끼면서 돌아갔다.

그런데 소크라테스에 의해서 이런 꼴을 당한 사람들은 대개 두 번 다시 그에게 접근하려 들지 않았다. 소크라테스는 이러한 무리들을 어리석은 사람으로 보고 있었다. 그러나 소크라테스는 에우튀데모스가 만약 자기 곁에서 될 수 있는 대로 많은 시간을 보내지 않으면 도저히 진정한 인간이 될 수 없다는 생각에 이르렀다. 그 후 에우튀데모스는 불가피한 일이 있을 때 이외에는 결코 그의 곁을 떠나지 않았고, 게다가 그의 일상 생활을 자신도 얼마쯤 모방하였던 것이다. 소크라테스는 그가 이렇게 된 것을 알고부터는 그를 골탕 먹이지 않았고, 몰라서는 안 된다고 생각되는 일이나 일상 생활에 가장 필요하다고 생각되는 일을 극히 간명하게, 또한 극히 알기 쉽게 설명해 들려주었다.

제 3 장

그는 또 제자들이 변설(辯舌)에 능하거나 행동을 고상하게 하거나, 혹은 공부에 뛰어나는 것을 중요하게 여기지 않았고, 그러한 일보다 먼저 깊은 사려(思慮)가 중요하다고 생각하고 있었다. 왜냐하면 사려를 수반하지 않고 이러한 힘을 갖추게 된다면, 오히려 부정이 늘어나고 나쁜 일을 행하는 데 힘을 보태는 것이라고 생각하고 있었기 때문이다. 그래서 우선 제자들을 신에게 관하여 사려 깊은 인간으로 만들려고 노력하였던 것이다. 이러한 그의 생각은 그가 다른 사람들에게 이야기한 것을 동석한 사람들이 전하고 있지만, 나도 그가 에우튀데모스와 다음과 같이 얘기하고 있는 것을 들은 적이 있다.

"말해 보렴, 에우튀데모스. 자네는 지금까지 신이 얼마나 마음을 써서 인간이 필요로 하는 것을 갖추어 주셨는지 생각해 본 적이 있는가?"

그러자 에우튀데모스는 말했다.

"글쎄요, 그러한 일은 생각해 본 적이 없습니다."

"하지만 자네는 알고 있을 걸세. 빛이 필요한 우리를 위해서 신께서 그것을 갖추어 주셨다는 것을."

"사실입니다. 빛이 없었다면 우리들의 눈에 관한 한, 우리들은 소경과 마찬가지가 됐을 것입니다."

"그리고 또, 신께서는 우리들이 필요로 하는 휴식을 위해서 밤이라고 하는 훌륭한 휴식 시간을 마련해 주셨네."

"정말 그것도 감시하지 않으면 안 될 일입니다."

"그리고 또, 태양은 빛으로 주간(晝間)의 시각 및 일체의 물상을 우리들에게 명백하게 볼 수 있도록 해주지만, 밤에는 암흑으로 아무것도 보이지 않기 때문에, 신은 하늘에 별을 반짝이게 하시고 이것으로 밤의 시각을 우리들에게 알려*, 이것에 의하여 우리들은 여러 가지의 중요한 용무를 보고 있는 것이 아닌가?"

"그렇게 되어 있습니다."

"그리고 또, 달은 다만 밤의 시각뿐만 아니라 순월(旬月)의 구분**까지도 우리에게 알려주시고 있는 것일세."

"사실입니다."

"또 우리는 먹을 것이 필요하기 때문에, 신께서는 이것을 땅에서 돋아나도록 해주시고, 그것에 적합한 계절을 마련해 주신 것일세. 이 계절은 우리에게 필요할 뿐만 아니라, 또 즐거움을 느낄 수 있는 것을 다종다양(多種多樣)하게 공급해 준다네. 이것은 어떤가?"

"진실로 그것도 인간에 대한 사랑의 행위입니다."

"그리고 또, 신께서는 우리에게 물이라고 하는 무상(無上)

---

* 낮의 시각은 대체로 'Orthron(아침, 오전)', 'Mesémbrian(대낮, 정오)', 'Hesperan(저녁, 밤)'으로 나눈다. 그리고 밤의 시각은 세 가지 'Phylakas(야경꾼)'로 나눈다.

** Histamenou(상순), Mesountos(중순), Phthinoutos(하순)의 셋으로 나누는 것을 가리킨다.

의 가치 있는 것을 주시어, 이것이 대지(大地) 및 계절과 힘을 합하여 우리들에게 필요한 일체의 것을 낳게 하고 성장시키며, 그리고 우리 자신도 육성하고 또한 우리의 영양이 되는 일체의 것을 섞어 한층 잘 소화되도록 하여 건강에 좋고, 또 맛을 좋게 하며, 우리가 이것을 매우 다량으로 필요로 하기 때문에 신께서는 아낌없이 풍부하게 공급해 주시는 것에 대해서 자네는 어떻게 생각하나?"

"그것에도 인간을 생각하시는 신의 배려가 나타나 있습니다."

"그리고 또 불이라는 것을 만드셔서 우리가 추위를 막고 암흑을 방지하며, 인간의 편익(便益)을 위한 일체의 사물 제작에 도움이 되는 것을 마련해 주신 것*은 어떤가? 한 마디로 말해서 생활하는 데 유용한 사물 중 가장 가치가 있는 것은 불이며, 이는 인간에게 없어서는 안 될 중요한 것일세."

"그것도 또한 신께서 인간을 사랑하는 마음이 특별히 큰 것입니다."

"그리고 태양은 겨울에 그 방향을 바꾸고서부터는** 차차 가까이 와서 어떤 곳은 뜨겁게 하고, 또 시기가 끝나면 이것을 조락(凋落)시키며, 그리고 이것이 끝나면 이젠 그 이상은 접근하려고 하지 않고, 필요 이상의 열을 주어서 우리들을 해치는 일이 없도록 유의해서 떠나가고 다시 멀어져, 만약 그 이

---

* 프로메테우스가 하늘에서 인간을 위해 불을 가져다 주었다는 신화를 상기시키는 것.
** 동지(冬至).

상 멀어지면 추위 때문에 우리들이 얼기 때문에 다시 방향을 바꿔 접근을 시작한다네. 우리에게 가장 이익을 주기 위한 이러한 변화는 천공(天空)이 위치를 회전하고 있다는 것일세."
"정말 그것도 틀림없이 인간을 위해서 그러한 것 같습니다."
"그리고 또, 더위나 추위가 급격히 온다면, 우리가 도저히 이것을 견딜 수 없기 때문에 태양은 극히 서서히 접근해 와서 또 극히 서서히 멀어져 가는 것일세. 그래서 우리는 태양이 어느 새에 양극단에 와 있는지 알아차리지 못할 정도일세."
"저는 신께서 대체 인간을 보살피는 일 이외에 하시는 일이 없다는 생각이 들 정도입니다. 다만 인간 이외의 동물도 이러한 은혜를 입고 있다는 것은 사실입니다."
"그러한 사실은 당연하지 않은가? 그들도 또 인간의 편익(便益)을 위해 이 세상에 태어나 사육되고 있는 것이 아닌가? 어떠한 생물, 즉 산양(山羊)·양·소·말·당나귀나 또 그 밖의 동물이라고 할지라도 인간만큼 많은 혜택을 받고 있는 것이 있는가? 나는 인간이 신으로부터 부여받는 혜택은 식물이 받는 혜택보다 훨씬 많은 것으로 생각하고 있네. 적어도 인간이 동물로부터 식량을 얻고 재산을 불리는 것은 식물로부터 얻는 것에 결코 뒤떨어지지 않는다고 생각하네. 인간의 종족 중에는 토지에서 수확되는 것을 식량으로 하지 않고 가축으로부터 채취되는 젖·치즈·고기를 이용하여 생활하고 있는 사람이 많이 있다네. 더구나 전체 인류가 유용한 동물을 훈련시켜 따르게 하고, 전쟁을 위시하여 많은 일에 협력자로 이용하고 있다네."

"그것에도 같은 의견입니다. 이러한 동물의 힘이 우리 인간보다 훨씬 강한데도, 실로 인간의 말에 잘 따르고 인간이 하고자 하는 대로 쓸 수 있는 것을 보면 알 수 있습니다."
"그리고 또 좋은 일과 소용에 닿는 일이 무수하게 존재하며, 더구나 그것이 각양각색이기 때문에 그 하나하나에 대응하는 감각을 인간에게 주시고, 그 덕택으로 우리는 모든 좋은 일을 향락할 수 있는 것일세. 그리고 또, 우리들에게 추리(推理)하는 힘을 심어 주시고, 그 덕택으로 우리는 감관(感官)에 의해서 알고자 하는 사실을 추리하고 기억하며, 그리고 하나하나가 어떠한 이로움을 가지고 있는가를 알고 선택을 하며, 악을 멀리하는 많은 궁리를 안출해 내는 것일세. 그리고 또, 우리에게 설명하는 힘을 주시고, 이로 인해서 우리는 일체의 좋은 일을 나누어 전하고 서로 가르쳐서 공통의 의견을 갖고 법률을 정하며 국가 생활을 하는 것일세."
"소크라테스, 사실 신은 인류를 위해 하나에서 열까지 자상하게 마음을 쓰시고 계신 것 같습니다."
"그리고 또, 우리들이 장래의 일에 대하여 무엇이 유리한지 예지(豫知)하지 못하고 있다면, 신은 이것에 대하여 우리에게 힘을 보내 주시고, 신탁을 하는 사람에게 점을 통해서 일의 경과를 알려주시며, 어떻게 하면 최선의 결과를 얻을 수 있는가를 가르쳐 주시는 것일세."
"특히 신께서는 선생님께 다른 사람들보다 훨씬 호의를 베푸시는 것처럼 생각됩니다. 만약 당신께서 신탁을 내려달라고 하지 않았는데도 불구하고 신께서 당신이 행해야 할 일과 행하지 말아야 할 일을 말해 주시는 것이라면 말입니다."*

"자네는 내가 말하는 것이 사실인지 알고 싶으면 신들의 모습이 자네 눈앞에 드러나기만을 기다리지 말고, 신들의 행적을 기꺼이 따르고 신들을 존숭(尊崇)한다면 자네에게도 실현될 수 있을 것이네. 자네가 그렇게 하지 않으면 신들께서도 스스로 도와 주시지 않는다는 것을 잘 이해하게나. 왜냐하면 우리들에게 여러 가지 좋은 복(福)을 가져다 주는 신들일지라도 결코 흔적을 보이면서 갖다 주지는 않을 것이네. 하물며 삼라만상(森羅萬象)을 주재하시는 신께서는 일체의 선한 것, 아름다운 것을 어떻게 사람들이 사용하든 간에 영원히 불손(不損)·무염(無厭)·불로(不老)의 상태로 내려 주시고 끊임없이 인간에게 혜택을 베푸시지만 이것을 베푸시는 데에 흔적을 우리에게 보이지 않는 것일세.** 또 생각해 보게. 태양은 만인에게 그 자태를 보이고 있는 것 같지만, 그러나 인간이 이것을 응시하는 것을 용서치 않고, 만약 누군가가 뻔뻔스럽게도 이것을 보려고 하는 자가 있으면 그 시력을 뺏고 마는 것일세. 또 신의 사도(使徒)들도 눈에 보이지 않는다는 것을 자네도 알고 있을 것이네. 번갯

---

*   이른바 소크라테스의 '다이모니온'을 말함.
** 우주를 주재하는 신은 가장 높은 유일한 존재이며, 다른 일체의 신들은 이 존재의 부하로서 세계를 다스린다. 각종 재보를 우리에게 주는 신들은 이보다 낮은 쪽의 신들이다. 이러한 사상은 소크라테스를 비롯하여 플라톤 및 스토아 학파가 주장했다.

불은 상천(上天)에서 떨어져 이것에 맞으면 모든 것이 정복당한다는 사실도 명백하지만, 그것이 오는 것이나 맞는 것이나 사라지는 것도 보이지 않는 것일세. 그리고 바람 그 자체는 도저히 볼 수 없지만, 그것이 하는 일은 우리가 명백히 볼 수 있고, 그것이 가까이 다가오는 것을 감지(感知)할 수도 있는 것일세. 특히 인간의 영혼, 인간에 속하는 것 중에서 무엇보다도 신의 성질을 띠고 있는 영혼은 우리 위에 군림하고 있는 것이 명백하지만, 그 본체(本體)는 보이지 않는 법일세. 우리는 이러한 일들을 명심하여 눈에 보이지 않는 것이라고 해서 가볍게 여기지 말고 모든 현상(現象) 속엔 신들의 힘이 존재한다는 사실을 인식하여, 신령을 공경하지 않으면 안 되는 것일세."

"소크라테스, 저는 신령을 결코 소홀히 대해서는 안 된다는 것을 자신도 분명히 알고 있습니다. 그러나 이 신들의 은혜에 대하여 누구 한 사람 은혜를 갚지 못할 것 같아서 이것이 걱정이 됩니다."

"그런 일로 걱정해서는 안 되네, 에우튀데모스. 왜냐하면 자네는 델포이의 신*께서 '신들에 대한 은혜를 어떻게 갚으면 좋은가'라는 질문을 받고 '국법에 따르라'고 대답하셨다는 것을 알고 있겠지? 그리고 어디에서나 자신의 능력에 따라 공물을 바쳐 신의 마음을 편하도록 해드리는 것이 규범으로 되어 있다네. 신께서 이렇게 하라고 말씀하시기 전에

---

* 아폴론.

스스로 신을 존숭하는 것보다도 더 아름답고 더 미더운 존숭 방법이 어디에 있겠는가? 다만 신을 존숭하는 데 있어서 자신의 능력 이하로 해서는 안 되네. 만약 어느 누가 그렇게 한다면, 그것은 이미 신을 존숭하는 것이 못 되는 것일세. 그러므로 자신의 능력에 따라 신을 존숭하고, 신으로부터 최대의 은혜가 내리리라는 확신을 가지고 기다리는 것이 중요하네. 왜냐하면 최대의 조력을 줄 수 있는 존재를 놔두고, 딴 곳에 커다란 희망을 거는 것은 사려 있는 인간이 못 되고, 또 이들의 존재에게 사랑을 받는 것보다도 다른 일을 원하는 것도 사려 있는 인간이 못 되는 것일세. 그리고 될 수 있는 한 경건한 마음으로 신에게 복종하는 일 이외에 신들을 기쁘게 해드릴 수 있는 일이 더 있겠는가?"

소크라테스는 이와 같이 제자들에게 이야기해 주고 자신도 또한 실행함으로써 제자들에게 더욱더 신을 존숭하는 마음을 두텁게 하는 한편 점점 사려 있는 인간으로 만들었던 것이다.

제 4 장

그는 정의에 관하여 어떠한 의견을 가지고 있었는지 감추는 일 없이 실행으로써 이것을 보여주었다. 즉 사생활에 있어서, 그는 모든 사람에게 대하여 세상의 규범에 맞고, 또한 사람들에게 이익이 되도록 행동하였다. 공적 생활에 몸담고 있으면서도 국법이 정하는 모든 일, 즉 시민 생활에 있어서도, 또 군대에 있어서도 웃사람에게 복종할 줄 알고 겸손한 태도를 갖춘 사람으로서 실로 만인에 뛰어났다. 그리고 국민회의의 의장이 됐을 때도 민중에게 국법을 무시한 표결을 허용하지 않고 국민의 공격적인 화살 앞에 서서 국법을 지키려고 반대했던 것이지만, 생각건대 그의 이런 행위는 그 이외에 어느 누구도 좀처럼 할 수 없는 일이었다. 그리고 삼십집정(三十執政)이 무언가 국법에 어긋난 명령을 그에게 내렸을 때도 그는 이것에 따르지 않았다. 즉 청년들과 이야기하지 말라고 금령(禁令)을 내렸을 때, 그는 이것을 무시하였고, 또 그와 다른 몇 사람의 시민에게 어떤 인물을 잡아 사형에 처하라는 명령을 받았을 때는* 단 한 사람 그만이 이 명령이 법에 위배된다는 이유로 그 명에 따르지 않았던 것이다. 그가 멜레토스에게 고발당하여 재판을 받았을 때 대개의 피고라면 법정에서 어떻게 해서든지 재판관의 호의를 사는 방

---

* 살라미스의 사람인 레온의 사건을 가리킴. 삼십집정이 들어서자 정적(政敵)을 두려워하여 많은 시민을 죽이고(기원전 404년), 후에는 재산을 몰수하기 위해 아무런 죄도 없는 백성에게 트집을 잡아 사형에 처하고 가끔 그 수행을 다른 시민에게 명했다. 레온도 재산을 빼앗길 뻔한 시민의 한 사람으로 죽음을 피해 사모스에 숨어 들었다. 삼십집정은 소크라테스 및 다른 4명의 시민에게 그를 체포하여 아테네로 데리고 오도록 명했다. 실행하지 않으면 엄벌에 처하겠다고 했다. 오직 소크라테스만이 이에 감연히 맞섰지만 그들은 그를 벌하지 않았다. 크세노폰의 《헬레니카》 II. 3.39; Platon, Apologia, 820 C 참조.

법을 취하여 교묘한 말을 써서 아첨하고 법에 위배되는 애소탄원(哀訴歎願)을 하여 많은 사람들이 무죄의 판결을 받았던 것이지만, 소크라테스는 국법에 어긋나는 법정에서의 언행을 행하기를 좋아하지 않았다. 만약 그가 극히 경미한 정도로라도 이 방법을 썼더라면 무죄의 판결을 얻는 것은 용이했을 텐데, 그는 법을 어기고 살아 남기보다는 차라리 국법을 준수하면서 죽을 것을 택하였던 것이다.

그리고 그는 이러한 생각을 번번이 사람들에게 얘기하여 들려주었던 것이다. 어느 날 그가 엘리스의 힙피아스*와 정의를 논했을 때의 일도 나는 알고 있는데, 그 때의 이야기는 다음과 같다.

힙피아스는 오래간만에 아테네로 돌아왔는데, 마침 소크라테스가 두세 사람과 이야기하고 있는 것을 목격했다. 다시 사람들은 구둣방의 일을 배우고자 하거나, 대목(大木) 혹은 대장간 또는 승마를 배우고자 할 때는 어디로 가서 배울까를 망설이지 않았지만(그 중에는 말이나 소를 모는 기술을 제대로 배우려고 생각하면 가르치는 스승이 얼마든지 있다는 사람이 있었다), 어떤 자가 스스로 정의에 대하여 배우려고 생각하거나, 아들 혹은 집의 하인들을 가르치고자 하여 어디에 가면 스승이

---

* 당시의 이름난 소피스트로 엘리스 사람. 플라톤의 《힙피아스》 2편에 잘 묘사되어 있다. 꽤 유명한 학자였던 것 같다. 그는 수학·천문학·문법학·시학·음악·공예·정치학 등에 재능을 보였고, 이를 가르치면서 거의 그리스 전국토(全國土)를 여행하였다.

있을까 하고 망설인다는 사실은 실로 놀랄 만한 일이라고 이야기하고 있었던 것이다.

힙피아스가 이것을 듣고 있다가 조소하듯이 말했다.

"자네는 여전하군, 소크라테스. 내가 옛날에 자네에게 들은 이야기와 똑같은 이야기를 아직도 하고 있는가?"

그러자 소크라테스가 말했다.

"그렇지. 게다가 더 큰 일은 일년 내내 같은 말을 하는 것뿐만 아니라 여전히 같은 제목에 대하여 이야기하고 있지. 자네는 박학다재(博學多才)한 사람이니까 아마 같은 제목에 대하여 결코 같은 말 따위를 하지는 않겠지?"

"그렇고말고. 나는 항상 무언가 새로운 것에 관하여 이야기하도록 노력하고 있지."

"그것은 자네가 알고 있는 일에 관한 것인가? 예를 들면 '소크라테스'라고 쓰는 데 글자가 몇 개 있고 어떻게 쓰는가 하고 물었을 때, 전에는 이러이러하다고 말해 놓고 이번에는 그것과 다른 대답을 한단 말인가? 또 계산의 문제로 5의 2배는 10인가 하고 물었을 때, 이번에는 전에 한 대답과 다른 답을 한단 말인가?"

"소크라테스, 그야 그러한 것에 대해서는 나도 자네와 마찬가지로 언제나 같은 말을 하지. 그러나 정의 문제에 대하여는 나는 자네나 다른 사람이라도 결코 반대할 수 없을 만한 말을 지금이라도 할 수 있다고 믿고 있네."

"그건 또 굉장한 발견이로군. 만약 재판관들이 둘로 갈라

져서 투표하지 않고 시민이 각자의 권리를 주장하여 언쟁(言爭)이나 소송을 하며, 당파를 만들지 않고, 도시가 각기 그 권리를 주장하고 분쟁을 일으키며, 또한 전쟁하는 것을 그만둔다고 한다면 훌륭한 이야기가 아닌가? 나는 그 대발견을 배청(拜聽)하지 않고서는 어떻게 자네의 곁을 떠나면 좋을지 모르겠군."

"그러나 나는 자네에게 결코 이야기하지 않을 작정이네, 자네가 먼저 정의란 무엇인가에 대해 의견을 개진하기 전에는. 왜냐하면 남의 웃음거리가 된 것만으로 충분하니까 말일세. 자네는 모든 사람에게 질문해서 바짝 시험하지만 자기 편에서는 해명도 하지 않고 아무런 의견도 개진하려고 하지 않지?"

"왜 그런가, 힙피아스. 나는 정의를 어떠한 것으로 생각하고 있는가에 대해 끊임없이 세상에 개진해 보이고 있다는 것을 자네는 모르고 있는가?"

"그것이 어떻게 해서 자네의 해명이 되는가?"

"나는 해명은 아니라고 하더라도 행위로서 보이고 있네. 어쨌든 자네는 말보다 행위 쪽이 증명으로서 가치가 있다고 생각되지 않는가?"

"그야 그 편이 훨씬 가치가 있지. 왜냐하면 옳은 말을 하면서도 부정한 일을 하는 사람이 많이 있지만, 어느 누구라도 옳은 행위를 하는 사람은 부정한 사람이 아니기 때문이네."

"그러면 내가 언제 위증을 하거나 참소(讒訴)를 하거나, 또는 친구나 국가에 내분을 일으키게 하거나 또는 그 밖의 부정한 일을 하거나 하는 것을 본 적이 있는가?"

"그건 없지."

"자네는 부정한 일을 피하는 것이 정의라고 생각하지 않는가?"

"그것 봐, 자네는 또 정의를 어떻게 생각하고 있는가에 대한 의견을 말하기를 피하고 있네. 소크라테스, 자네는 올바른 사람들이 무엇을 행하는가에 관하여 말하지 않고 무엇을 행하지 않는가에 관하여 말하고 있네."

"그러나 나는 언제나 부정한 짓을 저지르기를 원하지 않는다는 말이 정의에 관한 충분한 해명이 될 것이라고 믿고 있네. 하지만 자네가 그렇게 생각하지 않는다면 숙고해 보게나, 이렇게 말한다면 마음에 들지 어떨지. 즉 나는 말하겠네, 적법(適法)이 곧 정의라고."

"적법과 정의가 같은 것이란 말인가, 소크라테스?"

"그렇지."

"하지만 자네가 말하는 뜻을 모르겠네, 무엇을 적법이라 하고 무엇을 정의라 하는지."

"그러나 자네는 국가의 법이라는 것을 아는가?"

"알고말고."

"그럼 말해 보게나."

"그것은 국민이 해야 할 일과 하지 말아야 할 일을 규정해서 명문화한 것일세."

"그렇다면 그것에 따라 시민 생활을 영위하는 자는 법을 준수하는 자요, 그것을 짓밟는 자는 법에 어긋나는 자가 아닌가?"

"그야 그렇지."

"그리고 그것에 따르는 자는 올바른 행위를 하는 것이고, 그것에 따르지 않는 자는 부정한 행위를 한다는 것이 아닌가?"

"그야 그렇지."

"마찬가지로 정의를 행하는 자는 올바른 인간이고 부정을 행하는 자는 부정한 인간이 아닌가?"

"물론이지."

"그렇다면 법에 순응하는 것은 정의이고 법을 어기는 것은 부정이란 말이군."

"그러나 법률이라는 것을 그다지 단순한 것이라고 생각할 수는 없네. 그리고 법에 대한 준수(遵守) 따위도 시시한 것일세. 우선 이것을 제정한 사람들 자신이 종종 이것을 폐기하고 변경을 가하거든."

"그렇지. 그리고 국가는 종종 전쟁을 일으키면서도 다시 강화(講和)를 맺고 있지."

"그야 그렇지."

"그렇다면 자네는 법률이 폐지되는 일이 있다고 해서 국법을 준수하는 사람들을 열등시(劣等視)하는 것과, 평화가 다시 맺어진다고 해서 전쟁에서 군률(軍律)을 지키는 사람들을 책망하는 것과는 얼마만한 차이가 있다고 생각하는가? 그렇지 않으면 자네는 전쟁 때 조국을 위해 힘쓰는 이들을 비난한단 말인가?"

"아니 비난 따위는 하지 않네."

"라케다이몬의 뤼쿠르고스*도 법률의 준수를 최우선의 일로 생각하여 시민들을 철저하게 교육시키지 않았더라면 스파르타를 다른 도시와 하등의 차이도 없는 존재로 만들었을 것이네. 자네는 그러한 사실을 알고 있는가? 그리고 자네는 국가의 지배자 중에서는 시민으로 하여금 국법을 잘 준수토록 한 사람이 최선의 통치자요, 또 국가로서는 국법에 가장 잘 따르는 국가의 시민이 평화시에 있어서도 가장 즐겁게 지내고 전쟁에 있어서도 무적인 것을 모르는가? 또한 민심의 일치는 국가를 위해서 최대의 선(善)이라고 생각되고 있고, 국가의 원로들이나 명망가들은 항상 시민에 대하여 민심의 일치를 권유하고, 또 헬라스 중 어느 나라에나 시민의 일치를 선서케 하는 법률이 있고, 어느 나라에서나 이 선서대로 실시하고 있는 것일세. 하지만 나는 생각건대, 이런 것은 시민들로 하여금 같은 가무(歌舞)를 가장 좋은 것으로 판단하도록 한다든가, 또는 같은 피리쟁이를 칭찬하도록 한다든가, 또는 같은 것을 애호(愛好)하도록 한다든가 하기 위함이 아니라 국법을 따르게 하기 위함이었네. 왜냐하면 시민이 국법을 지킬 때, 국가는 더욱 강하고 더 행복해지기 때문이네. 국법을 지키려는 시민들의 마음이 일치되지 않을 때, 국

---

*   전설에는 그를 스파르타의 입법자라고 했으나 아리스토텔레스는 기원전 9세기 전반의 인물로 보고 있다.

가는 융성할 수 없고 가정도 번영할 수 없네. 개인의 생활에 있어서도 국법을 준수하는 것에 못지않게 국가로부터 벌을 받는 일이 적고 영예를 많이 받는 일이 있을 수 있을까? 법정에 있어서도 이것에 못지않게 패소하는 일이 적고 이기는 경우가 많겠는가? 국법을 중히 여기는 사람 이외의 누구에게 재산 또는 아들딸의 후견을 맡기는 자가 있고, 국가 전체도 국법을 중히 여기는 사람 이외에 누구를 더 신임할 만한 인간이라고 생각하겠는가? 부모·친척·하인·친구·시민 또는 이방인은 어떤 사람에게 더 올바른 대우를 받게 될 것인가? 휴전·조약·강화의 체결시 상대 국가는 누구를 더 믿을 것인가? 법을 중히 여기는 사람을 두고 세상 사람은 이러한 사람 이외의 누구에게 같은 편이 되기를 원하겠는가? 어느 누가 이러한 사람 이외에 우리편 군사령이나 경비대의 지휘나 국가를 위임하려 하겠는가? 법을 중히 여기는 사람 이외의 누구에게 보은(報恩)을 기대할 수 있단 말인가? 사람들은 은혜를 갚을 줄 아는 사람과 자신이 믿는 사람 이외의 누구에게 더 친절을 보이려고 하겠는가? 사람들은 이러한 사람 이외의 어느 누구와 친구가 되기를 원하며 그를 적으로 삼으려 하겠는가? 자기의 친구가 되기를 원할 뿐 적이 되는 것을 싫어하고, 거의 모든 사람들이 자기의 친구 또는 자기편이 되기를 원하여 불화(不和) 혹은 적이 되지 않기를 바라는 사람을 상대로 해서 싸우려고 하겠는가? 힙피아스, 그렇기 때문에 나는 법에 적응하는 것과 정의와는 같은 것이라고 하는 것이네. 만약 자네에게 반대의 의견이 있다면 가르쳐 주게나."

그러자 힙피아스는 말했다.

"아니 전혀, 소크라테스. 내가 생각하고 있는 바도 자네가 정의에 대하여 말한 바와 다르다고는 생각하지 않네."

"힙피아스, 자네는 불문(不文)의 법이라는 것을 알고 있나?"

"그것은 모든 국토에서 신봉되고 있는 것이네."

"이것은 인간이 제정한 것이라고 말할 수 있겠는가?"

"어찌 그렇다고 말할 수 있겠는가? 일체의 인간이 회합할 수도 없거니와 사용하는 언어도 다르지 않은가?"

"그렇다면 자네는 이 법을 누가 정했다고 생각하는가?"

"내 생각으로는 신들이 인간을 위해서 이 법을 정해 준 것이라고 생각하네. 왜냐하면 모든 인류에게 있어서 신들을 존숭한다는 일이 최초의 규범이기 때문이네."

"부모를 존경한다는 일도 널리 행해지고 있는 규범이 아닌가?"

"그것도 그렇지."

"그리고 부모는 자식과 어울리지 않고 자식은 부모와 어울려서는 안 된다는 것이 아닌가?"

"나에게는 이 규범이 신의 규범으로는 생각되지 않네."

"어째서?"

"나는 이것을 초월하는 자가 있다는 것을 알고 있기 때문일세."

"그 외에도 법을 깨뜨리는 자는 많이 있는 것일세. 하지만 신이 정해 주신 법을 짓밟는 자는 반드시 벌을 받게 된다네. 인간이 정한 법률을 어긴 자가 종종 위법한 사실을 감추거나 혹은 폭력을 휘두름으로써 벌을 피하는 것과는 달라서 신의 법을 어긴 인간은 절대로 신이 내리는 벌을 피할 방법이 없다네."

"그러면 부모가 자식과 어울리고 자식이 부모와 어울렸을 때, 어떤 피할 수 없는 벌이 내린다는 것인가, 소크라테스?"

"말할 것도 없이 최대의 벌이네. 왜냐하면 자식을 만들 때, 옳지 못한 방법으로 하는 것보다 더 큰 죄가 있을까?"

"그러나 이러한 것이 어찌 옳지 못한 방법인가? 훌륭한 인간과 훌륭한 여자가 자식을 만드는데 무슨 잘못된 점이 있다는 것인가?"

"그렇지 않네. 부모가 되는 자가 서로 훌륭한 인간이라는 것만으로는 충분치 않네. 다 같이 혈기 왕성한 신체를 가져야만 하네. 그러면 자네는 혈기 왕성한 인간과 아직 그 시기에 달하지 않은 자, 혹은 그 시기를 넘은 자가 같은 힘의 종자를 가지고 있다고 생각하는가?"

"물론 같지는 않겠지."

"그러면 어느 쪽이 우수한가?"

"명백히 혈기 왕성한 자 편이지."

"혈기 왕성치 못한 자의 종자는 우수하지는 못하겠지?"

"그럴 것 같네."

"그렇다면 그럴 경우는 자식을 만들어서는 안 되겠지."

"그건 안 되지."

"그렇다면 이 상태에서 자식을 만드는 자는 만들어서는 안 될 방법으로 만들고 있는 것이겠지?"

"그렇게 생각할 수 있네."

"이 사람들이 옳지 못하다면 달리 누가 옳지 못한 방법으로 자식을 만든다는 것인가?"

"나도 자네와 같은 의견일세."

"그렇다면 다음으로, 인간이 은혜를 입으면 이것에 보답해야 한다는 것은 어느 세계에서나 규범이 아니겠는가?"

"그렇지. 그러나 이것도 지켜지지 않고 있네."

"그리고 이 규범을 어기는 자는 응분의 대가로 차차 좋은 친구를 잃게 되고 자신을 싫어하는 사람들을 쫓아다니지 않을 수 없게 되지 않겠는가? 즉 자기와 사귀는 사람들에게 친절히 대하는 사람들은 좋은 친구인데, 이러한 사람들의 친절에 보답하지 않는 사람들은 그 사람들로부터 은혜를 망각한 때문에 버림을 당하는 한편, 이 사람들과 교제하는 것이 자기에게 극히 덕을 보는 것이 되기 때문에 오히려 자신이 열심히 그들을 쫓아다니게 되는 것이 아닌가?"

"소크라테스, 과연 이것들은 모두가 신의 행위인 것 같네. 나는 이것을 어기는 자에 대한 벌이 내포하고 있는 것은 인간계의 것보다도 훨씬 뛰어난 입법자의 규범처럼 생각되네."

"힙피아스, 그렇다면 신들이 올바른 일을 규범으로 내리셨다고 생각하는가, 그렇지 않으면 올바른 것이 아닌 다른 것을 규범으로 내리셨다고 생각하는가?"

"물론 다른 것이 아니지. 신들이 올바른 것을 규범화하지 않았다면 그것을 할 수 있는 자는 아마 없을 것이네."

"힙피아스, 그러면 마찬가지로 신도 정의와 법이 같은 것이라는 점에 기뻐하실 걸세."

그는 이와 같이 말하면서도 스스로 실행하여 자신에게 접근하는 자를 더욱 정의로운 인간으로 만들었던 것이다.

제 5 장

나는 그가 또 제자들을 실제가(實際家)로서 훌륭한 인물로 만들었던 것을 여기에서 이야기해 두려고 생각한다. 무언가 한몫의 일을 성취하려는 사람은 자제력을 갖추는 것이 좋다는 신념에서, 우선 자신이 누구보다도 자기 단련에 노력하고 있다는 것을 제자들에게 명확하게 보인 다음 담화에 의해서 무엇보다도 극기(克己)의 수양에 노력하도록 제자들에게 설득하였다. 그는 미덕의 수양에 도움이 되는 것들을 항상 염두에 두는 한편, 또 제자들에게도 상기시켰던 것이다. 어느 날, 나는 그가 에우튀데모스와 자제력에 대하여 다음과 같은 담론을 나눈 것을 알고 있다.

"말해 보렴, 에우튀데모스. 자네는 자유가 개인이나 국가를 위해서 훌륭하고 장대한 보물이라고 생각하는가?"

"무상한 장려한 보물이라고 생각합니다."

"그러면 자네는 육체의 쾌락에 지배되어 최선을 행하지 못하는 인간들을 자유인이라고 생각하는가?"

"결코 그렇게 생각하지 않습니다."

"아마 그것은 자네에게 최선의 일을 행하는 것이 자유라고 보이기 때문일 터이고, 또 이것을 행하는 것을 방해하고 있는 것이 속박이라고 생각하기 때문이겠지."

"바로 그렇습니다."

"정말 자네에게는 무자제(無自制)의 인간이 곧 속박이라고 생각되는 거지?"

"그렇습니다. 그렇게 생각됩니다."

"그러면 무자제한 인간은 더 훌륭한 일을 행하려고 해도 방해당하여 할 수 없다고 생각하는가, 그렇지 않으면 이로 인하여 오히려 더 비열한 일도 하지 않을 수 없게 되리라고 생각하는가?"

"제 생각으로는 그것이 방해되는 것뿐만 아니라 이렇게 되지 않을 수 없게 되리라고 생각합니다."

"자네는 최선의 일을 방해하고, 최악의 일을 강요하는 주체는 어떠한 것이라고 생각하는가?"

"세상에서 가장 악한 어떤 것이겠지요."

"그리고 자네는 어떠한 노예 생활을 최악이라고 생각하는가?"

"그것은 최악의 주인에게 봉사할 때이겠지요."

"그렇다면 무자제력한 사람들은 최악의 노예 생활을 하고 있다는 것인가?"

"그렇다고 생각합니다."

"자네는 무자제력이 지(智)라는 최대의 선을 인간의 머리로부터 내쫓아 사람들로 하여금 지의 존재를 거꾸로 떨어뜨린다고 생각하지 않는가? 또는 무자제력이 사람들을 쾌락으로 유인하여 유익한 일에서 마음을 돌리도록 하여 어떤 유익한 것을 배우고 외는 것을 방해하며, 그리고 종종 선악의 식별에 머리를 혼란시켜서 좋은 일보다도 나쁜 일을 선택하도록 시킨다고 생각하지 않나?"

"그렇게 생각합니다."

"에우튀데모스, 그러면 사려와는 인연이 없는 무자제력한 인간보다 더한 것이 있다고 말할 수 있을까? 생각건대 사려가 하는 바와 무자제력이 하는 바와는 정반대이기 때문이네."

"선생님 의견에 찬성입니다."

"중요한 일에 정진하는 데 무자제력보다도 더 방해되는 것이 있다고 생각하는가?"

"물론 없다고 생각합니다."

"유익한 것을 버리고 유해한 것을 고르게 하며, 무익한 것을 귀중하게 여기도록 하여 유익한 것을 소홀히 하게 권하고, 사려가 가르치는 바와 정반대의 일을 하도록 강요하는 것보다 인간에게 더 나쁜 것이 있다고 생각하는가?"

"없습니다."

"자제력은 무자제력과 반대의 결과를 인간에게 낳게 한다고는 생각하지 않는가?"

"저도 그렇게 생각합니다."

"그러면 무자제력과 정반대의 결과를 낳는 근원은 최대의 선이라고 해도 좋지 않겠는가?"

"물론 좋겠지요."

"에우튀데모스, 그러면 자제력은 인간 최대의 선이라고 할 수 있겠군."

"그렇게 말할 수 있겠습니다, 소크라테스."

"에우튀데모스, 자네는 저런걸 생각해 본 적이 있나?"

"무엇입니까?"

"즉 쾌락이 무자제력의 유일무이한 목표라고 생각되고 있는데, 무자제력이라고 하는 것은 인간을 결코 그것에 인도할 수 있는 힘이 없고 오히려 자제력이 무엇보다도 뛰어나게 사람을 즐거움으로 인도할 수 있다는 사실이네."

"왜 그렇습니까?"

"그 까닭은 다음과 같네. 무자제력은 굶주림·갈증·성욕·졸음을 참는 것을 허용치 않는다네. 그런데 사실 이것을 자제함으로써 맛있게 먹고 맛있게 마시며, 성욕에 관한 쾌감을 느끼고 휴식도 수면도 비로소 즐거운 것으로, 잘 기다리고 잘 참음으로써 그 속에 숨어 있는 최대의 쾌미(快味)가 생기는 것이라네. 그러므로 무자제력은 가장 본연적이며 가장 계속적인 쾌락을 진정으로 즐기는 것을 방해하는 것이라네. 오직 자제력만이 상술한 바와 같은 흡족한 쾌미를 즐기게 해주는 것일세."

"과연 말씀대로입니다."

"게다가 자제력은 실로 무언가 아름답고 선한 것을 배우고 자신의 몸을 훌륭하게 수양하며, 자신의 집안을 훌륭하게 다스려 친구나 국가를 위해 유익한 인물이 되는 한편, 유사시 적을 패하게 하는 등 도움이 될 뿐만 아니라 거기에서 최대의 즐거움이 생기는 바, 무엇인가 정진하는 즐거움은 자제력 있는 사람만이 맛볼 수 있는 것으로 무자제력한 사람들은 이것을 맛볼 수가 없네. 왜냐하면 눈앞의 쾌락의 추구에 마음을 뺏겨 이러한 일을 실행하는 데 전혀 힘 쓰지 않는 인간보다 더 이러한 일에 인연이 없는 인간이 어디에 있겠는가?"

그러나 에우튀데모스가 말했다.

"소크라테스, 당신이 말씀하시는 것은 육체의 쾌락에 탐닉하는 인간에게는 어떠한 미덕도 전혀 인연이 없다고 하시는 것으로 생각합니다."

"그렇지 않은가, 에우튀데모스. 무자제력한 인간과 가장 무지한 동물이 다를 수 있겠는가? 가장 중요한 일에 마음을 쏟지 않고 모든 수단을 다하여 가장 유쾌한 일만을 추구하는 인간이 어찌 가장 우둔한 가축과 다르지 않겠는가? 다만 자신을 자제할 수 있는 사람들만이 사물 중에서 가장 긴요한 것에 마음을 쏟고 행위와 말과 종류에 따라 이를 선별하며, 좋은 것을 취하고 나쁜 것을 피하는 일이 가능한 것일세."

그는 이렇게 해서 사람들이 착해지고 행복한 인간이 되

며, 또한 토론에 있어서도 최고의 능변가가 될 수 있을 것이라고 말했다. 그의 말에 의하면 'dialegesthai(토론)'라는 말은 서로 모여 사물의 종류를 'dialégontas(선별하면서)'하며 다 같이 의논하는 일로부터 유래하는 것이라 했다.* 그러므로 우리는 자진해서 이것을 배우고 익히도록 평소부터 마음을 쓰고 힘써 이것에 정진하는 것이 중요할 것이다. 왜냐하면 이렇게 함으로써 사람들은 가장 우수한 만인의 동량(棟梁)이 될 수 있을 뿐만 아니라, 또한 '토론에 뛰어난(dialektikōtat ous)' 인물이 될 수도 있기 때문이다.

제6장

그는 또 제자들을 토론에 뛰어난 인간으로 만들었는데, 나는 이것에 대해서도 이야기해 두려고 한다. 소크라테스는 각각의 사물에 대하여 이것이 무엇인가를 알고 있는 사람은 남에게도 이것을 설명할 수 있을 것이라고 생각하고 있었다. 그러나 어떤 사물에 대하여 모르는 인간은 자신도 과오를 범한 것일 뿐만 아니라 남까지도 과오를 범하게 만드는 결과를 초래한다는 데에 아무런 이상한 점이 없다고 말하였다. 그래서 그는 제자들과 더불어 여러 가지 문제를 놓고 이

---

* 소크라테스는 흔히 농담조로 이러한 문자의 해석을 즐겨 했다.

것이 무엇인가를 끊임없이 검토하였다. 그가 정의한 바를 남김없이 드는 것은 쉬운 일이 아니다. 나는 그의 검토법의 특질을 명백히 하는데 필요하다고 생각되는 것만을 예를 들고자 한다.

먼저 경신(敬神)의 문제에 대하여 그는 대체로 다음과 같이 담론했다.

"말해 보게, 에우튀데모스. 경신이란 어떠한 성질의 것이라고 생각하는가?"

그는 대답했다.

"물론, 그 이상 없는 귀한 것이라고 생각합니다."

"그러면 어떠한 사람이 신을 공경하는 사람인지 말할 수 있겠나?"

"저는 신들을 공경하는 사람이라고 생각합니다."

"그러나 제멋대로의 방법으로 신들을 공경해도 되는가?"

"아니, 안 됩니다. 정해진 법식(法式)이 있어서 그것에 따라 공경하여야 합니다."

"그러면 이 법식을 알고 있는 자는 어떻게 해야 신을 공경하는가를 알고 있다는 말인가?"

"그렇다고 생각합니다."

"그런데 어떠한 방법으로 신을 공경할 것인가를 알고 있는 자는 자신이 알고 있는 것과는 다른 방법으로 신을 공경하여야 한다고 생각하지 않겠지?"

"물론 생각하지 않습니다."

"이렇게 공경하여야 한다고 생각하는 방법 이외의 방법으로 신들을 공경하는 자가 있을까?"
"없다고 생각합니다."
"그런데 신들에 관한 규정을 알고 있는 자는 규범에 맞는 방식으로 신을 공경할 것이라고 생각하는가?"
"그렇습니다."
"규범에 맞게 공경하는 자는 공경하여야 할 방법으로 공경하는 자란 말이지?"
"바로 그렇습니다."
"공경하여야 할 방법으로 공경하는 자야말로 신을 공경하는 사람이라는 말이군."
"사실 그렇습니다."
"우리는 신에 관한 규범을 알고 있는 자가 신을 공경하는 사람이라고 정의를 내려도 정당하다는 말이지?"
"저는 정당하다고 생각합니다."
"그런데 인간과의 교제는 멋대로의 방식을 취해도 되는 것일까?"
"안 됩니다. 이것에도 규범이 있습니다."
"서로 교제하는 사람들은 그 규범에 따라 교제해야 할 방법으로 교제하고 있는 것이란 말이지?"
"그렇지 않을 리가 없습니다."
"그러면 교제해야 할 방법으로 교제하는 사람들은 훌륭하게 교제하는 사람들이겠지?"

"사실입니다."
"남과 훌륭하게 교제하는 사람들이야말로 인간 관계의 일을 훌륭하게 행하는 사람들이 아니겠는가?"
"그런 것 같습니다."
"그렇다면 규범에 따르는 사람들은 올바른 일을 행하는 사람들이겠군."
"그렇습니다."
"올바른 일이란 어떤 것을 가리키는지 알고 있는가?"
"법이 명하는 대로입니다."
"법이 명하는 바를 행하는 사람들은 올바른 일 또 해야 할 일을 하는 자란 말이지?"
"바로 그렇습니다."
"올바른 일을 하는 사람들이 올바른 사람이란 말인가?"
"그렇다고 생각합니다."
"그러면 법이 무엇을 명하는지를 모르는 자가 법에 따르리라고 생각하나?"
"그렇게 생각하지 않습니다."
"그러나 무엇을 하여야 하는가를 알고 있으면서 이것을 행하여서는 안 된다고 생각하는 자가 있다고 생각하는가?"
"그렇게 생각하지 않습니다."
"꼭 이렇게 하여야 한다고 생각하지 않고 다른 일을 하는 인간을 알고 있는가?"
"모릅니다."

"그러면 인간에 관한 법을 알고 있는 사람들이 올바른 일을 행하는 사람이겠군."

"그렇지 않고서는 안 됩니다."

"자, 그러면 우리는 인간에 관한 법을 알고 있는 사람들이 올바른 사람들이라고 정의를 내린다면 그 정의는 올바른 것일까?"

"올바르다고 생각합니다."

"지(智)란 무엇이라고 말하면 좋은지 말해 보게나. 자네는 지자(智者)란 어떠한 것을 알 때 지자(智者)라고 생각하는가, 아니면 어떤 것을 모른다고 할 때 지자(智者)라고 생각하는가?"

"그것은 분명히 어떠한 것을 알 때라고 생각합니다. 어떻게 해서 자신이 모르는 일에 대해서 지자(智者)일 수가 있겠습니까?"

"그러면 지자(智者)란 지식에 의한 지자(智者)인가?"

"지식에 의함이 아니라 다른 무엇에 의해서 지자(智者)라고 말할 수 있겠지요."

"지란 사람이 지혜롭다는 것 이외의 어떤 다른 것이라고 생각하는가?"

"그렇게 생각하지 않습니다."

"그러면 다시 말해서 지식은 지란 말이지?"

"그런 것 같습니다."

"그렇다면 인간은 삼라만상 일체의 것을 알 수가 있다고 생각하는가?"

"그것은 불가능합니다. 겨우 그 일부분만 가능합니다."

"그러면 일체 만물에 대한 지자란 인간에게는 불가능하다는 말인가?"

"물론 그렇습니다."

"그러고 보면 사람은 각기 아는 것에 대해서만 지자란 말이군."

"그런 것 같습니다."

"그렇다면 에우튀데모스. 선(善)도 또한 이러한 방식으로 구하지 않으면 안 될 것이네."

"무엇을 말하는 것입니까?"

"자네는 같은 일이 누구에게나 쓸모가 있다고 생각하는가?"

"그렇게 생각지 않습니다."

"그렇다면 어떤 사람에게 쓸모 있는 일이 때로는 다른 사람에게 해가 되는 일이 될 수 있다고 생각지 않는가?"

"그렇게 생각합니다."

"선이란 쓸모 있는 것 이외의 어떤 것이라고 말할 수 있는가?"

"말할 수 없습니다."

"그러면 쓸모 있는 것은 이것이 쓸모 있는 사람에게는 선이란 말이지?"

"그런 것 같습니다."

"미(美)에 관해서 이것과 다른 표현을 할 수 있을까? 또 자네는 신체이든 기물(器物)이든 그 밖의 것이든 간에 모든 경우에 미라고 말할 수 있는 미를 들 수 있는가?

"물론 들 수 없습니다."

"그렇다면 각기 쓸모 있는 일에 이것을 사용하는 것이 아름다움이 되는가?"

"그렇습니다."

"그것들은 이것을 사용하여 아름다워진 것 이외의 것에 사용하여 아름다울 수 있는가?"

"다른 것은 아름답지 않습니다."

"그렇다면 쓸모 있는 것은 이것이 쓸모가 있음으로써 아름답다는 말이지?"

"그런 것 같습니다."

"에우튀데모스, 그러면 용기는 아름다운 것 중의 하나라고 생각하는가?"

"저는 가장 아름다운 것이라고 생각합니다."

"그렇다면 용기는 하찮은 일에 대하여 쓸모 있는 것이라고는 생각지 않는다는 말이지?"

"물론입니다. 오히려 최대의 사건에 대해서입니다."

"그렇다면 대사건이 일어나고 또 위험이 닥쳐 왔을 때에 그것들을 모르고 있는 것은 쓸모 있다고 생각하는가?"

"결코 그렇게 생각지 않습니다."

"그러면 이것이 무엇인가를 모르기 때문에 이것을 두려워하지 않는 사람들은 용기가 있는 것이 아니겠지?"

"물론입니다. 만일 그렇게 된다면 수많은 미치광이와 비겁자가 용기 있는 자가 되기 때문입니다."

"그러나 두려워하지 않아도 될 일을 두려워하는 인간은 어떨까?"

"이것은 더욱 비겁한 자입니다."

"그러면 대사건이나 위험에 즈음하여 태도가 의젓한 사람들은 용기 있는 사람이며, 꼴사나운 사람들은 비겁한 사람이란 말이지?"

"바로 그렇습니다."

"그러나 이러한 사태에 훌륭히 대처할 수 있는 사람들 이외에 그 누구를 이런 일에 용기 있는 사람이라고 생각하는가?"

"없다고 생각합니다. 이 사람들뿐입니다."

"그러면 이런 일에 꼴사나운 태도를 취한 사람들은 비겁한 자라고 말할 수 있단 말이지?"

"달리 있을 수 없습니다."

"그렇다면 쌍방 모두 이렇게 해야 한다고 생각하는 행동을 하고 있군."

"그럴 수밖에 없습니다."

"그러면 훌륭하게 행동할 수 없는 사람들은 인간이 행동해야 할 도리를 알고 있는가?"

"그것은 아마 모를 겁니다."

"그러면 인간이 행동해야 할 도리를 알고 있는 사람들이 또한 행동할 수 있는 사람들이란 말이지?"

"네, 그렇습니다."

"그렇다면 일을 조금도 그르치지 않는 사람들은 이러한 일에 꼴사납게 행동하는가?"

"그렇게 행동하리라고는 생각지 않습니다."

"그럼 꼴사납게 행동하는 사람들은 일을 완전히 그르치고 있는 사람들인가?"

"그런 것 같습니다."

"그러면 대사건이나 위험에 처하여 의젓이 행동하는 방법을 알고 있는 사람들은 용감한 사람이며, 이것을 잘못하고 있는 사람들은 비겁한 사람인가?"

"그렇다고 생각합니다."

그는 왕도(王道)*와 민왕정치(民王政治)는 모두 정체(政體)라고 생각했는데, 그러나 양자 사이에는 서로 다른 점이 있다고 보았다. 왜냐하면 그의 생각으로는 사람들이 이것을 승복(承服)하고 나아가 국법에 의해 다스려지는 것이 왕도(王道)이며, 이에 반하여 사람들의 의사를 무시하고 법에 의하지 않으며 위정자의 멋대로 다스리는 것을 민왕정치라고 했다. 또한 그는 관행(慣行)의 규범을 지키는 사람들 중에서 행정관이 임명되는 경우 이 정체는 최상급 정체이며, 재산의 액수에 따라 임명되는 경우는 부자(富者) 정체이며, 모든 백성 중에서 임명되는 경우는 평민정체라고 생각하였다.

어떤 사람이 어떤 문제에 관해서 그에게 반대 의견을 제시하면서 이렇다 할 뚜렷한 논거를 제시할 능력도 없는데다가 증명마저 하지 못한 채, 예를 들면 자기가 말하는 사람이 현

---

* '왕도(basileia)'는 고대 그리스의 세습적인 군주제를 말한다.

명하다든가, 그 밖에 다른 여러 가지 사실을 주장할 때에는 언제나 그는 의논 전체를 대체로 다음과 같이 그 근본 문제에까지* 끌고 갔다.

"자네가 칭찬하는 인물이 내가 칭찬하는 인물보다는 더 나은 시민이라고 생각하는가?"

"그렇습니다."

"그러면 왜 애당초 선량한 시민의 임무가 무엇인가를 검토해 보지 않았는가?"

"그것을 검토해 봅시다."

"그렇다면 재정(財政)의 관리에 있어서는 국가의 재력을 증대시키는 인물 쪽이 뛰어난 인물이 아니겠는가?"

"그렇습니다."

"전쟁에 있어서는 자기의 도시를 적의 도시보다 우세하게 만드는 인물이 뛰어난 인물이 아니겠는가?"

"그것도 옳은 말씀이십니다."

"뛰어난 사절이란 적을 변심케 하여 자기 편으로 만드는 인물을 말하겠지?"

"그런 것 같습니다."

"그리고 회의 장소에서는 내분(內紛)을 종식시키고 의견을 일치시키는 인물이 뛰어난 인물이 아니겠는가?"

"그렇게 생각합니다."

---

* 'hypothesis', 즉 토론을 위해(자기 또는 타인에게) 제출한 주제를 가리킨다.

제4권   255

이런 식으로 의논을 전개시켜, 마침내 반대론을 펴고 있는 사람들 자신에게도 진실을 가려낼 수 있도록 했다. 그러나 그 자신이 어떤 문제를 논해 나갈 때는 누구나 다 승인할 수 있는 사실을 토대로 논지(論旨)를 진행시켰으며, 이러한 방법이 의논으로서 가장 안전한 방법이라고 믿고 있었다. 그렇기 때문에 내가 알고 있는 사람들 가운데 그와 의논했던 사람들은 언제나 누구보다도 듣는 사람의 찬동을 얻었던 것이다. 그의 말로는 호메로스도 오디세우스에게 '안전한 논자'*의 보증을 했는데, 이것은 오디세우스가 다른 사람들이 승인하고 있는 사실을 토대로 의논을 진행시키는 능력이 있었기 때문이라 했다.

제 7 장

소크라테스가 자기의 생각을 매우 알기 쉽게 문하(門下)의 제자들에게 들려주었다는 사실은 이미 앞서 말한 것으로 분명해졌으리라고 생각한다. 그런데 그는 또 제자들이 자기 일을 자기 힘으로 할 수 있는 인간이 되도록 항상 유의(留意)해 왔다. 이것을 여기서 말하고자 한다.

실제로 내가 알고 있는 사람들 가운데 그처럼 자기 제자

---

* 《오디세이아》 8권 171 참조.

들이 각자 어떠한 지식을 지니고 있는지 알려고 애쓴 사람은 없었으며, 그리고 만일 군자가 마땅히 알아 두어야 할 사물을 자기가 알고 있으면 누구보다도 열심히 이것을 가르쳤고, 만약 자기가 잘 모르는 문제이면 이것을 잘 알고 있는 사람들에게 제자들을 데리고 갔다.

그는 또 각각의 문제에 관해서 정식으로 교육받은 인간이 어느 정도까지 이에 숙달해야 하는가를 가르쳤다. 예를 들면 기하학은 필요한 경우에는 정확하게 토지를 측량하여 이것을 차지하고 양도하며, 혹은 분할하고 자산(資産)을 명시할 수 있는 정도까지* 배울 필요가 있다고 말했다. 더구나 그 습득(習得)은 매우 쉬우며 측량을 배우고자 하는 자는 토지의 넓이가 어느 정도인가를 알게 되는 동시에 측량법의 지식도 얻게 되었다. 그러나 그는 어려운 작도(作圖)의 문에 들어갈 때까지는 기하를 배우는 것을 찬성할 수 없다고 했다. 왜냐하면 작도를 배우지 않고 기하를 배운다는 것은 아무런 쓸모가 없다고 생각했기 때문이라고 말했다. 그러나 그 자신은 결코 기하학을 모르는 자는 아니었다.** 그리고 그는 다른 이유로 이러한 종류의 공부는 인간의 일생을 소비하는 데 족할 뿐, 그 이외의 다른 많은 유용한 학문을 완전히

---

* ergon apodeixasthai. 문자 그대로는 '업(業)을 명시(明示)한다'이지만, ergon의 의미는 분명치 않다. ergon은 '경지(耕地)', '전답'의 뜻이 있으며 일반적으로 '재산'의 뜻도 있다.

** 소크라테스는 테오도로스에게서 수학을 배웠다고 전해지고 있다.

방해해 버리기 때문이라고 말했다.

그는 또 천문학에 숙달할 것을 장려했는데, 이것은 육로(陸路) 또는 해로(海路)를 통한 여행이라든가, 경비(警備) 등을 할 때 달 또는 태양으로 시기를 알 수 있으며, 그 밖에 월중(月中)·연중(年中)의 야간에 행하여지는 여러 가지 일에 대하여 천상(天象)을 이용할 수가 있지만, 이제 말한 바와 같은 시각과 시절(時節)을 정하는 정도에서 그쳐야 한다고 했다.

그리고 이것에 관한 지식은 밤에 사냥을 하는 사람들이라든가 선장이라든가, 그 밖에 이것을 알고 있는 여러 사람들로부터 쉽사리 배울 수 있었다. 그러나 다음과 같은 정도까지, 즉 동일한 궤도에 있지 않은 천체(天體)와 유성(遊星)과 혜성에 대한 것을 알려고 하거나, 또 그들의 지구로부터의 거리와 궤도 운항과 이들의 원인을 탐구하여 자신의 힘을 소모하거나 하는 정도까지 천문학을 공부하는 것만은 강력하게 배척했다.

그 까닭은 이러한 일에서는 아무 효능을 볼 수 없기 때문이라는 것이었다. 그렇다고 그가 이러한 학문을 청강하지 않았다는 것은 아니다.* 또 하나의 이유는 이것이 인간의 일생을 소비하는 데 족할 뿐만 아니라 여러 가지 유용한 연구를

---

* 디오게네스 라에르티오스의 저작과 그 밖의 문헌에 보면 소크라테스는 아낙사고라스 및 그 수제자라고 일컬어지는 아르게라오스에게서 천문학을 배웠다고 씌어 있다. 플라톤은 그가 아낙사고라스의 책을 읽었다고 하였다.

완전히 방해해 버리기 때문이라는 것이었다.

왜냐하면 그는 신이 어떤 방식으로 각각의 천계(天界) 현상을 행하는지에 관한 탐색을 배척했던 것이다. 그것은 인간에게 발견될 수 있는 것도 아니며, 또 신들이 알려주려고 하지도 않는 것을 탐구하려는 자는 결코 신들의 마음에 들지 않으리라고 믿었기 때문이다. 이러한 일에 머리를 쓰는 인간은 아낙사고라스*가 신들의 계략을 설명하는 데 대단한 자부심을 품은 것과 조금도 못지 않을 정도로 미칠 위험이 있다고 말했던 것이다.

아낙사고라스는 불과 태양이 같은 것이라고 말하면서도 불은 인간이 태연히 바라볼 수 있지만, 태양은 응시할 수 없으며, 또 햇빛을 쬐게 될 때는 살갗이 검게 타지만 불에 쬐어 가지고는 그렇게 되지 않는다는 것을 간과하고 있었던 것이다. 그리고 또 대지에서 돋아나는 식물은 태양의 열이 없이는 하나도 만족하게 자랄 수 없고, 불을 가지고 식물에게 열을 가할 때는 모두 시들어버리는 것도 간과하고 있었다. 또 이 사람은 불 속의 돌은 빛나지도 않으며 또 오래 지속하지 못하는데, 태양을 작열(灼熱)하고 있는 돌이라고 말하여 태양이 영구히 그 무엇보다도 밝게 빛나면서 영속하는 것을 무시하고 있었던 것이었다. 그는 또 산법(算法)을 배울 것을 권장하고, 여기서도 또 그 밖의 경우와 마찬가지로

---

* 이오니아 학파의 대표적인 철인. 기원전 500년에 태어나 428년에 죽었다.

무익한 공부를 경고했으며, 실제로 쓸모 있는 범위에서 각종 문제에 관하여 스스로 제자들과 더불어 검토를 가하고 혹은 문제를 풀어 나갔던 것이다.

그는 또 제자들에게 국력 신장에 유의할 것을 강조했으며, 이러한 지식을 지니고 있는 사람들로부터 가능한 한 많은 것을 배움과 동시에 각자의 전생애를 통하여 충분히 자기 일에 주의를 집중하여 어떤 음식물과 어떤 일이 자기에게 알맞는지, 또는 어떤 방식으로 이것들을 이용하면 가장 건강하게 지낼 수 있는가를 간파해 두어야 한다고 말했다. 왜냐하면 이런 식으로 자기의 신체에 좋은 것을 알고 있는 의사란 도저히 다른 곳에서 찾아 볼 수 없기 때문이었다.

그러나 또 인지(人智)를 초월한 조언을 바라는 사람이 있으면 이들에게는 점(占)을 공부하도록 충고했다.

왜냐하면 그의 말대로 신들이 여러 가지 문제에 관해서 사람들에게 알려주는 그 방법을 알고 있는 사람은 언제나 신들의 충고에 부족한 것은 없기 때문이었다.

제8장

그는 신령(神靈)이 자기에게 해야 할 일과 해서는 안 될 일을 사전에 설유(說諭)해 준다고 주장했으나 재판관들로부터 사형을 선고받고 있기 때문에, 만일 어느 누가 그의 신령에 관해서 말했던 것이 미망(迷妄)으로 입증되리라고 생각하는 사람이 있다면 가령 그 때가 아니었다 해도 죽음은 반드시 멀지 않아 찾아온다는 것을 생각해 주기 바란다. 또한 그때 그는 인생에 아주 넌더리가 나는 시기였고 만인의 사고력이 감퇴하는 시기를 모면했으며, 그 대신에 고금(古今)에 유래가 없는 진실과 자유와 정의에 찬 답변을 법정에서 진술했고, 죽음의 선고에 비길 데 없는 온안(溫顔)과 사나이다운 기상으로 견디어 내서 위대한 정신력을 만천하에 보여 줌으로써 불후(不朽)의 명성을 얻었던 사실을 생각해 주기 바란다.

사실 사람들의 마음 속에 기억되는 사람들 가운데 이토록 아름답게 죽음을 견딘 사람은 달리 없다고 일컬어지고 있다. 왜냐하면 마침 사형 선고의 달이 '델리아제(祭)*'의 달이어서 델로스의 신탁소에 파견된 사절이 돌아올 때까지는 아무도 공적으로 처형하는 것을 법률로써 금지하고 있었기 때문에, 그는 판결을 받은 뒤에도 30일 동안 살아 있지 않으면 안 되었다. 그렇기 때문에 그는 그 30일이라는 기간 동안 모든 일에 있어서 사형 판결 이전과 조금도 다름없이 제자들과 태연하게 지냈던 것이다. 더욱이 그 판결 '이전'이야말로 실로 그는 만인에 뛰어나게 평안하고 안락한 생활을 함으로써 찬탄(讚嘆)을 받고 있었다. 그 누가 이렇게 훌륭한 인내심 속에 죽어간 그의 죽음보다도 더 훌륭할 수 있을까? 그리고 어떠

---

* 델로스 섬의 아폴론 신전에서 행해졌다.

한 죽음이 그의 이와 같은 죽음보다도 더욱 신들에게 칭찬을 받을 수 있을까?

나는 여기서 힙포니코스의 아들인 헤르모게네스로부터 들은 그에 대한 이야기를 말하려고 한다. 즉 그는 다음과 같이 말했다.

멜레토스가 이미 그에 대한 소장(訴狀)을 작성하여 제출했을 때였다. 소크라테스는 소송 이야기만을 제외하고 모든 이야기를 하고 있었는데, 그의 이야기를 듣고 있던 헤르모게네스가 변명할 문구(文句)를 생각해 두실 필요가 있지 않느냐고 말했다. 그러자 그의 최초의 말은 이러했다.

"나는 한평생 그 준비를 하고 살아 왔는데 자네에게는 그렇게 생각되지 않았는가?"

"어떻게 말입니까?"

"나는 한평생을 오직 정의와 부정을 고구(考究)하는 데, 그리고 정의를 행하고 부정을 피하는 데 소비해 왔으며, 이것이 변명의 가장 훌륭한 준비라고 믿네."

그러자 헤르모게네스가 말했다.

"그러나 선생님, 아테네에서 재판관이 변론을 잘못하여 흔히 아무 죄도 없는 사람을 죽이고 죄 있는 자를 석방하는 것을 보시지 못했습니까?"

"헤르모게네스, 그것은 사실이지만 사실 나도 재판관들에게 답변할 변명을 생각해 보지 않은 것은 아니지만 신령이 이것에 반대했네."

"이상한 말씀을 하십니다."
"만일 신께서 너는 이제 생명을 마치는 것이 좋겠다고 생각하신다면 자네는 이상하다고 생각하나? 자네는 설마 모를 리 없겠지만 오늘날에 이르기까지 나는 나보다 낫게, 나보다 즐겁게 생애를 보낸 인간이 없다고 생각하네. 왜냐하면 나는 가능한 한 선한 인간이 되려고 최선을 다하는 자가 최선의 생애를 보내고, 전보다도 한층 더 선한 사람이 되었다고 자각하고 있는 자가 가장 즐거운 생애를 보내는 자라고 생각하기 때문일세. 오늘에 이르기까지 나의 생애는 사실상 앞서 말한 그대로였으며, 또한 다른 사람과 만나 그들과 나를 견주어 보면서 이러한 생각을 변함없이 계속해 왔던 것이네. 그리고 유독 나뿐만 아니라 나의 친구들도 나에 관해서 같은 의견을 계속 유지해 주었던 것이네. 그것은 결코 애정 때문만은 아니었네. 애정 때문이었다면 다른 사람을 사랑하는 사람들은 그들이 사랑하는 친구에 대하여 똑같은 생각을 가져야 했을 것이네. 따라서 그런 것이 아니라 그들은 나와 더불어 자리를 함께 함으로써 최선의 인물이 될 수 있다고 믿었기 때문일세. 만일 내가 이 이상 장수한다 하더라도 노인에 대한 공물(貢物)을 무조건 받아들일 수밖에 없을 것이네. 즉 눈은 침침해지고 귀는 멀며 생각하는 힘은 둔해지고 기억력도 쇠퇴하며, 건망증도 심해져서 옛날에는 그들보다 내가 월등했는데 지금은 그들에게 뒤지게 될 것이네.

가령 이러한 사실을 모르고 있었다고 하더라도 살고 있는 그 자체가 이미 중하(重荷)일 것이며, 만일 또 이러한 사실을 알게 되면 어찌 넌더리 나고 멋없는 생활이 되지 않겠는가? 하지만 만일 내가 죄없이 죽음을 당한다면 정의를 무시하고 나를 죽인 사람에게 이 행위의 수치가 씌워지게 되리라(왜냐하면 부정이 수치라면 정의에 위배된 행위가 어찌 수치가 아니겠는가). 하지만 사람들이 나의 정의를 알지 못하고 나에게 정의를 보여주지도 못하는 것이 나에게 무슨 수치가 되겠는가? 나는 옛사람들이 부정을 가한 자와 부정을 당한 자는 후대의 사람들에게 결코 같은 이름을 남기지 않았음을 알고 있네. 나는 지금 죽는다 하더라도 또한 사람들의 마음에 남아 나를 죽인 사람들이 받는 것과는 다른 마음가짐을 가져주리라는 것을 알고 있네. 왜냐하면 세상 사람들은 내가 이 세상의 어떤 사람에게 단 한 번이라도 부정을 가한 일이 없을 뿐만 아니라 타락케 한 적도 없으며, 나와 사귄 사람들로 하여금 더욱더 좋은 인물이 되도록 늘 애써 왔음을 나를 위해 영원히 증명해 주리라고 믿고 있기 때문일세."

이상이 헤르모게네스와 그 밖의 다른 사람들에게 이야기한 내용이다. 소크라테스의 사람됨을 아는 사람들과 미덕(美德)의 달성에 노력하는 사람들은 모두 미덕의 수득(修得)에 대한 가장 뛰어난 조언자였던 그에게 지금도 역시 무한한 사모의 정을 느끼고 있는 것이다.

나에게 있어서 그는 실로 내가 이제까지 말해 온 그대로의 인물이며 경신(敬神)의 념(念)이 돈독하고 신의 허락 없이는 아무 일도 행하지 않을 정도이며, 정의를 중히 여기고 조금도 남에게 해를 끼친 적이 없는 인물이었다. 또한 자기와 사귄 자에게는 최대의 조력(助力)을 아끼지 않았고 모든 욕심을 몸소 이겨 냈으며, 선을 제쳐 놓고 쾌락을 택한 적이 일찍이 없었으며, 보다 선한 것과 보다 나쁜 것에의 명석한 판단에 그르친 적이 없었으며, 자기 혼자만의 지식으로서 모든 일을 충족하게 처리했으며, 또한 이것들을 사람들에게 해설하고 나아가 정리하는 데 능숙했으며, 또한 타인을 자세히 관찰해서 만일 잘못에 빠져들 때는 이것을 인식케 하고 그들을 인도하여 미덕과 군자의 길로 걷게 하였다.

실로 나에게 있어서 그는 가장 착한 사람인 동시에 가장 행복한 사람으로 생각되는 것이다. 만일 이것에 의혹을 품는 사람이 있다면 다른 사람과 그의 성격을 비교해 보고 나서 판단해 주기 바란다.

□ 해설

《메모라빌리아》와 소크라테스의 사상

1. 메모라빌리아

크세노폰의 《소크라테스 회상(Memorabilia)》은 소크라테스를 알 수 있는 역사적으로 가장 귀중한 문헌일 것이다. 옛부터 사실(史實)의 소크라테스를 알기 위한 자료로서 크세노폰의 《소크라테스 회상》 및 《향연》, 플라톤의 초기 《대화편》 그리고 아리스토텔레스의 저서, 특히 《형이상학(Metapysica)》을 든다. 이 작품들의 신뢰 가치에 대해서는 사람에 따라 다른 견해를 보이고 있다. 그러나 크세노폰의 《소크라테스 회상》이 사실(史實)의 소크라테스를 가장 충실히 전하고 있는데 대해서는 이론(異論)의 여지가 없는 것 같다.

크세노폰이 이 《소크라테스 회상》에서 우리에게 보여주는 것은 스승의 가르침에 대한 일반적이고도 전면적인 보고이다. 그의 책 중 소크라테스에 관한 것은 네 종류가 있다. 첫째가 《소크라테스 회상》, 둘째가 《변명(Apologia)》, 셋째가 《향연(Symposion)》, 그리고 넷째가 《가정론(Oikonomikos)》이다. 《향연》은 플라톤의 동명(同名)의 책보다도 뒤에 나왔는데, 여기서 착상을 얻었는지도 모른다. 《변명》은 소크라테스의 고발에 대한 변명인데, 플라톤의 《향연》과는 독립된 것인 듯하다. 이것은 《소크라테스 회상》의 처음 부분과 내용이 일치한다.

《가정론》은 자산 있는 일가(一家)의 주된 덕이 그려져 있다. 실로 유교적인 표현을 빌어 '제가편(齊家篇)'이라고 옮겨도 무방한 것이다. 그러나 여기에 등장하는 소크라테스가(플라톤의 경우와 마찬가지로) 가정 인물로 서술되어 있는 것은 크세노폰 자신의 사상이다.

기원전 399년, 소크라테스는 국가의 신들을 신봉하지 않고 새로운 신을 신봉하였으며, 또 청년을 부패시켰다는 죄목으로 처형되었다. 이 죄과는 부당한 것이며, 소크라테스의 종교관과 청년 교육에는 털끝 만큼의 잘못도 없었다는 것을 전 시민에게 알리는 일이 소크라테스의 제자들 중의 어떤 사람들에게는 필연적인 요청이었다. 특히 소크라테스가 죽은 지 6년 뒤에, 폴뤼크라테스가 〈소크라테스의 고발〉이라는 글 한 편을 발표하여 더욱 절실하게 요청되었다.

폴뤼크라테스는 당시 상당히 알려져 있던 소피스트였으며, 아마도 변론술 연습의 작문으로서 소크라테스 고발인의 한 사람인 아뉘토스가 법정에서 읽을 고발문을 썼다. 그런데 실제로 법정에서 고발자의 필두 멜레토스가 한 고발 연설은 아무것도 발표되어 있지 않았기 때문에 이 폴뤼크라테스의 작품이 사실상 아뉘토스가 법정에서 읽은 고발의 초고라고 일반에게 믿어지기에 이르렀다. 이러한 상황에 플라톤도 붓을 들었고, 또 크세노폰도 붓을 들었다. 《소크라테스 회상》도 바로 이 목적의 일부분을 위해 씌어졌으며, 제Ⅰ권의 처음 두 장(章)에서는 소크라테스의 '변호'로 이루어져 있다.

제Ⅰ권 제3장에서 제Ⅲ권의 끝까지는 소크라테스의 언행을 담고 있는데, 여기서는 제Ⅰ권의 처음 두 장(章)에서 다룬 내용을 다시 자세하게 실례를 들어가며 서술하고 있다. 제Ⅳ권은 모두 교육론에 할애하고 있으며, 이것은 《소크라테스 회상》 중에서 가장 잘 정리되어 있는 부분이다. 지금 전해지고 있는 형태의 《소크라테스 회상》은 이처럼 4권으로 구성되어 있는데, 이렇게 나눈 것은 알렉산드리아의 학자들이며, 크세노폰 자신이 구분해 놓은 것은 아니다. 장(章)과 절(節)의 구분도 마찬가지로 알렉산드리아 시대 이래의 것이다. 또 서명(書名)의 'Memorabilia'라는 라틴명도 16세기에 와서 붙여진 것이다. 그 이전에는 그리스어로 'Apomnemoneumata'라고 불리고 있었다. 지금은 거의 《소크라테스 회상(Memorabilia)》으로 통하고 있다.

2. 소크라테스의 사상

소크라테스의 청년 교육의 주안점은 본래 전문적인 철학

자의 양성이 아니라 유능하고 덕망 있는 사람(군자)을 시민 생활의 모든 분야에 걸쳐 양성하는 데 있었다. 그는 사람은 어떻게 통치자가 될 수 있는가를 논하고 있는데, 이것을 제 I 권 1장에서 가장 중요한 문제로 다루고 있다. 즉 통치자에게 요구되는 것은 자제력(극기)이며, 자제력은 선악을 판단하는 데 오류를 범하지 않음으로써 가능하며 근본이 되는 것은 지혜이다.

소크라테스에게 있어서 지혜는 모든 덕의 근본이었다. 지혜 자체도 하나의 덕이며 이 덕에 도달함으로써 다른 모든 덕에 도달할 수 있다. 지혜는 단순한 학식이 아니다. 실천에 옮길 수 없는 지혜는 지혜가 아니다. 지혜에 의해서만 우리는 올바른 행동을 할 수 있다. 지혜는 구함으로써 비로소 얻어지며 스스로 수학·연마함으로써 완전히 접근한다.

통치자가 되려는 사람은 우선 자기의 행실을 닦아야 한다. 자기의 행실을 닦은 뒤에 비로소 집안을 바로잡을 수 있고, 집안을 바로잡음으로써 비로소 나라를 다스릴 수 있는 것이다.

소크라테스에게 있어서는 친구의 가치는 절대적이다. 친구는 모든 재보 중에서도 가장 귀한 보물이다. 《소크라테스 회상》 제 II 권의 4장에서 6장까지, 아니 오히려 최후의 장(章)까지 모두 우정론이다.

여기에는 또 효(孝)가 논해져 있고 형제애가 논해져 있다. 형제는 서로 화목할 때, 한 사람이 동시에 할 수 없는 것을 서로 도와 행할 수 있다. 낳아 준 은혜, 길러 준 은혜를 아는 자에게만 국가는 합당한 보상을 내리며, 불효자는 이 최대의 은혜마저도 분별할 줄 모르며 어떠한 호의에도 감사할 줄 모르기 때문에 사회는 이런 인간을 버리고 돌아보지 않는다. 이러한 이해 관계에 의한 설명은 소크라테스 논법 중 하나의 특징이다. 이것은 저급한 목적 추구의 공지론(空知論)이 아니라, 고대의 윤리에 입각한 인간 행동의 도덕적 규범이다. 우리는 유용(有用)과 미(美)와 선(善)의 합일을 제IV권 6장에 의해 그것을 이해한다. 도움이 되는 것이 올바른 행위이며, 이것에 의해 사람은 행복해진다. 법(국법과 불문법)에 따르는 것이 정의이며 그리고 행복이다(제IV권 4장).

행복은 소크라테스의 철학 가운데 큰 위치를 차지한다.

삼라만상이 인간의 이익을 위해 만들어져 있으며, 이에 대한 감사의 마음이 경신(敬神)이다(제IV권 3장). 여기에 목적론은 세워졌다. 그것은 기독교에서의 신의 섭리의 관념으로 이어지는 것이다. 그가 자신의 귀에 속삭이는 것을 들은 '다이모니온'은 소크라테스에게 있어서는 신탁과 다름없는 것이었다. 온갖 장소에 동시에 존재하며, 인간에게 전조(前兆)와 신탁(神託)을 부여하고 인간을 위해 가장 애쓰는 신을 오직 그만이 알고 있다. 그 이유로 해서 인간은 신에게 빌 때 '무엇을 주시옵소서'라고 빌지 않고 다만 '좋은 것을 주시옵소서' 하고 빌어야 하는 것이다. 그러나 이 '다이모니온'은 사실 심리적으로 해명해야 할 것이 있다.

소크라테스의 '사상'은 이렇게 윤리에서 시작하여 윤리로 끝난다. 그리고 그 근간(根幹)을 이루는 '지혜'는 수신(修身)·제가(齊家)·치국(治國)과 연관되어 있다. 우리는 여기서 바로 《대학(大學)》의 '격물치지(格物致知)'의 가르침을 상기하지 않을 수 없다. '격물치지'는 사물의 이치(理致)를 끝까지 연구하여 지식을 확실히 하는 것을 의미한다고 주자(朱子)는 해석했다. 다시 말해서 도덕적 법칙에 통달하는 것을 말하는 것이리라. 사실 소크라테스도 정의란 무엇이냐는 문제에 대해서 "법에 따르는 것, 이것이 정의이다"라고 정의했다. '법'은 국법은 말할 것도 없고 조상 전래의 도덕적 관습까지도 포함된다. 이것을 꼭 지키는 것이 정의요, 정의의 행동이야말로 지혜의 행동이었던 것이다.

3. 크세노폰

크세노폰은 대체로 기원전 430년에서 354년까지의 인물로 추정되고 있다. 그는 아테네에서 태어났다. 디오게네스 라에르티오스의 《고대 그리스 철학자의 생활과 의견 및 저작 목록》(10권)에는 크세노폰이 아주 잘생기고 극히 겸손한 소년이었다고 기록되어 있다. 그리고 소크라테스와 알게 된 경위를 싣고 있다.

어느 날, 소크라테스는 좁은 길에서 크세노폰과 마주쳤다. 그러자 소크라테스는 손에 들고 있던 지팡이로 청년의 길을 가로막으며 그에게 음식물의 이름을 하나하나 들면서 그것을 살 수 있는 장소를 물었다. 크세노폰이 그것에 일일이 대답하자, 이번에는 "그럼 어떻게 해야 인간은 선해지고 훌륭해지느냐?"고 물었다. 크세노폰이 대답에 궁해 있자, 소크라테스는 "그럼 나를 따라와서 배워라"고 말했다. 이리하여 크세노폰은 소크라테스의 제자가 되었다고 한다(제2권 제48장).

그는 아마 기병으로 군에 복무한 듯하다.

기원전 401년 봄 페르시아 왕 아르타크세르쿠세스의 동생 퀴로스는 태수(太守)로서 부임하고 있던 소아시아에서 그리스의 용병(傭兵) 1만 3천 명과 자기 군사 10만 명을 거느리고 바빌론을 향하여 원정을 떠났다. 크세노폰은 그리스 용병 1만 3천 명 중의 일원으로서 참가했다. 그가 퀴로스의 '친구'가 된 경위는 그의 저서 《아나바시스(Anabasis)》(제3권 제4장 이하)에 서술되어 있다. 그것은 철저한 친구 프로쿠세스의 권유에 의한 것이었다. 이 친구는 테바이인으로서 보이오티아의 용병을 이끌고 퀴로스의 궁정(宮廷)에 와 있었다. 궁정은 사르디스에 있었다. 사르디스에서 그는 크세노폰에게 편지를 보내어 "퀴로스가 군대를 일으키고 있다. 추천할 테니 오지 않겠느냐? 퀴로스는 나에게는 조국(보이오티아) 이상으로 귀한 존재이다"라고 말했다. 크세노폰은 이 편지를 소크라테스에게 보이며 조언을 구했다. 소크라테스는 펠로폰네소스 전쟁의 최후 4년 동안 스파르타가 퀴로스로부터 받은 원조를 생각하여, 퀴로스의 편이 되어 아테네의 국가로부터 어떤 비난을 받는 일이 있어서는 안 되므로 어쨌든 델포이의 신탁(神託)을 받아 오라고 조언했다. 크세노폰은 델포이에 가서, 원정(遠征)에 성공하고 무사히 귀환하기 위해서는 어느 신에게 희생을 바쳐야 좋으냐고 물었다. 신의 대답은 희생을 바쳐야 할 신들에게라는 것이었다. 크세노폰은 돌아와서 이 말을 소크라테스에게 보고하자, 소크라테스가 가는 게 좋은지 어떤지를 먼저 물어야 했다고 꾸짖었지만, 크세노폰 자신은 갈 결심으로 물은 이상 신의 명령대로 하지 않으면 안 된다고 말했다.

이리하여 크세노폰은 출발했다. 사르디스에 와 보니 이미 군대는 움직이고 있었다. 어디로 가는지 알 수가 없었다. 그리고 사람 중에서 이것이 바빌론 원정임을 처음부터 알고 있었던 것은 총사령관 쿠레아르호스를 제외하고는 한 사람도 없었던 것이다. 프로쿠세스도 몰랐고 더욱이 크세노폰 자신도 몰랐다. 키리키아까지 진군했을 때 겨우 그 목적지가 어렴풋이 알려졌다. 그러나 일동은 서로를 경계하고 퀴로스를 경계하며 묵묵히 진군을 계속했다.

사막지대의 통과와 양식의 결핍 등 수많은 고난을 겪으면서 전군(全軍)이 바빌론 근교에 다다랐을 때는 이미 여름이었다. 대왕의 백만 대군을 맞아 싸운 쿠나크사 평원의 싸움에서 그리스군만은 전장(戰場)에서 승리를 거두었으나 그 여세를 몰아 너무 적진(敵陣) 깊숙이 진군한 탓으로 퀴로스는 전사하였고 이어서 전군(全軍)도 패하고 말았다. 이윽고 1만의 군대를 지휘하던 장군들이 적장(敵將) 티스사페르네스에 의해 희생되자, 크세노폰은 친구 프로쿠세스를 대신하여 보이오티아의 병사를 지휘하는 입장에 놓이게 되었다.

1만 군사를 이제 사면에 적을 맞게 되었다.

"이제까지 누구를 인솔해 본 적도 없고 누구에게도 인솔되지 않았던 크세노폰은 살아 남은 그리스인의 장군에 뽑혀 스파르타인의 장군 케이리소포스를 부장(副將)으로 하여 군사를 이끌고 추위와 눈보라가 몰아치는 아시아의 오지(奧地)를 온갖 위험과 간난(艱難)을 겪으면서 퇴각하기 시작했다. 가까스로 흑해(黑海)의 연안 토라페초스에 당도한 것이 기원전 4백년 초였다. 그리고 일부는 해로로 또 일부는 육로로 비잔티움을 빠져 나왔다. 1만 군사는 적지않이 감소되어 있었다. 아마도 6천 정도밖에 남지 않았던 것 같다."《아나바시스》제7권 제7장)

그의 《아나바시스》 7권 중 제2권에서 제6권까지 이 전쟁에서 그가 겪은 어려움이 묘사되어 있다. 전쟁에서 승리와 많은 돈을 안고 돌아오려 했으나 수포로 돌아가 길에서 헤매는 퀴로스군의 일부, 군단(軍團)이라고 하나 소속이 없는 오합지졸이었고 헬라스로 돌아갈 비용도 없었다. 약탈 이외에는 양식을 얻을 수 없었으나, 그것은 그 지방의 정권과 적대 관계를 초래한다. 그들의 곤란은 장군으로서의 크세노폰이 더욱 심각하게 느꼈다. 그는 이 용병 군단을 이끌고 한때 트라키아의 왕족이었던 오도뤼시아 세우테스를 도와 그의 조상의 잃어버린 땅을 회복해 주고 병사에게 무사히 겨울을 넘기게 해주었다.

그러던 중 스파르타의 장군 티브론으로부터 원병을 청하는 사자(使者)가 왔다. 티브론은 소(小)아시아에서 팃사펠네스 및 팔나바조스에 대해 전쟁을 일으키고 있었던 것이다. 원병을 청하러 온 두 사람의 사자(使者)가 세우테스를 만나 크세노폰 장군의 성격을 물었을 때, 세우테스는 "나쁜 사람은 아니지만 지나치게 병사들 편을 들기 때문에 우리 마음대로 되지 않는다"고 대답하였다. 세우테스의 집사(執事) 중에 헤라클레이데스라는 사람이 있었는데, 그는 그리스인이었으나 병사들의 봉급을 속였기 때문에 크세노폰으로부터 봉급 지급 관계를 요구받고 두려운 나머지 세우테스에게 크세노폰을 자주 모함하고 있었다.

세우테스는 무일물(無一物)로부터 출발하여 그리스 군단의 덕분으로 나라를 얻고 왕이 되었었다. 크세노폰은 세우테스에게 봉급을 지불하지 않으면 신도 용서치 않을 것이며, 그 평판이 널리 퍼지면 장래 화근을 면치 못할 것이라고 말했다. 병사들은 봉급을 받지 않고는 이 나라에서 한 발도 떼지 않겠다고 농성했다. 크세노폰이 절충 끝에 병사들의 미불 봉급을 받아 내어 병사들에게 나눠 주었다. 일행은 소아시아를 건너 펠가몬에 도착했다. 그럭저럭 하는 동안 티브론에게 도착하여 전군단(全軍團)은 그의 지휘하에 들어갔다. 이것이 기원전 399년 초의 일이었다.

소크라테스가 처형되었을 때, 크세노폰은 퀴로스군을 이

끌고 티브론의 군대에 있었다. 그 해 가을에는 티브론 대신에 데르퀼리다스가 장군이 되었다.

《그리스 역사(Hellenika)》에 '퀴로스군의 지휘자'로 있는 것은 크세노폰 자신으로 생각되고 있는데, 그렇다면 그는 데르퀼리다스 밑에 잠시 있었던 셈이 된다. 기원전 396년에는 스파르타 왕 아게실라오스가 소아시아군의 총사령관으로서 도착하였고, 크세노폰은 이 사람의 신뢰와 우대를 받아 양자 사이에 깊은 우정이 맺어졌다. 기원전 394년 아게실라오스가 군대와 더불어 그리스에 불려갔을 때 크세노폰도 동행했다. 이 때는 물론 '퀴로스 군단의 지휘자'로서가 아니었다. 그리고 코로네이아의 싸움에 참전하였고 아테네 및 테바이 연합군과 싸워 전공을 세웠다.

이 현명하고 충성스러운 군자(君子)가 소국 아테네에 대항하여 왜 싸워야만 했을까? 그러나 크로와제의 말처럼 그것은 쉽사리 설명할 수 있다. 기원전 4세기 당시의 애국심은 오늘날의 그것과 달리 자기 조국에 속함과 동시에 당파(黨派)에 속하기도 했다. 어떤 도시든 정치 망명객이 있었고 그들은 같은 정치적 주의가 행해지고 있는 도시의 동조자가 되었다. 같은 민족이 각기 다른 국가를 형성하고 있는 세계에서는 쉽사리 일어날 수 있는 경향이었다. 크세노폰은 아테네의 평민 정치자들의 미움을 사는 존재였다. 그러나 크세노폰으로서는 그 나름대로의 사정이 있었다. 아시아에서 돌아와 이렇다 할 자리를 얻지 못하고 있는 자기를 3년이나 줄 곧 후한 정의(情誼)로써 대우해 준 아게실라오스의 우정에는 더할 나위 없는 은의(恩誼)를 느끼고 있었으며, 게다가 스파르타가 진짜 적으로 삼은 것은 아테네가 아니라 테바이였던 것이다.

394년의 늦여름이라고 생각되지만, 크세노폰은 스파르타와의 관계 때문에 아테네에서 추방되었다. 추방과 동시에 그의 재산은 몰수되었다. 이 때에 그는 이미 스파르타에 와 있었고 처자도 스파르타에 도착해 있었다고 생각된다. 아게실라오스는 그의 처지를 딱하게 여겨 지난날의 공도 보답할 겸 그에게 엘리스의 올림피아 근처에 있는 스킬루스의 광대한 장원(莊園)을 제공했다. 크세노폰은 식구와 더불어 이 아름다운 전원에 정착했다. 이 때부터 그는 직업 군인의 생활을 청산하고 조용한 전원 생활을 시작하였다. 독서와 저술을 하는 한편 사냥도 하며 평화롭게 활기찬 나날을 보냈다. 그즈음 그는 《소크라테스 회상》을 비롯하여 수많은 저서를 집필했다.

스킬루스에서의 생활은 30년이나 계속되었다. 이윽고 기원전 371년경 스파르타와 싸움을 일으킨 엘리스인이 스킬루스 지방을 탈환했을 때, 그는 식구를 거느리고 엘리스의 도시 레프레온으로 옮겼으며, 다시 코린토스로 옮겼다. 남아 있는 기록이 없기 때문에 자세히 알 수는 없지만, 그 후 그는 줄곧 이 곳에 거주했으리라고 생각된다.

그의 또 하나의 명저 《퀴로스의 교육(Kyros Paideia)》(이 퀴로스는 페르시아 제국의 시조 대[大]퀴로스이다)은 이 시대에 이루어졌다.

기원전 369년경, 아테네가 스파르타와 화해했을 때 크세노폰의 추방령은 철회되었다. 그러나 그는 코린토스를 떠나려 하지 않았다. 다만 그는 두 아들을 아테네에 보내 기병으로서 군무에 복무케 했고 자신도 가끔 아테네를 방문했으리라고 본다. 362년의 만티네이아의 싸움에서 그의 두 아들은 아테네 편의 기병에 가담하여 참전하였고 그 중 한 아들이 전사하였다. 이 싸움에서 보이오티아군의 명장(名將) 에파미논다스도 부상을 입고 죽었다.

아들의 전사 통지를 받았을 때 크세노폰은 마침 희생을 바치고 있었는데, 그가 머리에 쓰고 있던 가시 면류관을 벗었을 때 아들이 용감히 싸우다가 죽었다는 말을 듣자 다시 가시 면류관을 썼다고 전해진다. 그는 눈물을 흘리지 않고 "죽을 몸임을 알고 있었다"고 대답했다고도 전한다. (디오게네스 라에르티오스의 《고대 그리스 철학자의 생활과 의견 및 저작 목록》 제2권 제54장).

크세노폰이 사망한 해는 불명확하지만 그의 역사서 《그리스 역사》에는 기원전 359년의 사건이 기재되어 있으므로 그 해보다 뒤일 것임에 틀림없다.

옮긴이 | **최혁순**

고려대학교 철학과 졸업.
독일 뮌헨대학에서 수학. 한국번역가협회 회원.
역서로는 《고독이 그림자를 드리울 때》, 《쇼펜하우어 수상록》, 《그리스 로마 신화》, 《오, 고독이여》, 《소크라테스의 회상》, 《의혹과 행동》, 《토인비와의 대화》, 《너희도 신처럼 되리라》, 《소유냐 존재냐》 등 다수가 있다.

소크라테스 회상

개정판 1쇄 발행 | 2015년 1월 15일
개정판 2쇄 발행 | 2017년 1월 16일
개정판 3쇄 발행 | 2018년 1월 10일

지은이 | 크세노폰
옮긴이 | 최혁순
펴낸이 | 윤형두
펴낸곳 | 종합출판 범우(주)

등록번호 | 제406-2004-000012호(2004년 1월 6일)
10881 경기도 파주시 광인사길 9-13 (문발동)
대표전화 | 031-955-6900, 팩스 | 031-955-6905

홈페이지 | www.bumwoosa.co.kr
이메일 | bumwoosa1966@naver.com

ISBN 978-89-6365-123-1 03160
* 책 값은 뒤표지에 있습니다.
* 잘못된 책은 교환해 드립니다.